지역어문학 원천 자료 기반 문화기획의 도전과 성과

지역어와 문화가치 학술총서　9

지역어문학 원천 자료 기반 문화기획의 도전과 성과

전남대학교 대학원 국어국문학과 BK21플러스
지역어 기반 문화가치 창출 인재 양성 사업단

지난 2013년 9월에 출범한 이래 '전남대학교 대학원 국어국문학과 BK21플러스 지역어 기반 문화가치 창출 인재 양성 사업단'은 이제 아홉 번째 학술 총서를 펴낸다. 우리 사업단은 문화적 가치의 원천이자 문화적 소통의 통로이며 새로운 문화가치의 창출의 거점으로 자리하는 지역어문학의 위상과 가치를 탐색하고, 이를 능란하게 활용하여 미래지향적 가치 확산에 기여할 수 있는 지역어 기반 융복합 인재의 양성을 위해 6년 반 동안 쉼 없이 달려왔다. 지역어의 역할과 가능성을 탐구하는 과정은 웅숭깊은 지역어문학의 원천 자료에 대한 학문공동체의 발견을 이끌었으며, 지역어의 활용과 문화자원화의 방법을 모색하는 과정은 다채로운 지역어문학 기반 문화기획의 횡단적 성과를 창출하였다. 이번에 출간하는 총서 『지역어문학 원천 자료 기반 문화기획의 도전과 성과』는 지난 6년 반 동안 지역어문학의 문화가치를 진지하게 탐색해온 우리 사업단의 참여대학원생 연구자들의 재기발랄한 도전의 성과를 정돈한 결과물이다.

우리 사업단은 2013년도 2학기부터 현재에 이르기까지 매 학기마다 〈인문형 LAB〉 프로그램을 통해 전공분야를 횡단하여 구성된 팀 단위의 프로젝트를 시행함으로써 지역어문학을 기반으로 다양한 문화콘텐츠를 생산할 수 있는 능력과 문화기획 사업 수행 능력을 기를 수 있도록 부단히 노력해왔다. 또한 2018년도 1학기부터는 〈스토리-마스터 양성 과정〉을 통해 전문가 초청 강연회와 인문형 LAB을 연계하여 '문화아카이빙론'과 '스토리텔링과 기획 전략' 각각의 기초·심화 과정을 이수하도록 함으로써 사업단 참여대학원생이 지역어문학 원천 자료를 수집하고 가공하여 활용할 수 있는 역량을 키울 수 있게 하였다. 이번에 펴내는 총서는 특히 우리 사업단의 독창적인 프로그램 중 하나인 〈인문형 LAB〉과 〈스토리-마스터 양성 과정〉 시스템 안에서 기획된 아래 33개의 문화기획안의 성과를 기획서 형태로 추리고 다듬은 것이다.

- 무등산과 SOME 타기
- 무등산 이야기 문화지도 제작
- 무등산과 시가 / 무등산 APP 마을 개발
- 중국 유학생 대상 무등산 해설사 양성 교육 프로그램 기획
- 무등산 문화지도 제작: 등산 코스 개발과 관련하여
- 미디어 속 5·18 광주 교육 프로그램 기획
- 강진시문학파기념관 연구 사업 제안: 낭송지도안, 영상자료, 체험공간 조성
- 新광주가 창작 프로젝트
- 우리동네 WE-KEY: 광주 지역민의 일상 위키 기획
- 광주랑 comme知樂(꼼지락) 인문학: 지역 맞춤형 인문강좌 교육과정 개발
- 아따왐마 사투리 정거장 블로그 개설: 지역어를 활용한 콘텐츠 개발
- 담 프로젝트, 마을 공동체와 인문학의 만남 프로그램 개발
- 백호문학관 대상 프로그램 기획 제안
- 한국가사문학관 대상 프로그램 기획 제안
- 영광군 여민동락 공동체 대상 프로그램 기획 제안
- 광주 도서관 대상 '길 위의 인문학' 프로그램 기획 제안
- 광주 광산문화원 대상 인문학 프로그램 기획 및 제안

· 광주 국립아시아문화전당 문화정보원 조사 및 기획 제안
· 스토리마스터 과정 개발
· 무등산 퍼즐 맞추기 프로젝트: 무등산 코스의 문학기행 기획
· 전남 스토리 기획서: 이야기가 있는 섬 '우이도'
· 전남 스토리 기획서: 조선 홍어장수 문순득 보드게임
· 광주 민속박물관 대상 조사 및 프로그램 기획 제안
· 양림동 문화기획 기획안
· 외국인의 시각으로 바라본 광주지역 정 문화 프로젝트
· 전라도의 '산' 문학지도 제작
· 문헌에 나타난 전남지역 음식 이야기
· 다문화소설을 바탕으로 한 한국어교실 프로그램 개발
· 어서 와, 광주는 처음이지? 광주 외국인 유학생 관광 스토리
· 문화 아카이빙, 홍어: 홍어와 문화 프로젝트
· 문화재 안내판 아카이빙 및 수정 기획 제안
· 무등산 설화 게임 만들기
· 동영상 매체를 활용한 장소 스토리텔링 기획

　　각 기획서별 원 기획안을 구상한 문화기획 랩의 구성원들과 정리자의 소임을 다한 구성원을 더하면 사업단 참여대학원생 전체가 참여했다고 해도 과언이 아니라는 점에서, 우리 사업단이 마무리되어 가고 있는 즈음해서 이러한 뜻깊은 결과물을 내어 보일 수 있게 된 것을 무척 기쁘게 생각한다.

　　총서는 세 개의 장으로 구성되어 있다. 1장 "지역어문학 원천 자료와 문화아카이빙 기획"에서는 지역의 문학·문화적 원천 자료를 수집하고 아카이빙하는 다양한 방법과 그 아카이빙의 결과물을 데이터베이스화하여 문화기획에 다시금 활용할 수 있게 하는 방안에 대한 다섯 가지

모색을 확인할 수 있다. 2장 "지역어문학 언어 자원화 전략과 다매체 스토리텔링 기획"에서는 디지털 매체에서부터 물리적 장소의 매체성을 활용한 기획에 이르기까지 지역어문학의 원천 자료를 발굴하고 가공한 스토리텔링 기획의 다양성을 두루 조망할 수 있다. 그리고 마지막 3장 "지역어문학 스토리마스터 활용 교육프로그램 기획"에서는 우리 사업단의 인재 양성 프로그램을 바탕으로 지역어문학에 기반한 전문 문화기획자로 양성된 스토리—마스터 인재를 활용하여, 지역어문학의 문화가치에 대한 교육적·사회적 확산을 꾀할 수 있는 다층적인 교육프로그램 기획 방안을 깊이 있게 고민할 수 있는 다섯 가지 기획서를 실었다. 이를 통해 지역어문학 기반 문화기획의 실제와 다양성을 살피고 지역어문학 원천 자료의 무궁무진한 활용 가능성과 가치를 재삼 확인할 수 있다.

이번에 펴내는 총서는 특히 우리 사업단의 가장 독창적인 프로그램 중 하나인 〈인문형 LAB〉과 〈스토리—마스터 양성 과정〉의 시스템 속에서 6년 반 동안 부단히 제심합력(齊心合力)해온 구성원 모두의 도전과 성과를 모은 결과물이라는 점에서 의미가 남다르다. 매 학기마다 자발적으로 새로운 횡단적 연구공동체를 형성하여 문화기획 프로젝트를 고심해온 사업단의 모든 참여대학원생들, 물심양면 격려와 지원을 아끼지 않았던 신진연구인력들과 행정간사들 모두의 노력에 치하한다. 그리고 그 과정에서 탄생한 33편의 문화기획을 다듬고 선별하여 한 편의 기획서로 완성해준 14명의 연구자들, 공동저자로서 참여한 다형문화 팀(김민지, 송기현, 신송, 이서희, 정다운)과 이에 대한 각 원고를 정리해준 김민지·송기현 연구자의 노고로 이 책을 내보일 수 있게 되었다. 거듭 고마운 마음을 전한다. 아울러, 우리 사업단의 연구 성과를 잘 다듬어 돋보이는 결과물로 만들어주신 보고사 식구들께도 깊은 감사를 드린다.

끝으로, 지역어문학을 기반으로 한 언어문화적 원천 자료를 아카이빙하고 다채로운 문화콘텐츠로 만들어 지금-여기의 문화 장으로 환류하는 작업은 지역의 시간적 지층을 현재화하고 지역 간 문화적 연결감을 창안해냄으로써 시·공간적 대화의 길을 여는 일이다. 이 과정이 새로운 문화가치를 창출해내고 또한 그 문화가치가 다시금 새로운 대화의 창발로 이어질 것임은 분명하다. 우리는 이 책이 그러한 도정에 기여할 수 있기를 진심으로 희망한다.

2020년 2월 14일
전남대학교 대학원 국어국문학과 BK21플러스
지역어 기반 문화가치 창출 인재 양성 사업단
단장 신해진

차례

제2장
지역어문학 언어 자원화 전략과 다매체 스토리텔링 기획

제3장
지역어문학 스토리마스터 활용 교육프로그램 기획

제1장

지역어문학 원천 자료와 문화아카이빙 기획

무등산 문화지도 제작[*]

문화유산 기반 등산코스 제안서

박은빈 · 서보영

1. 개요 및 목적

본 사업은 광주의 자연 공간을 자원으로 활용하여 무등산 등산로를 설정하고 여기에 문화적인 스토리를 더하여 스토리텔링을 통해 완성되는 문화지도 제작을 목표로 한다. 그리고 나아가 문화지도를 활용하여 무등산이라는 공간을 광주의 관광 자원으로서 활용하는 방법을 모색하고자 한다.

무등산은 광주의 대표적인 산으로 광주 시내에서 비교적 가까운 거리에 위치하고 있는 광주의 상징격인 산이다. 해발 1,187m의 무등산은 1972년에는 도립공원으로, 2013년에는 국립공원으로 지정되어 광주를

---

[*] 본 기획서는 2014년 1학기 〈인문형 LAB〉 'LAB-5 문화기획' 랩의 기획안(구성원: 박은빈, 서성우, 신송, 이가영, 장람, 정회원)을 박은빈 연구자가 수정·보완하여 정리하고, 'LAB -2 문화기획' 랩의 기획안(구성원: 강영훈, 김수연, 정도미, 정미선, 조아름)과 'LAB-3 문화기획' 랩의 단독 기획안(구성원: 김민지), 그리고 2016년 1학기 〈인문형 LAB〉 'LAB-1 문화기획' 랩의 '무등산 퍼즐 맞추기 프로젝트'(구성원: 김민지, 박은빈, 신송, 진주, 황철하)를 중점으로 서보영 연구자가 무등산과 관여된 〈인문형 LAB〉 기획안들을 종합하고 수정·보완하여 정리한 것이다.

상징하는 대표적인 자연공간으로서 존재해왔다.

무등산은 정상을 중심으로 곳곳에 펼쳐진 암석들이 기이한 모습을 뽐내고 있어 경치가 아름다운 산으로도 유명하다. 무등산의 절경은 과거로부터 이어져 오는 고전문학에서부터 근현대, 현대의 문학작품에서까지 묘사되고 있는데, 그 중에서도 육당 최남선은 '세계적으로도 이름난 금강산에도 부분적으로는 여기에 비길 경승이 없으며, 특히 서석대는 마치 해금강의 한쪽을 산 위에 올려놓은 것 같다.'라고 찬사를 늘어놓으면서 무등산에 절경을 눈앞에 그려놓듯이 뚜렷하게 설명해주고 있다.

또한 무등산은 도심 내에서 그다지 멀지 않은 곳에 위치하고 있으며 접근성이 좋아 광주시민들에게 많은 사랑을 받아온 산이기도 하다. 광주 시내 안에 존재하는 모든 산은 무등산 자락의 일부이며, 광주 안의 어느 공간에서든 무등산의 형태를 찾을 수 있다는 점에서 무등산은 광주와 하나된 공간이라고 말할 수 있을 것이다.

무등산은 입구에 위치하고 있는 증심사에서 등산을 시작하면 정상까지 반나절이면 도달할 수 있기 때문에 광주 시민들의 등산 장소로도 많은 사랑을 받고 있다. 이에 본 사업에서는 무등산을 관광 자원으로 활용할 수 있는 방안을 모색, 무등산의 문화유산을 중심으로 한 등산로 코스를 제시하고 이를 대상으로 무등산 문화지도를 제작하는 것을 프로젝트의 목적으로 삼고자 한다.

이 사업에서 제시되는 등산 코스는 무등산에 위치하고 있는 여러 문화유산을 기준으로 작성된 것이다. 등산로를 따라서 움직이지만 단순히 등산을 하는 것에 그치지 않고 무등산과 관련된 이야기나 전설, 나아가 무등산과 관련된 여러 고전문학 작품들을 접하게 하면서 스토리텔링이 함께하는 테마가 있는 산길을 만들어낸다는 점에서 일반적인 등산로와 차이점이 있다.

등산로 제작에 활용된 문화유산은 우리의 고전문학 분야에서 연구되고 있는 여러 자료들을 참고하여 선정하였다. 고전문학 분야에서 연구되고 있는 여러 종류의 스토리 원천 자료는 스토리텔링이 녹아있는 문화지도를 만들고자하는 본 사업의 취지에 활용하기에 적합한 자료라고 생각된다. 이에 본 사업에서는 이러한 스토리 원천 자료를 문화유산의 선정 단계에서 활용하는 데에 그치지 않고 이를 테마가 있는 무등산 등산길을 만들어나가는 스토리텔링에 활용하고자 한다. 이는 스토리텔링과 함께 하는 문화지도 제작에 긍정적인 역할을 줄 것이라고 기대한다.

이 사업에서는 무등산 등산길을 하나의 종류로 한정하여 제시하지 않고 여러 종류의 방향을 제시함으로써 무등산을 즐기고자 하는 여러 사람들에게 다양한 방향을 제시한다. 이러한 것들이 제대로 이루어진다면 본 사업에서 제시되는 무등산 문화지도는 나아가 자기맞춤형 탐방지도로도 활용될 수 있을 것이다.

2. 필요성과 목표

기존의 무등산과 관련된 사업 중에서 '무등산'과 '길'이라는 키워드를 중심으로 진행된 사업으로는 무등산 둘레길인 무돌길 복원 사업이 있다. 무돌길은 무등산 자락에 거주했던 우리 조상들의 생활공간이자 마을과 마을, 사람과 사람을 연결시켜주는 통로의 역할을 수행했었다고 추정되는 무등산 권역의 산길이다. 현재 무등산 일대에 존재하는 무돌길은 과거에 존재했던 무돌길을 기반으로 복원된, '무등산 자락을 연결하는 순환형 자연 탐방로[1]'이다. 무등산을 중심으로 광주광역시, 화순군, 담양군 등 무등산 권역 전체에 걸쳐 이어져 있다. 무돌길의 전체 길이는 대략 51.8km로 광주 북구 각화동의 시화문화마을에서 시작해서 광주역에서 끝나는 15구간으로 구성되어 있다.

이러한 무돌길 사업은 우리 조상들이 생활하고 살아가던 무등산권역의 옛길을 복원해냈다는 점에서 의의를 가진다. 그런데 무돌길의 경우 무등산 주위를 순환하는 길이기는 하나, 51.8km나 이어진 길 내에서 '무등산'이라는 산의 공간은 정작 큰 비중을 차지하고 있지 않다. 무돌길이라는 이름이 무등산의 옛 이름 중의 하나인 '무돌산'에서 비롯되었다는 점을 생각한다면 이는 굉장히 아이러니한 점이다.

이에 이 사업에서는 무등산 안에 존재하는 길, 즉 오늘날에 무등산을 들어오고 나가는 이라면 모두가 반드시 거쳐 가는 무등산 내의 산길인 등산로를 중심으로 프로젝트를 진행하도록 한다. 기존의 무등산 관련 사업은 단순한 등산로 개발 시도만이 있었을 뿐, 등산로를 스토리텔링과 연관시켜 문화적인 사업으로 연결시키고자 하는 시도는 존재하지 않았다. 이에 본 사업에서는 무등산이라는 산의 공간에 스토리텔링의 방식을 활용하여 무등산이라는 공간을 광주라는 문화 도시의 일부로 만드는 데에 기여하고자 한다.

그리하여 본 사업에서는 무등산 내에 존재하는 문화유산을 중심으로 무등산 등산로를 제안한다. 본 사업에서 제안하는 등산로를 통하여 목표하는 바는 다음과 같다.

첫째, 무등산과 연관된 문인·예술인들의 자료를 네 분야로 나누어

---

1 이정록, 『무등산 자락 무돌길 이야기』, 푸른길, 2015.

각각의 테마길을 설정하고, 이를 통해 과거와 현재를 지속적으로 이어주는 통로를 마련한다.

둘째, 현장에서 테마길과 관련한 다양한 자료를 제공하여 선현들의 정신을 느끼고 동시에 같은 감정을 공유하게 하여 그 감정을 작품 감상을 통해 승화시킬 수 있는 기회를 제공한다.

셋째. 21세기에 창작되었던 작품들을 후손들이 연구할 수 있도록 하는 토대를 마련한다. 그리고 여기에 이차적인 문화가치 창출을 유도하여 문화적 가치와 학술적 가치를 동시에 표출할 수 있도록 한다.

본 사업에서는 스토리와 문화가 있는 무등산 문화지도를 제작함으로써 지역문화의 다양성을 보존하고, 무등산의 인문·자연 분야의 문화유산을 문화적인 공간으로서 그 역할을 확대시켜 무등산이라는 공간의 가치를 더 드높이고자 한다.

이는 무등산이라는 공간을 광주라는 공간 내에서뿐만 아니라 우리나라 그 이상에서 관광 자원으로 활용하고자 할 때에 그 디딤돌이 되게 하는 역할을 수행하게 해줄 것이라고 기대한다.

3. 무등산 문화지도 코스

1) 비나리로 코스

하늘과 땅을 잇는 사람이라는 뜻에서 무(巫)자가 나왔다. 무당은 예나 지금이나 하늘과 땅을 연결시켜주는 사람으로서 현재까지도 그 역할을 수행하고 있다. 광주에서 하늘과 가장 가깝게 닿을 수 있는 곳 무등산은 하늘과 대지를 연결해주는 중요한 역할을 해 온 신산(神山)이다. 무등산

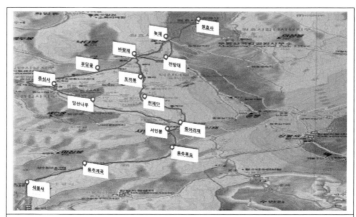

석불사 → 용추계곡 → 용추폭포 → 서인봉 → 중머리재 → 천제단 → 당산나무
→ 증심사 → 토끼봉 → 무당골 → 바람재 → 전망대(여신당) → 늦재 → 원효사

의 이름에 대한 유래 가운데에 '무당산'이라는 말이 있다. 예로부터 우리
선조들은 하늘과 닿을 수 있는 깨끗한 것이라면 신에게 닿을 수 있는
것이라고 생각했다. 무속의 신관은 자연신관으로 우주 삼라만상의 모든
물체에 위대한 정령이 깃들어 있다고 믿는다. 특히 산과 물, 나무, 암석
등의 자연물을 모두 신성시하였으며, 수직적 우주관에 의해 고산과 거목
등은 천상과 지상을 이어주는 것이라고 생각했다.[2] 때문에 선조들에게
넓고 웅장한 무등산은 소원을 비는 곳이었고 삶을 영위해주는 어머니
산이었다.

비나리로(路)는 쉽게 말하면 '소원길'이다. 소원의 순우리말인 '비나
리'를 길과 합친 말로 여러 가지 문화와 관련된 항목 중에 민간신앙을
등산로와 접목 시켜 신체적 건강뿐만 아니라 정신적, 심리적 건강도 얻을

<hr />

2 조정규, 「무등산권 무속신앙의 공간구조」, 『남도문학연구』 21호, 순천대학교남도문화연
    구소, 2011, 176쪽.

수 있다. 비나리로 개발은 '힐링'이라는 현대사회에 새로운 가치에 부합
하면서 전통 문화에 존재했던 가치를 체험하고, 민속에 친근하게 다가갈
수 있는 기회가 될 것이다.

– 코스 세부설명

● 석불사

2수원지 밑에 있는 굿당이다. 과거와 달리 개인의 소원 성취적 기능을 담당하고 있다. 석불사에서 시작하는 등산객은 석불사에서 안전한 등반을 위한 소원을 빌고, 석불사 쪽으로 하산하는 사람은 석불사에서 감사의 인사와 함께 앞으로 펼쳐질 미래에 대한 축복을 기원하도록 하는 기회를 제공한다.
 [관련이벤트 : 돌탑을 쌓아 소원을 비는 공간 마련]

● 용추폭포

맑고 깨끗하게 흐르는 용추폭포는 정화의 기능을 갖고 있다. 깨끗한 물을 통해 몸과 마음을 수련하고 정갈하게 다듬을 수 있는 곳이 용추폭포이다. 예로부터 많은 예술인들이 폭포를 찾았기에 폭포는 예술인들의 미래를 키울 수 있는 공간이었으며, 또한 민간인들의 소원을 이뤄주는 공간이었다. 실제로 '서울숲'에서는 폭포의 이러한 기능을 활용해 '소원폭포(인공폭포)'를 만들었고 천연폭포로는 지리산의 '수락폭포'와 우도의 '비와사폭포'가 소원성취의 역할을 하고 있다. 많은 등산객들이 이 폭포를 찾아오도록 이곳을 등산객들에게 미래에 대한 소망을 키울 수 있게 하는 공간이자 소원을 비는 공간으로써 제공한다.
 [관련이벤트 : 안전한 장소를 선정하여 비나리존 겸 포토존 지정]

● 천제단

천제단은 하늘에 제사를 지내는 곳이다. 제천의례는 우리 민족의 대표적인 제례였다. 그러나 조선시대에는 천명을 받드는 천자만이 천제를 거행할 수 있다는 유교적 명분에 따라 원칙적으로 천제가 중단되었다. 그러다가 조선 말기에 고종이 대한제국을 선포하면서 원구단을 건립하여 제천의례를 지내게 되었다고 한다. 공식적으로는 마니산에서만 천제를 지내게 되었고, 민간에서 천제를 지내기 시작했다. 무등산 내 관아에서 관장하는 천제단은 기록상으로 18세기 후반에 등장한다. 천제는 20세기 말기에 없어졌다가 해방 이후 복원이 되면서 현재는 매년 10월 3일, 개천절에 민간에서 개천제를 지내는 장소로 천제단이 사용되고 있다. 이러한 천제단은 오래 전부터 하늘과 닿을 수 있는 곳으로 신산(神山)으로서의 무등산을 가장 잘 보여줄 수 있는 곳이기 때문에 비나리로(路)의 중요한 등산코스로 자리매김할 수 있을 것이다.
 [관련이벤트 : 매년 개천제의 사진을 찍어 작은 사진 전시전을 실시]

● 당산나무

예로부터 인간은 자연과 함께 더불어 살아갔다. 자연의 힘은 인간의 힘으로 다스릴 수 없는 영험한 것이었다. 그로 인해 인간세계에는 하늘에 도움을 청하는 제의가 생겨났는데, 마을 단위로는 이를 동제, 당제, 당산제라고 불린다. 조상신을 숭배하는 것이 개인적 층위에 제(祭)라면 당산신과 같은 신을 함께 섬기는 당산제는 공동체의 안녕과 평안을 비는 공동체적 제(祭)이다.

당산나무는 그 마을의 안녕과 평안을 지키는 '마을 지킴이'로서의 신적인 역할을 한다. 무등산에 당산나무가 있다는 것은 광주시민은 물론 무등산을 오르는 모든 사람들을 지키는 지킴이로서의 역할을 수행하는 것이다.

[관련이벤트 : 국가적인 행사와 성공을 비는 장소 제공]

● 증심사

증심사는 사찰로, 현세의 안녕을 구하고 내세의 평안을 구하기 위하여 등산객들이 찾는 장소 중 하나이다. 기본적으로 사찰은 불교를 숭배하는 사람들의 공간이었으나 요즘에는 일반인들도 힐링의 장소로 찾고 있어 비나리로(路) 코스로서의 의미가 있다.

[관련이벤트 : 각종 소원 적는 이벤트 제공]

● 무당골

증심사를 지나 전망대로 가는 길에는 '무당골'이라 하는 골짜기가 있다. 과거의 무당들은 굿당과 같은 정해진 장소에서 굿을 하지 않고 맑고 깨끗한 무등산의 계곡의 좋은 자리라면 어디서든지 자리를 잡아 굿을 했다고 한다. 무당골에서는 이런 무당들의 활발한 활동이 있었기에, 지금과 같은 이름이 전해진다. 무당골은 말 그대로 무당들의 골짜기다. 맑고 깨끗한 물이 흐르는 무당골은 소원을 비는 행위에서 나아가 마음과 정신을 이끌어 나가는 공간으로서 정화의 공간으로 활용될 수 있다.

[관련이벤트 : '소원'이라는 주제를 던져주고 무당골에서 찍는 인증샷과 간단한 코멘트를 응모하여 '한 문장 글짓기 대회' 같은 행사를 주최]

● 여신당(전망대)

무등산 전망대에서 얼마 가지 않은 곳에 여신당이라는 굿당이 있다. 굿당이라는 공간을 등산로 코스의 일부로 삼기에는 조금 무리가 따를 수도 있다. 하지만 하나의 산책로에 하나 이상의 굿당을 보여줌으로서 무등산에 많은 굿당이 있다는 것을 기억하게 할 수 있다는 점에서 의미가 있다. 무등산이 광주의 무속신앙에 중심이 되는 곳이라는 사실을 간접적으로나마 표현할 수 있는 장소이다.

● 원효사

> 원효사는 원효대사가 창건했다고 해서 이름이 붙여진 무등산의 사찰이다. 원효사는 증심사와 같이 불교적 기능을 하는 수행하는 장소다. 또한 석불사와 같이 비나리로(路)를 시작할 수도 있는 곳이면서 끝을 낼 수도 있는 길이다. 석불사에서 돌탑을 쌓으면서 등산과 하산에 관한 간단한 소원을 빌었다면 원효사에서는 앞으로 있을 등산에 대한 기대나 지금까지 했던 산행에 대한 소감을 기록하도록 유도한다.

2) 신선로 코스

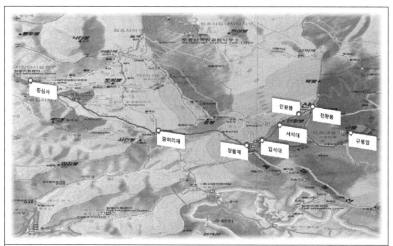

증심사 → 중머리재 → 장불재 → 입석대 → 서석대 → 인왕봉 → 천왕봉 → 규봉암(광석대)

    무등산 유람길인 '신선로'는 과거 문인들이 무등산의 산수 절경을 신선이 된 기분을 느끼며 유람하였던 길이다. 또한 일상에서 벗어나 산에 오른 만큼, 신선한 공기를 마시며 전에 보지 못했던 새로운 경치를 즐기며 지나는 길이기도 하다. 이 길의 이름인 신선로는 이 길을 지나는 사람은 누구나 신선의 기분을 느끼게 된다는 의미에서 '신선로'이며 또한 새로운 경치를 보며 일상과는 다른 '신선함'을 맛볼 수 있다는 뜻에서

'신선로'인 것이다.

신선로에서 제시하고 있는 길은 무등산을 찾아오는 사람들에게 무등산에 대한 이야기를 친근하게 제시하여 사람들이 무등산을 등산하는 것만으로도 무등산에 대한 지식을 더 많이 알 수 있도록 한다는 데에 의의가 있다. 또한 사람들이 산을 오르는 데 있어서 무조건 정상에 오르는 것만을 목표로 하는 것이 아니라 풍경과 가치를 보고 즐기며 신선이 된 마음으로 산을 오르고, 또 옛 선조들과 유산기 문학을 통해 그리고 무등산을 통해 마음이 통할 수 있다는 데에서 그 가치를 찾을 수 있다.

- 코스별 세부설명

● 증심사

무등산을 오르기 위한 시작점으로 사람들이 가장 많이 선택하는 지점이 바로 무등산 동쪽에 위치하고 있는 사찰, 증심사이다. 엄밀히 말하면 무등산을 올라가는 길의 시작에 증심사가 있다고 보는 편이 더 맞겠지만, 증심사가 산이 시작되는 곳에 위치하고 있다는 사실만은 틀림없다. 증심사가 오르는 길의 시작이자, 무등산의 시작인 것이다. 사람들이 무등산을 대표하는 사찰로 증심사를 이야기하는 이유를 여기서 찾을 수 있다. 산으로 들어가는 길, 아직 포장도로가 끊기지 않은 그곳에서 '무등산증심사'라는 현판이 달고 서 있는 증심사의 산문은 마치 무등산으로 들어가는 길을 알리는 무등산의 대문 같다. 산문을 지나 조금 더 위로 걷다보면 증심사가 나오는데 무등산을 대표하는 이 절에는 신라 말기의 석탑인 증심사 삼층석탑과 각 층의 4면에 범자가 새겨진 범자칠층석탑 등의 수많은 문화재가 있다. 절의 벽면을 둘러싸고 그려져 있는 탱화들도 볼만한 구경거리이다.

● 중머리재와 장불재

중머리재는 중의 머리를 닮았다고 하여 붙여진 이름으로 해발 600여 미터에 위치하고 있다. 무등산의 중간에 위치하고 있어 중머리재라고 불린다는 설도 있지만, 시민들에겐 중의 머리를 닮은 고개라는 설이 더 많이 알려져 있다. 중머리재는 중의 머리라는 이름에 걸맞게 지형이 둥글며 다소 휑해 보일 정도로 민둥산인 모습을 하고 있는데, 여기저기에 억새가 군락을 이루고 있어 멀리서보면 경치가 꽤 그럴싸해 보인다.
장불재는 중머리재보다 더 높은 위치인 해발 900여 미터에 위치하고 있는데 다소 휑해 보이는 중머리재와는 다르게 억새 군락이 절경을 이루고 있는 장소로 유명하다. 유산기 내에서 주로 '장불치'라는 이름으로 언급되는 장불재는 화순과 광주의 경계에 위치하고 있는데, 높은 곳에 위치하고 있음에도 불구하고 다소 경사가 완만하고 풍경이 아름다워 신선처럼 유유히 경치를 구경할 수 있다. 신선로의 취지에 가장 어울리는 곳이라고 볼 수 있겠다.

● 입석대 및 서석대

입석대와 서석대는 화산활동으로 인해 생성된 주상절리대로 깎아놓은 듯한 돌기둥이 무등산을 대표하는 절경이다. 예로부터 무등산은 서석산이라는 이름으로 불리기도 하였는 데, 이는 서석대가 무등산을 상징하는 상징물이라는 것을 제대로 보여주는 예이다. 무등산 을 오르며 쓴 유산기들의 이름 거의 대부분에 '서석'이라는 단어가 들어있다는 사실에서 또한 무등산과 서석대의 연관 관계를 짐작할 수 있다.

서석대를 보기 위해 중심사로부터 중머리재와 장불재를 걸쳐 인왕봉 방향으로 올라가면 입석대가 서석대로 들어서는 길의 입구를 웅장하게 장식하고 있다. 30여개의 돌기둥으로 이루어진 입석대는 마치 하늘로 올라가는 문 같아 보이기도 하다. 제봉 고경명은 입석대를 벼슬 높은 신하가 관을 쓰고 공손히 읍하는 모습 같다고 표현하기도 하였다.

그러나 이런 입석대의 경치는 서석대의 모습에 비하면 오히려 소박한 편이다. 입석대를 지나 위쪽으로 조금 더 오르면 서석대가 모습을 드러내는데 돌기둥 200여개가 마치 병풍 처럼 펼쳐져 있는 서석대의 모습은 가히 천상의 누대라는 별명이 붙을 만한 무등산 최고의 절경이다. 무등산 꼭대기에서만 볼 수 있는 이러한 절경은 산을 오르는 이에게 저절로 신선의 기분을 느끼게끔 해준다고 이야기할 수 있을 것이다.

● 상봉

무등산 정상은 '정상 3대'라 불리는 천왕봉, 지왕봉, 인왕봉 세 개의 바위봉으로 이루어진 다. 유산기 내에서는 이 세 개의 봉우리가 '상봉'이라는 이름으로 언급되고 있다. 천왕봉은 무등산의 해발고도 1,187m와 일치하는 가장 높은 위치에 있는 봉우리이다. 엄밀히 말하자 면, 무등산의 정상이라고 할 수 있다. 천왕봉에서 내려다보면 광주 시내는 물론, 호남 일대가 한눈에 내려다보이며 맑은 날에는 지리산까지도 볼 수 있다고 한다. 지왕봉은 주로 유산기내에서 '비로봉'이라는 이름으로 등장하는데 김덕령 장군에 관한 설화가 있는 뜀바 위가 비로봉 꼭대기에 위치하고 있다. 인왕봉은 유산기내에서 반야봉이라고도 불리며 세 개의 봉우리 중 가장 낮지만 그 곳에서 내려다보는 풍경은 다른 봉우리 못지않게 뛰어나 신선의 길과 어울린다.

● 광석대와 규봉암

앞서 입석대와 서석대를 소개할 때 잠시 빼먹었지만, 광석대는 서석대, 입석대와 함께 무등산을 대표하는 3대 주상절리대이다. 그 돌기둥의 기괴함과 웅장함은 입석대와 서석대 에 못지않다. 규봉을 가보지 않았으면 무등산을 가본 것이 아니다 라는 말이 나올 정도로 광석대가 위치하고 있는 규봉은 무등산 경치의 최고봉이며, 경치를 즐기기 위한 산행에서 는 빠지지 않고 들러야 하는 장소라고 할 수 있다. 광석대 바로 아래에 위치한 규봉암은 무등산 내에 존재하는 사찰 중 가장 높은 위치에 존재하는 사찰로, 규봉암을 중심으로 늘어선 수 십 여개의 주상절리대는 마치 규봉암을 둘러싸고 있는 자연의 병풍과 같다. 높은 곳에 위치하여 사람의 왕래가 적은 규봉암과 그 규봉암을 둘러싸고 있는 돌기둥 병풍은 이곳이 신선이 살고 있는 곳이 아닌가 하는 착각이 들게 만든다. 규봉은 유람길인 신선로에 가장 잘 어울리는 장소라고 말할 수 있을 것이다.

3) 열반으로 코스

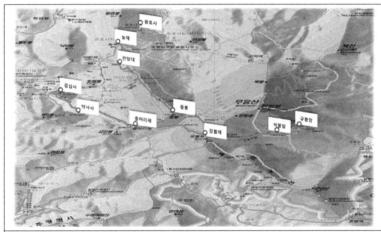

원효사 – 늦재 – 전망대 – 중봉 – 장불재 – 석불암 – 규봉암
– 장불재 – 중머리재 – 약사사 – 증심사

　무등산의 대표적인 사찰, '원효사'와 '증심사'를 시종(始終)으로 하여 무등산의 불교적인 이미지를 부각시키는 길이다. '불교문화'가 무등산과 밀접한 관련이 있다는 점을 강조하면서 무등산의 가치 창출에 초점을 맞추었다. 등산 코스 역시 불교와 관련된 곳으로 구성되어 있으며 코스 곳곳에서 불교의 색채를 물씬 느낄 수 있는 문화유산들을 만날 수 있다.

　길 이름을 '열반으로'라고 한 이유는 이 길이 불교의 색채가 강한 길이라는 것을 드러내면서 동시에 등산코스가 결코 쉽지 않다는 것을 보여

주기 위함이다. 또한 '로'는 路(길)를 의미하기도 하지만 '~로'라는 경로
를 나타내는 조사를 의미하기도 한다. 따라서 '열반길'이라는 의미에서
더 나아가 사람들이 어딘가로 향한다는 느낌을 강하게 받을 수 있게
하기 위해서 '열반으로'라는 이름을 택했다.

불교문화를 담고 있는 길인 '열반으로'가 드러내는 가치는 다음과 같
다. 첫째, 무등산의 존재를 특별하게 해준다. 무등산의 많은 명칭들은
불교와 연관된 것들이 많다. 따라서 무등산 곳곳의 이름을 정확히 아는
것이야말로 그 존재 가치를 높이는 길이라고 생각된다. 둘째, 등산객들
의 감상의 방향을 이끌어낼 수 있다. 기존의 등산로는 등산객들이 느끼는
바가 전적으로 등산객 개개인의 체험에 따라 달라졌으나 여기서는 공통
의 체험을 이끌어 낼 수 있다는 점에서 그 가치를 찾을 수 있다. 셋째,
선인들과 문학적 감성으로 만날 수 있다. '열반으로'에 있는 사찰에서
사찰과 관련된 '사찰제영시'를 볼 수 있기 때문이다. 문학작품과 함께
등산을 하면 옛 문인들과 고승들이 있었던 자리에 자신이 똑같이 서있다
는 느낌을 받을 수 있을 것이다. 따라서 이 '열반으로'는 무등산과 불교문
화, 무등산과 문학을 아울러 살펴볼 수 있는 길이라고 말할 수 있다.

- 코스별 세부설명

● 원효사

원효사는 '열반으로'의 첫 번째 코스다. '열반으로'의 색을 짙게 드러내면서도 등산의
시작을 가볍게 할 수 있도록 원효사와 관련된 사찰제영시를 푯말로 세우고자 한다. 원효사
에 세울 사찰제영시는 조선 전기 문인인 기대승이 지은 『고봉집』속집 권1의 「원효사차인
운」이다. 봄날 원효사에 머물면서 지은 시로, '오늘에야 무등산을 찾아 왔도다.'라는 시구
가 '열반으로'의 출발점에 잘 어울린다. 또한 시에서는 배경이 비록 밤이지만 원효사에서
보이는 풍경을 잘 묘사하고 있어, 잠시 머물러 시를 감상하고 등산을 시작하기에 좋다.

● 원효사 ~ 늦재

'원효사~늦재'에 이르기까지의 길에서는 원효사와 관련된 설화를 보여주고자 한다. 본격적으로 불교문화를 체험하기에 앞서 원효사와 얽힌 흥미로운 문학작품들을 제공하여 등산의 흥미를 더할 수 있기 때문이다.

원효사와 관련된 설화는 두 가지다. 하나는 '원효대사의 창건설화'다. 1847년에 쓰인 〈원효암 중건기〉에는 신라의 원효대사가 산수의 아름다움을 사랑하여 원효암을 짓고 살았다는 이야기가 전해진다. 또 다른 설화는 원효사 바위 주변의 어사바위와 관련된 설화다. 어떤 스님이 원효사 부근 미륵암에서 나환자를 보살피고 있었는데, 스님이 잠시 멀리 탁발 나간 틈을 타 유생들이 나환자를 내쫓아 굶어 죽고 얼어 죽은 사람들이 생겼다. 탁발 나갔다 돌아온 스님은 그들의 가엾은 넋을 천도하여 극락왕생하게 하고자 어사바위에 위패를 새겼다고 한다. 이는 사람들에게 생소한 설화이나 '열반으로'를 통해서 접할 수 있다는 점에서 의미가 있다.

● 늦재

기존의 무등산 등산로에서는 그냥 쉼터였던 곳이지만 '열반으로'에서는 불교적 의미를 가질 수 있는 곳이다. 이 길이 불교문화를 느낄 수 있는 길이라는 점, 그리고 '늦재'가 '열반으로'의 초반 코스라는 점을 고려하면 '불교식명상'을 할 수 있도록 하는 것도 좋을 것 같다. 마음을 가지런히 하여 등산에 임하게 한다. '불교식명상'인 자비명상을 할 수 있도록 입간판을 세우고 잔잔한 음악이 흐르게 하는 것도 좋을 것이다.

● 전망대 ~ 중봉

'열반으로' 코스에서는 무등산과 불교가 어떤 관련이 있는지를 보여줄 필요가 있다. 그래서 무등산의 이름에 대한 다양한 설 중에 불교와 관련이 있는 내용을 알리고자 한다. '무등산'이라는 이름은 그 이름 자체가 불교식 이름이라는 설이 있다. 불경에 의한 '무등'(asama)은 대등한 것이 없을 만큼 뛰어난 부처님을 가리키는 말이라고 한다(〈불설십지경〉 제1권: 〈유마경〉 제14권). 또한 무등산 정상의 천왕봉은 물론 지왕봉과 인왕봉도 각각 비로봉과 반야봉이라는 불교식 이름을 가지고 있다는 점에서 무등산과 불교의 관련성을 살펴볼 수 있다. 이러한 점을 입간판 등을 통해 알리면 '열반으로'에서 내세우고자 하는 의미를 살릴 수 있을 것으로 보인다. 여기에서 이 '열반으로'의 다른 장소들도 불교와 관련된 이름이 있다는 것을 간단하게 언급한다면 다음 코스에 대한 기대를 가지게 할 수 있을 것이다. 이러한 내용들은 하나의 입간판에 다 쓰지 말고 호기심을 유발할 만큼 짧게 써서 셋 정도로 나눠서 세우도록 한다.

● **장불재**

　'장불재'는 불교와 관련된 명칭이라고 하지만 정확한 뜻은 알 수가 없다. '장불재'에서 '불'이 '부처 불(佛)'이라는 점에서 그러한 설이 전해진 것으로 보인다. 이곳에서 무등산 일대의 스님들이 모여 회의를 하였다는 이야기가 전해진다. 따라서 등산객들이 장불재에 다다랐을 때에 장불재에 스님들이 무슨 회의를 했을 것 같은지 상상의 나래를 펼 수 있는 공간을 만들도록 한다. '방명록'같은 것을 마련하여 자연스럽게 한 마디씩 남긴다면 또 다른 등산의 재미를 느낄 수 있을 것이다. 이런 방명록은 여러 생각들이 담겨 있으므로 문화적으로도 가치가 크다.

● **장불재 ~ 석불암(지공너덜)**

　지공화상이 이곳에서 수도할 때 법력으로 너덜의 수많은 돌을 어느 것 하나 덜걱거리지 않게 하였다고 하며, 또 그가 제자들에게 설법하던 곳이어서 벌레나 뱀처럼 기어 다니는 짐승이 없고 낙엽이 가득한 가을에도 청소한 것처럼 깨끗하다는 전설이 있다. 이 지공화상의 이름을 따서 지공너덜이라고 했다고 한다. 이러한 전설을 소개하는 입간판을 세워 사람들에게 지명의 유래를 알 수 있도록 한다.

● **석불암 ~ 규봉암(석굴암과 보조석굴)**

　무등산의 숨어있는 불교유적이라고 불리는 것이 '석불암'과 '보조석굴'이다. 석불암은 마애불이 있어 붙여졌는데, 6·25전쟁 이전에는 '소림정사'가 있었다고 한다. 보조석굴은 석불암 근처에 있는 조그마한 석굴로 보조국사가 참선 수행을 했다고 전해지는 곳이다. 석굴이라기보다는 지붕처럼 생긴 큰 바위 아래 약간의 돌과 흙으로 바람을 막을 수 있는 굴을 만든 수도처다. 이곳에도 이러한 역사적 사실, 불교와의 관련성을 언급한 작은 입간판을 세우도록 한다.

● **규봉암**

　'규봉암'은 예로부터 여러 고승들의 수도처였을 뿐만 아니라 수많은 문인들과 관리들이 찾아와 시를 읊고 경치를 즐겼던 명소다. 이곳에는 여래, 미륵, 관음 등 삼존석이 우뚝 서 있다. 이 규봉암은 위치상으로는 무등산 소재 사찰 중에 가장 높은 곳에 위치하고 있으며 육각형의 돌기둥인 주상절리대가 병풍처럼 둘러치고 있어 규봉이라 부른다. 규봉암에서는 김극기의 사찰제영시를 간판으로 세울 것이다. 이 시는 규봉암의 절경을 잘 묘사하고 있다. 특히 '미련' 부분은 다음 코스인 중머리재까지 가면서 '번뇌 내려놓는 방법'에 대해 생각하며 가게끔 한다는 데에서 의미가 있다. 이 시 옆에는 번뇌를 내려놓으며 하산을 하자는 문구를 담은 작은 팻말을 세우도록 한다. 이는 '열반으로'의 의미를 다시 한 번 살리기 위함이기도 하다.

● **중머리재**

고갯마루가 넓은 초원지로 마치 스님의 머리 닮아 '중머리[僧頭峯]'라고 한다. 평화로운 그림과 함께 중머리재 이름의 유래만 간단히 적는 것이 좋을 장소이다. 이전 코스에서 걸어 내려오면서 번뇌를 내려놓는 연습을 했으니, 중머리재에서 마음이 탁 트이는 것을 느낄 수 있을 것이다.

● **약사사**

약사사 역시 철감선사가 세운 절로, 원래는 '인왕사'였다고 한다. 1856년에 쓰인 〈약사전 중수기〉에 약사여래 석불을 언급한 것으로 보아, 석조여래좌상을 약사여래로 믿은 후세 사람들에 의해 절 이름이 약사사로 바뀐 것이라 추측한다. 이 불상은 9세기에 조성된 것으로 추정되고 있다. '약사여래'는 중생의 질병을 고쳐주는 약사신앙의 대상이 되는 부처이다. 이 약사사에서는 약사여래에 대한 설명을 간단히 적어 두고, 앞에 돌을 쌓을 수 있는 공간을 마련할 것이다. 그리하여 등산객 본인이나 주변인들이 아픈 경우에 돌을 쌓으며 약사여래 에게 치유를 기원하는 시간을 가질 수 있도록 한다.

● **증심사**

증심사는 통일신라 때인 860년대에 철감 선사가 세운, 무등산에서 가장 큰 절이다. 고려 때 혜조국사가 중수했고, 조선 세종 때에는 전라 관찰사를 지낸 김방이 증심사를 중창했 다. 이 때 김방이 증심사에 오백나한상을 모셨다. 부처님의 제자 오백 나한을 모신 오백전 은 증심사를 태워버린 정유재란과 6·25전쟁의 화마를 모두 면한 귀중한 문화유산이다. 증심사에는 김극기와 신익전의 사찰제영시를 입간판으로 세울 것이다. 증심사 사찰제영 시의 대표로 꼽히는 김극기의 「증심사」라는 시는 절 이름을 간결하게 읊고 있다. 신익전의 경우 증심사에 들러 계곡 물소리를 들으며 「증심사 구점」이라는 시를 지었다. 두 사찰제영 시는 '열반으로'의 마지막 코스인 증심사에서 사람들의 문학적 감성을 다시 한 번 불러일으 킨다. 사찰제영시로 시작한 불교문화 느끼기를 사찰제영시로 마무리 짓는다는 점에서 의 미가 있다고 생각한다.

4) 충장로 코스

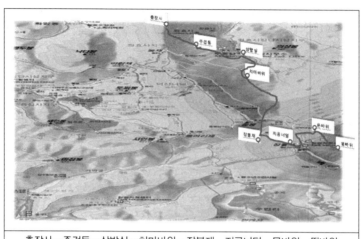

충장사 – 주검동 – 삼밭실 – 치마바위 – 장불재 – 지공너덜 – 문바위 – 뜀바위

'충장로(路)'는 김덕령 장군을 기리며 그와 관련된 설화를 잊지 않기 위해 만든 길이다. 그래서 김덕령 장군의 시호인 '충장'을 가져와 '충장로(路)'라고 이름 지었으며 또한, 광해군으로부터 '익호장군'이라는 군호를 받았다는 데서 가져와 '익호로(路)'라고 지었다. '翼虎'는 '나는 호랑이'라는 뜻을 지니고 있어서 김덕령 장군을 가장 적절히 대변할 수 있는 이름이라 생각되지만, 시민들에게는 '익호'라는 단어가 생소하게 느껴질 수 있어 '충장로'라고 짓는 편이 더 자연스러울 것이라고 생각된다. 또한, 1946년부터 충장공 김덕령장군의 충절을 기리기 위해 그의 시호를 붙여 광주의 '충장로'가 있는데 무등산의 길 이름도 '충장로'라고 지을 경우, 시민들에게 친근한 분위기로 다가갈 수 있을 것이다.

김덕령은 무등산과 가장 관련이 깊은 인물이기 때문에 무등산과 관련된 설화도 많이 전해지고 있다. '김덕령'은 임진왜란 때의 의병장으로서,

권율의 휘하에서 의병장인 곽재우와 협력하여 여러 차례 왜병을 격파하였다. 여기서는 '김덕령 설화'와 관련된 곳을 중심으로 등산코스를 구성하였으며, 각 코스마다 김덕령과 관련된 이야기를 배치하기로 한다.

- 코스별 세부설명

● 충장사

김덕령은 본래 선비였지만, 의병을 일으켜서 장군 직위를 받았기 때문에 흔히 '김덕령 장군'이라고 불린다. 그리고 사후 2백 여 년이 지난 정조 때에 '충장'이란 시호를 받았기 때문에, 사우 이름은 '충장사'라고 한다. 김덕령은 무등산을 언급할 때에 빼놓을 수 없는 인물이기 때문에 '충장로'의 시작은 '충장사'로 정한다.
'충장사'에서 김덕령 장군의 영정사진과 위패를 모신 사당을 돌아본 후, '충장로' 등산을 시작한다.

● 주검동

김덕령 장군이 임진왜란 때 원효사 계곡 부근에서 칼과 창을 만든 곳으로 '주검동'이라고 부르고 있으며, 의병활동과 거병에 필요한 군수물자를 제공하고, 무술을 연마하여 수련했던 골짜기이다. 장차 국난이 있을 것을 예견한 김덕령은 주검동에 세 개의 대장간을 세우고 칼, 창, 화살, 투구, 갑옷 등 무기를 만들기 시작하였고, 20여명의 장정들을 모아 칼쓰기와 창쓰기, 활쏘기를 가르쳤다고 한다. 지금도 당시의 쇠덩이들이 발견된다고 전해진다.

● 삼밭실

김덕령은 무예를 수련하기 위해 무등산에 삼을 심어놓고 높이뛰기 훈련을 했다고 전해진다. 그래서 '삼밭실'이라는 지명이 생겨났다고 한다. 삼밭실은 중봉 아래 넓은 들판에 위치해 있으며, 김덕령이 그곳에서 삼밭을 일구고 매일 삼을 뛰어 넘으며 체력을 길렀다고 전해지고 있다.

● 치마바위

원효계곡의 안양굴 아래에 치마바위라고 하는 큰 바위가 있다. 김덕령의 누나인 김응회 부인은 힘이 장사로, 원효계곡에 있는 치마바위는 김부인이 치마폭에 싸서 갖다 놓은 바위라서 치마바위라고 일컬어지고 있다는 설화가 전해진다. 또한 이와 관련해서는 김덕령과 김덕령의 누나가 씨름판에서 힘을 겨루었다는 설화도 전해지고 있다.

김덕령은 씨름판에 나가서 자신을 이길 사람이 없다고 자랑을 하고 다녔는데, 동생만큼 힘이 센 누나는 덕령을 교육시키기 위해 남장을 하고 씨름시합에 참가하였다. 누나는 동생과 씨름을 겨뤄서 이겼다. 그러자 김덕령의 패거리는 '덕령의 엉덩이가 땅바닥에 닿지 않았다'면서 재시합을 요구했지만 김덕령은 자신의 패배를 솔직히 인정했다. 김덕령이 자신의 패배를 인정하고 겸손하게 나오자 누나는 구경꾼들을 헤치고 씨름판을 빠져나갔다고 한다. 이후 김덕령은 씨름판을 찾지 않고 학문과 무술을 익히는 데 전념했다.

이렇듯 치마바위를 둘러싼 설화들을 살펴볼 때 이곳은 김덕령 설화 중에서 가장 중요한 곳이므로, '충장로'의 등산 코스인 '치마바위~장불재'까지 설화 표지판을 세워 등산객들이 김덕령 설화를 읽으면서 등산할 수 있도록 한다.

● 장불재

무등산 정상인 천왕봉에서 남서쪽으로 서석대와 입석대를 거쳐 내려가면 고개마루가 있는데 그곳이 장불재이다. 이곳은 무등산에서 억새 군락이 장관이며, 말 잔등 같은 능선이라고 하여 '백마능선'이라고도 말한다.

김덕령 장군이 장불재에서 백마능선으로 말을 타고 달려 의병들의 본거지가 있었던 둔병재까지 다닌 곳이라고 알려져 있다.

● 지공너덜

커다란 조약돌들이 약 2km에 걸쳐 깔려 있는데 이것을 지공너덜이라고 한다. 지공너덜은 무등산의 대표적인 너덜로, 지공대사가 법력으로 수많은 돌들을 깔아 만들었다는 전설이 전해지고 있다.

한편 이 많은 돌들은 본래 상봉근처에 있는 돌무더기였는데 김덕령 장군이 하루아침에 깨뜨려다가 내던져서 이렇게 된 것이라는 전설도 전해지고 있다.

● 문바위

김덕령 장군이 문바위에서 화순 동면 청궁마을 살바위까지 화살을 쏘고 백마가 먼저 도착하는지를 시험하였다는 설화가 전한다. 설화의 내용은 다음과 같다.

김덕령은 광주 벌판에서 번개같이 나타났다 없어지는 용마를 잡았다. 김덕령은 용마에게 무등산 한 바퀴를 돌고 와서 화살을 받아야 한다는 내기를 하였다. 용마가 빨리 돌아왔지만 화살이 오지 않아서 용마를 죽이자, 그때 화살이 날아와서 말 고리에 박혔다.

● **뜀바위**

> 무등산 정상 지왕봉에 있으며 김덕령이 어렸을 때 이곳에서 바위와 바위 사이를 뛰어
> 다니며 무술을 연마하고 담력을 길렀던 곳이라고 한다. 그래서 김덕령 장군이 뜀틀바위를
> 건너뛰었다는 설화가 전해진다. 훗날 이 이야기를 전해들은 일본군 장교가 자신도 뛸 수
> 있다고 뜀틀바위를 뛰어 넘으려 하다가 바위 밑으로 떨어져 죽었다고 한다.

4. 무등산 문화지도 관광자원화 추진방안

1) 스토리텔링을 통한 무등산의 문화유산 콘텐츠화

현재 무등산은 2012년 이래 21번째 국립공원으로 지정되었다. 이는 무등산의 자연적 가치를 인정하는 표지이다. 현재 무등산은 광주를 비롯한 호남지역민들에게 가장 친숙하고 정감을 느끼는 산이라 할 수 있다. 이러한 광주, 호남인들의 정신과 이념이 담긴 무등산은 문학을 비롯한 문화 사업이나 상업적인 부분에서도 많은 성과를 이루어냈다. 하지만 이러한 무등산의 대내외적인 가치에도 불구하고 호남지역을 벗어나면, 무등산에 대해 알고 있는 사람은 보기 드문 것이 사실이다. 그렇기에 이야기 자원을 통해 무등산을 광주를 넘어 다양한 지역민들에게 알리고 소통하는 것은 중요한 일이라고 할 수 있다.

앞서 기술한 무등산 등산코스 개발에 기초한 무등산 문화지도는 이러한 무등산 알리기와 무등산과 더불어 지역간 소통하기의 목표에 부합한다. 따라서 무등산 문화지도를 관광자원화하기 위한 방안으로, 본 사업은 '무등산 퍼즐 맞추기 프로젝트'라는 이름으로 기존의 무등산 코스에 스토리 자원을 활용하여 새로운 '문화기행' 코스를 개발하는 데 목표를 둔다. '무등산 퍼즐 맞추기 프로젝트'는 이를 위하여 전남대학교 대학원

국어국문학과 BK21플러스 지역어 기반 문화가치 창출 인재 양성 사업 단의 기존 무등산 관련 문화기획 프로그램들에서 만들어진 문화자원들을 아카이빙하여 분류하고, 이 과정에서 만들어진 스토리 원천 자료들을 이야기 자원화하고자 하였다. 이를 기반으로 아래에 제시된 몇 가지 기획을 통하여 '무등산 등반길'은 이야기가 있는, 이야기와 함께하는 문화기행으로 거듭나 무등산 문화지도의 관광자원화를 촉진하는 데 기여할 수 있을 것이다.

2) 문화지도 APP 개발을 통한 능동적 참여 유도

본 사업은 '무등산 APP마을 입주 프로젝트'라는 이름으로, '무등산' 을 광주 지역민들의 산을 넘어 다른 지역민과 관광객들에게도 가까운 산이 되도록 만드는 것이 가장 주요한 목표이다.

위 사업을 통해 우리는 소비 일변도의 문화패턴에서 벗어나 '생산과 접목된 소비문화'를 만들고자 노력하였다. 이는 기존의 소비문화 패턴에 생산적 코드인 '창작'을 부여하여 대중들을 예술 창작의 장으로 데려오는 것인데, 여기에 경제적 소비 코드를 더해 자연스러운 참여를 유도한다는 것이 'APP마을 프로젝트'의 골자이다.

이러한 문화정책이 성공하기 위해 가장 중요한 요소는 '공동체(마을)' 이라 할 수 있다. '동네-마을'이라는 키워드를 통해 '생산과 소비' 두 축을 아우르는 구심점으로 삼아 무등산을 명실상부한 문화공간, '문화의 산'으로 재건하고자 하였다. 그 방법은 다음과 같은데 무등산과 관련된 예술작품들을 수집하여 이미지 별로 분류, 분류된 이미지들에 지명을 부여하고 '마을화' 한다. 관련 APP을 통해 이를 구현하고, 시민들은 무등산의 지명 중 한 곳에 자신을 '주민'으로 등록할 수 있다. 이를 통해 참여자는 마을에 소속감을 느끼며 마을과 관련된 다종의 정보를 받아들일 수 있고, 다양한 문화행사(백일장과 같은 일종의 경연대회)에 능동적으로 참여할 수 있다. 또한 다른 마을을 방문하였을 때 APP을 통해 도장을 찍을 수도 있다.

본 사업의 의의는 꼭 지역민이 아니더라도 관광객들이 자신의 '마을'에 애정을 가질 수 있고 거리가 멀어 무등산에 직접 방문하지 않더라도 APP을 통해 무등산과 인근의 정보를 받을 수 있다는 점에 있다.

또한 실제 이곳에 방문하였을 때 APP을 통해 관련 코스에 대한 정보, 맛집이나 주변카페, 가까운 명소에 대한 정보를 받을 수 있다면 이는 단순히 무등산 문화기획을 넘어 지역경제를 살리고 지역민과의 상생이 가능한 지점이라 판단된다. 문제는 스마트폰 사용이 어려운, 실제 등산을 즐기는 세대에게까지 적극적인 참여를 위한 구체적 대안이 마련된다면 굉장히 유용한 결과를 낳을 수 있을 것이다.

3) QR코드를 활용한 정보 안내와 상시 이벤트 기획

본 사업은 '무등산과 SOME타기 프로젝트'라는 이름으로 무등산과 관련된 다양한 문화기획들을 유기적으로 결합시켜 더 큰 효과를 만들기 위한 것이다. 본 사업의 의의를 온전히 이해하기 위해서는 본 프로젝트 명을 찬찬히 짚어볼 필요성이 있는데, 'SOME'은 something의 줄임말로, 어떤 일이나 사건을 내포하는 표현으로 요즘 세대에게는 남녀 사이의 미묘한 관계를 나타내는 말로 쓰인다. 프로젝트의 이름도 이러한 맥락 아래 이해되어야 한다. 이 프로젝트는 네 가지의 작은 기획들로 이루어져 있다. 이 기획들은 유기적으로 연계되어 각각의 콘텐츠들와 플랫폼이 결합, 지역과 세대를 막론한 소통의 장으로 무등산이 자리 잡는 것을 목표로 하였다.

이 프로젝트는 SNS를 사용하여 '소통', '글쓰기'를 주제로 한 네 가지 의 기획을 제안한다. 그 내용은 다음과 같다.

① 엽서 제안 사업 : 무등산이 묻어 있는 편지

공모전을 통해 그림, 사진, 시구 등 엽서에 사용될 작품들을 선정, 엽서를 제작한다. 이는 무등산 기념품 상점에서 판매한다. 또한 무등산 에 두 개의 우체통을 중심사나 원효사와 같은 주요 입구에 설치한다. 이때 우체통은 일반 우체통과 타임머신 우체통으로 나뉘는데 타임머신 우체통은 '1년 후에 발송되는 느린 우체통'이다. 이는 디지털 매체에 익숙해진 현대인들에게 의미 있는 행사가 될 것이다.

② 무등산 쓰기와 다시쓰기

'무등산'을 주제로 한 공모전을 시/소설/수필 등 분야를 가리지 않고 상시 운영하여 문화자원을 확보한다. 본 공모전을 기획하는 데 있어 그 대상은 초등학생 자녀를 둔 가족으로 한정하며, 그 형태는 백일장으 로 진행한다.

먼저 백일장 형태로 진행하고자 하는 까닭은 무등산 컨텐츠 공모전에 대한 시도들이 지역 사회에서 다양하게 있어왔음에도 불구하고, 정작 문화 컨텐츠를 생산하기 위한 스토리텔링에 치중함으로써 실제 무등산 을 향유하는 지역민들의 삶과는 다소 멀어지지 않았는가에 대한 반성에 서 비롯된 것이다. 또한 그 대상도 초등학생 자녀를 둔 가족으로 한정한 이유도 가족과 함께하는 백일장은 아이와 부모가 직접 나와서 무등산과 관련된 글을 쓰는 체험을 해봄으로써 무등산을 단지 자연 경관이 아니라 친숙한 곳, 쓰기와 다시쓰기가 가능한 문화적 장으로 인식하게끔 하는 것에 목표를 둔다.

현재 국립공원관리공단 홈페이지에서 무등산에 대해 블로그 탐방기, 50자평 등 소셜 컨텐츠를 안내하고는 있으나 그 참여가 미비할 뿐만 아니라 사진을 통한 안내에 그치고 있다. 본 프로젝트를 통해 우리는 무등산 자체가 아니라, 무등산과 관련된 지역민의 삶, 그 자체에 주목하게끔 할 필요가 있다.

백일장에서 입상한 공모전 작품들의 활용 방안은 다음과 같다. 시의 경우에는 캘리그라피 등을 이용한 이미지 컨텐츠로, 산문의 경우에는 무등산을 소개하는 홈페이지를 채우는 컨텐츠로 게재하여 무등산을 소개하고 홍보하는 자료로 사용한다. 이는 무등산을 단순히 '산'으로 머무르게 하는 것이 아니라 끊임없이 '현재'의 시점에서 재생산되고 향유되

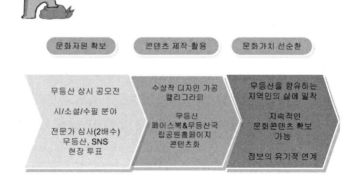

무등산 쓰기와 다시쓰기

문화자원 확보	콘텐츠 제작·활용	문화가치 선순환
무등산 상시 공모전	수상작 디자인 가공 캘리그라피	무등산을 향유하는 지역인의 삶에 밀착
시/소설/수필 분야	무등산 페이스북&무등산국 립공원홈페이지 콘텐츠화	지속적인 문화콘텐츠 확보 가능
전문가 심사(2배수) 무등산, SNS 현장 투표		정보의 유기적 연계

는 공간으로 만들었다. 이는 무등산을 보다 친숙하게 느껴지게 하며, 그 자체로서 하나의 문화를 만드는 문화가치의 선순환의 장으로 자리매김할 것이다.

③ 입말로 푸는 무등산

누구나 참여할 수 있는 열린 소통의 장으로서 '무등산 이야기 대회'를 구축한다. 이야기의 특성 상 특별한 재능 없이도 누구나 참여할 수 있는 분야라는 점에서 많은 이들의 참여를 이끌어낼 수 있을 것이다. 이는 그간 문자로 텍스트화되지 않았던 수많은 '이야기'들이 문화자원화되는 출발점이 된다. 또한 단순히 개인적이라고 여겨지던 이야기들이 모여 세대를 넘나드는 공감과 화합의 장이 될 것이다.

입말로 푸는 무등산

이야기 / 입말 / 무등산

세대 간의 공감 & 화합

④ SNS 플랫폼 '무등산과 SOME 타기' 운영

무등산 관련 SNS 페이지를 개설, 본 기획안의 홍보 효과를 높이고자 하였다. 또한 무등산을 매개로 다양한 이들이 정보를 나누는 소통의 장이 될 것이다.

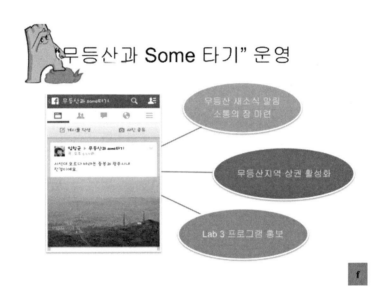

위 네 가지 기획들은 무등산과 관련한 수많은 프로그램들을 지역지자체 안에서 자생적으로 해결하려고 한다는 점에서 의의를 가진다. 본 사업은 무등산을 단지 소비되는 공간으로 남기지 않고 '브랜딩'하여 지역민과 상생할 수 있는 공간으로 만들고자 한다. 뿐만 아니라 주변의 사업과 연계하여 무등산을 다양한 세대를 아우를 수 있는 문화 공간으로 재건하는 것을 지향한다.

4) 등산객과 함께한 '文化有山 포럼' 운영

본 사업은 1차적으로 무등산을 직접 방문하는 (단체)초중고생과 가족 단위의 지역민 혹은 타지역 관광객을 대상으로, '무등산'과 '광주' 관련 시가 작품을 소개하고 즐기기 위한 방법으로 고안되었다. 하지만 단순히 시가 작품을 알려주고 읽는 것만으론 이는 지루한 행위가 될 뿐이다. 하지만 '무등산'을 방문한 이들에게 능동적으로 산을 즐기도록 '무등산'을 소재로 삼은 '시가' 작품을 같이 읽고 부르는 경험을 유도한다면 재미와 의미가 유도될 수 있을 것이다. 이 기획은 소박하지만 실질적인 활동의 지향을 위한 것이며, 지방자치단체의 의지만 수반된다면 매 분기마다 무등산을 찾는 이들에게 시가를 즐기며 그에 대한 관련 일화나 정보를 제공하는 장이 될 것이다.

뿐만 아니라 이 사업은 단순히 시가의 정보를 나열하는 것을 넘어 인솔자와 함께 시를 읽고 즐기며, 시에서 언급된 장소들을 걷는다든가 사진을 찍는 등의 미션을 통해 과거의 것으로만 여겨지는 '고전'의 시가를 '지금' '현재'의 위치로 가져와 향유한다는 점에서 의의를 가진다. 또한 이러한 시가가 고등학생들이 이해할 수 있는 수준의 것으로 너무 어려울 수 있다는 점을 고려하여, 어린아이들이나 초등학생에 이르기까지 각 연령층의 발달단계에 따라 학습 프로그램을 따로 마련하고자 한다는 점에서 더욱 유용하다. 하지만 동시에 무등산 코스에 따라 관련 시가를 알려주고 관련 설화와 문화들을 알려줄만한 전문적인 문화 해설사의 양성 필요성이 촉구된다.

5. 관광자원화 연계 가능한 무등산권 문화유산

이상으로 무등산권 문화유산을 향유하고 무등산 문화지도를 관광자원화와 연결하여 활성화하는 방안으로 '무등산 퍼즐 맞추기 프로젝트'의 몇 가지 기획안들을 제시하였다. 무등산은 광주 주민들과 호남인들에게는 대표적인 지역 명소임에도 불구하고 타지역민이 '무등산' 하나만을 목표로 이곳에 방문하기에는 어려움이 있다. 그렇기에 무등산을 구심으로 주변의 문화자원들과 연계하여 활성화한다면, 광주 전체를 문화도시로 조성하여 관광객을 유치하는 효과를 얻을 수도 있을 것이다. 마지막으로 이와 관련된 제언을 제시해보고자 한다.

현재 무등산과 20분 거리에는 '광주호 생태공원-별서원림'이 위치한다. 특히나 광주호는 무등산의 원효계곡에서 흘려 내린 물이 모인 곳으로, 이들과 연계하여 무등산 이야기권을 확장할 수 있을 것이다. 뿐만아니라 광주에 방문한 관광객들을 중심으로, 거리 순으로 가까운 문화유적지에 대해 안내, 일정 코스 이상을 통과한 참가자들에게 광주에서만 사용할 수 있는 소정의 할인쿠폰을 줌으로써 광주 곳곳을 방문할 수 있는 동력을 준다. 이는 무등산 관광을 목적으로 한 방문객들에게 광주 전체를 관광할 수 있게 함으로써, 이를 통해 광주 유입인구를 늘리고 주변 상권을 활성화하고자 한다.

뿐만 아니라 무등산 가까이에는 나주나 담양 등 30~40분 거리에 나주의 '백호 문화관-천연염색 체험관', 담양의 '가사 문학관-면앙정-소쇄원' 등 수많은 문화공간들이 조성되어 있다. 이 곳들은 모두 여전히 푸르른 산과 숲 속에 있어, 주변의 산책로와 함께 그 정취를 느끼며 전통문화유산들을 눈에 담을 수 있을 것이다. 뿐만 아니라 천연염색 체험관과 소쇄원에서는 각각 천연염색과 대나무(엮기, 그릇 만들기)체험 등을 즐길 수 있어, 보는데 그치는 것이 아니라 직접 부딪혀 체험할 수 있는 장이 된다.

하지만 이에도 다양한 한계들이 존재하는데, 연계를 한다고 했을 때 할인이나 행사 등 실효성 있는 방안이 더욱 고민되어야 하고, 이에 대한 지자체의 협의 또한 필요하다. 또한 광주 내외적으로 연계가 활성화되었다 하더라도, 이러한 다양한 혜택을 알릴 실질적인 방법이 부재, 이를 알아보는 것도 관심이 있는 이들에 한정된 것으로 일단 유입인구가 보장되어야 보다 실질적인 효과가 있을 것으로 보인다. 또한 이마저도 노년인구에게는 보다 어려울 것으로 보임으로 '등산'에 관심이 있는 노년인구에게 파격적인 할인혜택, 경로 우대 정책 등을 고민하여 그 가족들까지 광주로 유입하는 방안에 대해서도 심도 있는 고민이 필요할 것이다.

참고문헌

이정록, 『무등산 자락 무돌길 이야기』, 푸른길, 2015.
조정규, 「무등산권 무속신앙의 공간구조」, 『남도문학연구』 21호, 순천대학교남도
　　문화연구소, 2011.

전라도의 '산' 문학지도 제작[*]

최옥정

1. 기획 의도

광주·전남 지역의 '산'을 테마로 문학지도를 제작함으로써 문학 작품 속 공간이 갖는 의미를 지도화할 수 있다. 더불어 광주·전남 지역의 산을 대상으로 하기 때문에 지역성과 공간이라는 두 가지의 키워드를 중심으로 여러 문학 작품에 통일성을 부여하여 체계화할 수 있다.

지역어의 언어 문화적 가치를 살리되 광주·전남 지역과 관련된 텍스트를 활용할 수 있는 방안으로써 문학 작품 속 '산'의 의미가 우리 지역에 어떻게 구현되어 있는가를 지도를 통해 실질적으로 접근할 수 있다. 또한 이와 관련하여 '산'을 중심으로 한 테마 관광 지도 등을 개발할 수 있다면 지역의 문화 가치를 제고하는 길이 될 수도 있을 것이다.

전라도 권역의 지역문학 아카이빙 사례를 탐색해 보면 각 분야별로

---

[*] 본 기획서는 2017년 2학기 〈인문형 LAB〉 '지역어와 텍스트(공간)' 랩의 기획안(구성원: 고효단, 구려나, 박은빈, 정다운, 정미선, 진건화, 최옥정)을 최옥정 연구자가 수정·보완하여 정리한 것이다.

지역문학을 망라한 아카이빙 사례가 없다. 따라서 이 작업은 일차적으로는 전라도 권역 문학 자료를 수집할 수 있다는 의의가 있고, 이차적으로는 지역의 문학 공간을 지도화함으로써 추후 여러 분야로 활용할 수 있는 하나의 가능성이 될 수 있다.

2. 기획 과정

초기 주제는 '전라도 공간의 문학지도'를 만드는 것이었다. '텍스트와 공간'을 바탕으로 '지역성'의 문제를 고려하여 문학테마기행 지도를 만드는 것이 당초의 계획이었다. 따라서 지역에서 많이 콘텐츠화되고 있는 작품들을 토대로 문학테마기행 지도를 제작하기로 하였다.

기존의 전라도 문학지도의 사례를 살펴보면, 전라도 지역 문학에 대한 문학지도 자체가 체계화되어 있지 않으며, 좁은 지역이나 특정한 한 분야 위주로만 일부 지도가 제시되어 있었다. 따라서 처음 단계에서는 다소 광범위한 주제이기는 하나 '전라도 공간의 문학지도 만들기'를 주제로 하여 전라도 공간을 바탕으로 하는 작품 목록을 선정하였다. 조사 단계에서 수집된 자료 목록 중 '산'과 관련한 작품들이 다수 있음을 발견하고, 최종 주제를 '전라도의 '산' 문학지도'로 수정할 수 있었다.

수집된 전 분야의 작품 목록을 토대로 지역/공간 문학지도의 콘셉트를 결정할 수 있었는데, 전라도 권역의 '산'들이 갖는 장소성과 이미지가 독특한 양상으로 드러났다.

'산'과 관련한 부분에 있어서도 하나의 산을 선정하여 작품을 선별할 것인가, 여러 산들을 '산'이라는 큰 주제로 묶어 다룰 것인가가 논의되었는데, 결론은 특정한 표지의 산이 아닌 전라도 권역의 '산'과 관련한 공간과 이미지를 지도화하는 것으로 내렸다.

3. 세부 기획

먼저 '산'과 관련한 공간의 이미지를 몇 가지로 유형화할 수 있는지를 살펴보았다.

전설의 경우는 다음과 같다.

① 농악, 풍년 : 민중들의 기층문화와 풍년에 대한 기원과 관련된 산 이미지
② 주술적 성격, 기복신앙 : 샘물 등의 자연적 대상물을 통해 출산, 기도 의 효험 등과 관련된 주술적/기복신앙적 산 이미지
③ 역사적 시공간 : 임진왜란의 이순신 장군이나 한산대첩(여수 종고산) 같은 맥락
④ 초월적 시공간, 도가적 공간 : 산신(순천의 세 봉우리로 이어진 산), 산의 연못, 잉어 등의 지물과 존재를 통한 현세초월적 이미지
⑤ 불교적 공간 : 구례 지리산 등 불교 관련 전설, 절 관련 전설에서 보이는 이미지

고전시가의 경우는 주로 담양의 '성산별곡'과 관련되어 있는데, 그 양상은 다음과 같다.

① 도가적 공간
② 경치(완경) : 계절에 따라 변화하는 경치를 유배 생활자가 노래하는
측면
③ 은거(현실에서의 도피)
④ 현실참여를 은유하는 공간

현대시의 경우는 무등산과 관련된 경우가 대부분이었다.

① 역사적 시공간 : 5·18이라는 사건과의 관련성에서 파생되는 산 이미지
② 무등산의 형세와 불 이미지 등(현실적 경관/시적으로 형상화되는 경
관의 차이)

고소설의 경우 전체적으로 산이 단순한 배경으로 등장하거나 아예
나타나지 않는 경우도 있어 그 비중이 별로 크지 않음을 알 수 있다.
유형을 정리해 보면 다음과 같다.

① 경치(완경)
② 초월적 시공간, 도가적 공간
③ 백성들의 공간/현실적 삶의 고달픈 공간/화전민들의 공간

현대소설의 경우는 '산'과 관련한 많은 사례들이 나타나는데, 특히
송기숙/문순태 등에게서 이러한 양상을 잘 살필 수 있다.

① 역사적 시공간
② 지향하고 추구해야 할 이상향적 공간
③ 모성적 공간

④ 경치(완경)
⑤ 생명성의 공간
⑥ 치유의 공간
⑦ 운명의 공간

이와 같은 양상에서 '전설'의 경우는 사례가 너무 많고 유의미하지 않아서 고소설 분야에 크게 포함시키기로 하고 고전문학과 현대문학을 기준으로 산 관련 지도를 제작할 수 있었다.

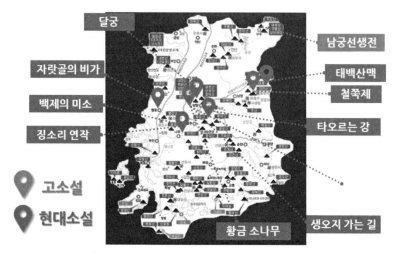

〈그림 1〉 문학지도 소설

위 문학지도에 나타난 세부 작품별 목록은 다음과 같다.

작가명	작품 제목	배경	작품 내용	주제	공간 의미
허균	남궁 선생전	전라도 임피 전라북도 부안 금대산 무주 치상산 (현재 적상산)	전라도 임피(臨陂)에 살고 있던 남궁두는 진사가 되어 서울에 살고, 애첩 하나를 시골집에 두었는데 그녀가 당질과 간통하게 되자 남궁두는 활로 쏘아죽여서 악형에 처해졌다가 빼내었다. 남궁두는 금대산(金臺山)으로 들어가 중이 되었다가, 무주치상산에 옮겨 가서 한 장로를 만나 수련의 비결을 받고는 도를 통하였다. 장로가 모든 귀신을 접견할 때에 조선이 왜적에게 병화를 입어서 7년 동안 소란하였다. 남궁두는 스승의 명령에 의하여 다시 속세로 돌아가 결국 완전한 선가의 삶을 살지 못하였는데, 그것은 인내력 부족이라 하였다. 남궁두는 일시에 과오를 저질러 그 늘진 삶을 살았으며, 도교라는 가상적 세계에서 나름대로 만족을 누렸지만, 완전한 경지에는 이르지 못하고 행방이 묘연했다고 한다.	1. 인(忍) 2. 일사소설(逸士小說)로서 자아(自我)와 세계(世界)의 강한 대립의 양상 3. 당시의 혼란한 사회에 대한 간접적 비판 4. 작자 자신의 자화상이거나 미래상 5. 남궁두라는 인물의 비극적 형상화를 통해 불우한 자들이 꿈꿔온 도교의 이상향을 제시	몸과 마음의 수행의 터전 도를 통해 시선되기 도가적 이상향

그 밖에 '최척전'(임진왜란·정유재란 시기 남원·중국·일본·베트남), '춘향전'(남원), '만복사저포기'(남원), '홍길동전'(전남 장성), '설공찬전', '전우치천', '신유복전'(전라도 무주) 등의 사례를 조사했으나, 작품별로 배경 지역을 특정할 수 없거나 중심 공간이 아닌 문제로 제외함.

작가명	작품 제목	배경	작품 내용 및 주제	공간 의미
문순태	달궁	지리산 권역	전남 담양군 구산리 달궁 골짜기(고향)를 중심으로 하여 시골 가문에서 벌어진 역사적 이야기	역사적 맥락의 공간
문순태	타오르는 강 1-9	목포 나주 영산강 광주	조선시대에서 근대로 이행하는 역사적 과정 속에서, 노비 세습과 민중의 수탈적 역사에서 천민/하층민 출신의 정체성을 갖는 인물들이 민중으로서 저항의 역사를 만들어가는 내용	역사적 맥락의 공간
문순태	백제의 미소	나주 근처 방울재 도자기 마을	사라진 백제의 역사와 겹쳐진 도공들의 비참한 생활과 김 진사의 횡포를 서술하면서, 도공들의 저항을 사라진 역사적 시공간인 백제에의 향수와 함께 현재적 맥락의 부조리한 현실에 대한 저항의 동력으로 놓은 소설	역사적 맥락의 공간 지향하고 추구해야 할 이상향적 공간

문순태	징소리 연작	나주 근처 방울재	허칠복이라는 인물을 중심으로, 댐 개발로 인해 방울재의 터전(고향)을 상실한 그가 치는 징소리의 심상을 통해, 고향상실에 대한 비판 및 회복을 요구하는 소설·일종의 수몰문학	역사적 맥락의 공간 근원 및 모성적 공간
문순태	철쭉제	철쭉이 만발한 지리산 권역	실향의 역사와 고향에서의 삶을 분열과 비극으로 만든 한국전쟁의 폐허를 응시한 소설. 나와 바판돌의 원한 관계가 모두 동족상잔의 비극을 유발한 한국전쟁의 상대적 피해자들로서 인식적 변화를 겪어가면서 아픈 역사의 매듭을 푸는 소설	역사적 맥락의 공간
문순태	생오지 뜸부기	담양 무등산 뒷자락 생오지 마을	정년을 마친 노인 '나'가 도시에 살면서 얻은 신체적 병리 증상을 생오지 마을의 사운드스케이프를 통해 치유하는 과정을 보여주고, 생오지의 자연적 경관에서 인간사의 욕심과 구애를 떨쳐버리는 자유를 얻을 수 있음을 이야기하는 소설	치유의 공간 자연에 대한 완경의 공간 살아있는 유사·이상향적 공간
문순태	생오지 가는 길	담양 무등산 뒷자락 생오지 마을	베트남 전쟁에서 한국군이 학살한 할아버지와 다리를 잃은 어머니를 둔 베트남 국제결혼이주여성 쿠엔이 생오지에 오면서, 베트남 전쟁의 고엽제 피해로 죽어가는 조씨를 만나고 서로를 이해하고 역사에의 화해를 도모하는 소설	치유의 공간 자연에 대한 완경의 공간 살아있는 유사·이상향적 공간 생명성
문순태	황금 소나무	담양 무등산 뒷자락 생오지 마을	몇 백 년 동안 생오지 마을을 지켜온 소나무의 죽음과 관련된 소설. 농촌과 전통적 공동체의 허세에 대한 비판적 시각을 중심으로 소나무의 부활을 꿈꾸는 소설. 소나무가 땅을 통해 농사를 짓고 사는 농촌 사람들의 삶을 뿌리뽑힘의 역사로 만든 12년 전 우루과이 라운드로부터 죽어가기 시작했다고 서술하고 있음.	치유의 공간 자연에 대한 완경의 공간 살아있는 유사·이상향적 공간
송기숙	자랏골 의 비가	영광군 구수산 (백수읍 장산리 부근) 자랏골	전라도 벽지 마을 자랏골을 배경으로 천대와 핍박 속에서 묘지기와 묘에 딸린 땅에 얹혀 살아가는 사람들의 역사적 수난과 대결 구도를 다루는 소설	민중의 원초적 힘이 살아있는 공간 역사적 맥락의 공간
조정래	태백 산맥	벌교 및 지리산 일대	빨치산과 관련된 벌교 및 지리산 일대를 배경으로 해방과 분단의 역사적 시공간을 이념대립으로서의 좌우가 아니라 다양한 층위의 모순들이 중첩된 것으로 다루는 소설	역사적 맥락의 공간

<그림 2> 문학지도 시가

작가명	작품 제목	배경	작품 내용	주제	공간 의미
범대순	황원결의 억새	무등산 서석대	어느 가을 무등산에 가득 핀 갈대의 모습	가을날 무등산 널리 펼쳐진 갈대밭 사이를 지나는 오솔길의 풍경	세상을 가득 채우고 있는 자연과 한 부분인 사람의 모습
범대순	겨울 산행	무등산	화자가 겨울 무등산을 오르며 그 자태에 취함	겨울날 눈이 덮인 무등산에 대한 감상	시공간을 초월하는 듯한 신비로운 공간
범대순	큰 바위의 꿈을	무등산	자연의 모습을 보며 인간 존재를 투영하고 대자연을 거스를 수 없는 사람의 운명을 담담하게 받아들이는 화자	대자연인 무등의 장엄함	대자연으로서 무등산
범대순	무등산 단풍	무등산	같은 듯 다른 모습을 하며 살아가는 우리들을 아직 그 힘을 찬란하게 비추는 단풍의 모습에 빗댐	지향하는 바를 이루기 위한 우리의 모습	우리가 지향하는 세상
범대순	백년 전쟁	무등산	전쟁에 대한 생각	전쟁	역사적 의미가 있는 공간

범대순	무등산 중머리재	중머리 같이 생긴 넓게 트인 큰 고개	중머리재 묘사	역사적 사건과의 관련성이 강함	자연 경치와 역사적 이미지의 결합
범대순	우중의 산	산길	우중(雨中)의 산길 묘사	자연 경치와 시인의 생각(삶의 의미) 간의 관련성	빗속의 산길에서 자아를 찾음
범대순	입석대	무등산 입석대	입석대의 모습 묘사	입석대의 본모습과 변화를 통해 세월과 인생을 느낌	세월/인생에 대한 감회
범대순	무등산 단풍	무등산/금남로의 단풍	단풍의 아름다움을 노래함	단풍을 통해서 생명, 자유의 소중함을 느낌	자유/생명에 대한 추구
범대순	무등산의 시원	무등산	무등산의 시원을 찾음	무등산의 시원을 통하여 자기를 찾음	자아를 찾고 있음
범대순	무등산 눈꽃	무등산의 눈꽃을 칭찬하며 자연을 추구함	자연 경치를 추구함	자연의 아름다움을 추구함	
범대순	무등산에 눈 내린다	눈 내린 무등산	무등산에 눈이 내리는 것을 보고 시인의 반응을 묘사함	무등산의 원시를 찾고 있음	자기의 원시를 생각함

무등산은 시인에게 아름다운 자연 경치일 뿐만 아니라 역사적 의미, 스스로 세월과 인생에 대한 사고 등을 표현할 수 있는 매체이다. 특히 〈연륜 산법〉이라는 시에서 '여든 무등산, 숨소리같이'라는 표현이 있는데 시인의 시 세계에서 무등산은 마치 시인 본인인 것 같다.

작가명	작품 제목	배경	작품 내용	주제	공간 의미
윤선도	어부사 시사	완도 보길도	사계절에 따른 자연 경치	강호한정	풍류를 즐기는 공간 풍요로움과 만족감
윤선도	조무요 (朝霧謠)	전남 영암군 월출산	월출산의 제일봉을 가리는 안개	임금의 은덕	임금을 높은 산과 해에 빗대어 표현
오이건	제목 없음	전남 강진 삭둔산 (索遯山)	삭둔산 골짜기를 찾아가 김응정의 처사적 삶을 찾고자 함	자연과 대조되는 인간사의 무상감	처사적 삶을 실현하는 공간 인간사와 대조되는 무한한 공간

김려	제목 없음	나주 문평면 백룡산	백룡산에 들어가 자연의 흥취를 느끼며, 속인들이 알까 두려워함	자연의 흥취	풍류를 즐기는 공간 속세와 대조되는 공간
남극엽	애경당 십이월 가-정월재산 망월	담양 가산리 시리산	정월 대보름 시리산에 뜬 달을 보며 풍류를 즐김	풍년 기원과 흥취	풍년을 기원하는 공간 완상의 대상
남극엽	대경당 십이월 가-질월서석 청람	무등산 서석대	비온 후 서석대를 보며 자연을 감상함	강호한정	아름다운 자연
김상직	입산가2	전북 장수와 진안 백운면 사이 팔공산	팔공산이 아름답다는 말을 듣고 실제로 봄	팔공산의 경치에 감탄함	감상의 대상
미상	두륜산 대흥사 유람가	전남 해남군 두륜산	두륜산 대흥사를 유람하며 쓴 기행가사	대흥사와 사명대사 뇌묵대사 찬양	대흥사가 위치한 배경
정철	성산 별곡	담양군 남면 지곡리 성산	성산의 아름다운 자연과 식영정 주인의 고아한 생활을 찬미함	성산의 사계절 및 김성원의 풍류 찬양	아름다운 경치 감상과 풍류의 대상
송순	면앙 정가	전남 담양군 봉산면 제월리 제월봉	면앙정 주변의 경치를 예찬함	면앙정의 사계 및 자연 감상과 군은	아름다운 자연
정해정	석촌 별곡	무등산과 화순의 적벽 일대 (담양군 남면 만월리)	무등산과 적벽을 유람한 감흥과 조선의 현실에 대한 비판	아름다운 자연과 현실 비판	감상의 대상

4. 기대 효과 및 한계

전라도의 '산' 문학지도 제작은 고전시가, 현대시, 현대소설, 고소설의 모든 분야를 수록하여 기존의 문학지도에 비하여 넓은 범위에서 문학지도를 다루었다는 특징이 있다. 또한 전라도 지역의 문학 지표로 활용할 수 있으며, 문학지도를 중심으로 문학 답사의 기초 자료로 활용할 수 있다.

기존의 문학 지도가 일부 분야에만 치중하여 간결한 형식으로 지도를 구현해 낸 것에 비하여 이번 전라도의 '산' 문학지도 제작은 네 가지의 분야를 망라하여 비교적 다양한 내용을 수록하고자 하였다. 더불어 단순히 문학 작품을 지명과 대응하여 명기하는 수준으로 그치지 않고 문학 작품 속에 드러난 공간적 의미를 상징화하는 작업을 통해 '산'의 의미를 구체화할 수 있는 기초 작업으로서의 의미도 있다.

자료 조사에 치중하여 문학기행의 공간 차별화가 이루어지지 않은 점은 한계로 지적될 수 있으며, 세부 계획이 미비하여 아카이빙 수준에서 더 이상 나아가지 못하였다. 추후 공간적 의미를 유형화하여 재분류하거나 경로를 구성하는 등 추가 작업이 필요할 것으로 보인다.

광주 지역 문화재 안내판 아카이빙 및 수정 기획 제안[*]

최하영

1. 기획 목적

이 기획은 광주 문화전당 둘레길에 위치한 문화재의 안내판을 대상으로 하여, 이 안내판들이 얼마나 정보 제공에 도움이 되고 있는가를 살피고 수정 방안을 제안하는 데 목적이 있다.

문화재에 대해 알기 위해서는 역사적 배경과 문화에 대한 기본 정보가 필요하다. 그 역할을 하는 것이 안내판이다. 문화재 안내판은 문화재에 대한 안내문안, 그림, 사진, 도면과 같은 객관적 자료가 담겨져 있

---

* 본 기획서는 2018년 1학기 〈인문형 LAB〉 '지역어와 문화아카이빙' 랩의 기획안(구성원: 고효단, 김한나, 미즈카이 유카리, 우옌티하이쟝, 이유교, 정다운, 주옌하오, 최하영, 톈치원, 하현정)을 최하영 연구자가 수정·보완하여 정리한 것이다.

는 것으로 문화재에 대한 정보 제공이 가장 큰 목적이다.[1] 그러나 안내
판의 관리가 제대로 이루어지지 않아 낡거나 글자의 훼손 등으로 인해
그 역할을 제대로 수행하지 못하고 있다. 또한, 대부분의 안내판에는
전반적인 지식내용만 기술되어 있고 전문지식이 필요한 용어가 사용되
고 있다. 이러한 이유로 일반인 관람객들은 안내판의 내용을 이해하기
어려워한다. 또한, 친숙하지 않은 내용과 더불어 그 내용을 설명하고
있는 용이조차 낯설기 때문에 관람객들은 안내문을 훑고 지나치거나,
관심을 가지지 않는다는 문제도 있다.

이를 해결하기 위해 안내판의 수정이 필요하다. 최근 문화재 안내판
수정이 안산시, 고성군, 부여군 등 지역적으로 이루어지고 있다. 이러한
시점에서 광주광역시의 문화재 안내판은 어떤 상황에 있는지에 대해
안내판의 상태와 내용 등을 아카이빙하고 수정 기획을 제안하고자 한다.

아카이빙(Archiving)이란 사전적으로 특정 장르에 속하는 정보를 모아
둔 정보 창고를 의미한다. 아카이빙은 장기간 데이터를 보호해 각종
규제 요건을 준수할 수 있으며, 오래되었거나 사용하지 않는 데이터를
좀 더 저렴한 스토리지로 이동해 공간을 효율적으로 사용할 수 있다.
이를 통해 비용절감의 효과 또한 거둘 수 있다. 아카이브 파일은 원시속
성을 그대로 유지하고 있어야 하며, 각종 규제요건을 준수하기 위해서
는 위·변조가 되지 않도록 해야 된다. 아키이빙은 데이터를 저장한다는
측면에서 백업과 비슷하다. 그러나 시스템 장해 시 데이터의 복구가
목적인 백업과 달리, 아카이빙은 현재 사용 중인 스토리지나 데이터베

---

1 변진숙, 「서울시 지정문화재 안내판 현황 및 관리에 관한 연구」, 한서대학교 석사학위논
  문, 2015, 1쪽.

이스에 없는 데이터를 직접 접근하여 읽는 데 목적이 있다. 또한 백업은 한 시점에서의 모습만을 가지고 있으며, 시간이 지나면 현재의 원본과는 차이가 있는데, 아카이빙은 원본 자체를 저장·관리하는 것으로 계속 원본 속성을 유지하고 있다는 점도 백업과 다른 점이다.[2]

아카이빙은 원본 자체를 저장·관리하여 원본 속성을 유지한다고 하였다. 따라서 문화재 안내판을 아카이빙하면 안내판의 원형을 가지고 있기 때문에 후에 수정한 안내판에 문제가 생겼을 경우, 그 문제가 어디에서 파생되었는지 거슬러 올라갈 수 있다. 다시 말해, 초기 안내판의 문제가 무엇이었고, 그것을 어떻게 수정하였는지 파악할 수 있다. 또한, 후에 안내판을 다시 수정할 때 같은 문제를 피할 수 있다.

---

2 박창모, 「Information Lifecycle Management기반의 Data Warehouse Archiving System 구축에 관한 연구」, 국민대학교 석사학위논문, 2009, 10~11쪽.

2. 문화재 안내판 아카이빙

1) 옛 상무관(Former Sangmoogwan Hall)

사적지 5-3호	건립시기	소재지
	1960년대 후반	광주광역시 동구 금남로1가 1

이곳 상무관은 5·18광주민중항쟁 당시 희생자들의 주검을 임시 안치했던 곳이다 집단 발포와 무자비한 진압에 희생된 주검이 이곳에 안치되자 시민들은 다시 한번 계엄군의 행위에 분노의 눈물을 삼켰다. 5·18광주민중항쟁 기간동안 광주시민들은 줄지어 분향하며 희생자들의 넋을 위로하면서 민주화 의지를 더욱 불태웠다.

계엄군의 총칼에 희생된 주검이 있었다! 5·18민주화운동 당시 계엄군의 잔인한 학살과 집단 발포로 희생된 이들의 시신을 모셔놓고 통곡하며 분노했던 곳이다. 항쟁기간 동안 시민들은 상무관 앞 빈소에 아침부터 저녁까지 줄지어 희생자들을 추모하며 민주화투쟁 의지를 더욱 불태웠다 계엄군이 점령한 뒤 5월 29일, 상무관에 모셔져 있던 시신은 청소차에 실려 망월동 시립묘지로 옮겨져 묻혔다.

2) 옛 전라남도청 본관

등록문화재 제16호, 사적지 5-1호	건립시기	소재지
	1930년	광주광역시 동구 문화전당로 38

이 건물은 관공서 건물의 설계와 시공을 일본인들이 독차지하던 시기에 한국인 건축가 김순하가 설계와 시공 과정에 참여하여 완성하였던 점에서 중요한 의미가 있다. 건립이후 70년 이상 전라남도의 행정적 중심이 된 곳이며, 1980년 5·18민주화운동의 산 현장으로서 전남 지역 근·현대사의 역사적 장소이기도 하다. 정면에 수직으로 나란히 3개의 창을 설치하고 창문 사이에는 코린트 양식을 단순화한 주도로 장식하였는데, 이는 당시 건축물에서는 볼 수 없는 독특한 의장이다.

5·18민중항쟁 알림탑 여기는 1980년 5월 18일부터 27일까지 군부독재의 총칼과 맞선 광주·전남 애국 시·도민들이 자유와 헌정수호의 결의로 굳게 뭉쳐 민주의 대성회를 열고 도청탈환의 처절한 피의 항쟁을 전개한 곳이다. 더러는 찔리고 더러는 죽고 무자비한 신군부의 탱크와 총칼에 희생된 자, 수많은 사상자에 이르기까지 이 자리는 시신·시해의 격전장을 이루었다. 이름하여 도청 앞 광장 그날의 절규가 메아리치는 민주쟁취의 투쟁 현장으로서 마침내 역사를 넘어 죽음을 넘어 새로이 부활하는 한국 민주주의의 제1번지 「5·18민주광장」으로 명명되었다. 여기 그 날의 아우성 낭자한 항쟁의 광장에 피먹고 자란 5·18 자유의 나무 영원히 두르도록 그 날의 기상 속에 민주통일의 꿈과 희망을 심어 후대의 역사 속에 길이길이 전하고자 한다.

3) 옛 전라남도청 회의실/민원실

광주광역시 유형문화재 26호	건립시기	소재지
	1932년	광주광역시 동구 문화전당로 38

이 건물은 일제시대 광주에서 활동했던 건축가 김순하가 설계했다. 광주에 남긴 그의 작품으로는 진라남도청·호남의원 춘목암 등이 있다. 지하 1층, 지상 2층의 붉은 벽돌 건물로 2층 창문이 상하로 나뉘어 있어 밖에서는 3층으로 보이게 했다. 또한 건물 좌우 모서리의 곡면 처리와 출입구정면의 유리장식은 시대를 앞선 조형구상으로 광주지역 근대 건축의 귀중한 작품으로 평가되고 있다.

4) 오웬 기념각

광주광역시 유형문화재 26호	건립시기	소재지
	조선후기(1914)	광주광역시 남구 백서로 70

오웬기념각은 선교사로 광주에서 활동하다 순교한 오웬과 그 할아버지를 기념하기 위해 세워졌다. 2층의 회색 벽돌 건물로 평면은 정방형이지만 모서리에 있는 설교단을 중심으로 좌우가 대칭되는 구조이다. 이 건물의 특징은 객석에서 설교단을 내려다 볼 수 있도록 1층 바닥과 2층 발코니를 모서리의 설교단을 향해 약간 경사지게 한 것이다.

오웬기념각은 오원 선교사가 지역민을 위하여 자신을 길러주신 할아버지를 기념하는 건물을 지으려고 기금을 모으다 1909년 별세하자 동료들과 미국의 지인들이 모금을 보태어 건축, 1914년 준공되었다. 오원 선교사는 배유지 선교사와 함께 1904년 순교하여 양림 언덕에 잠들었다. 오원의 죽음은 한센병 진료소가 양림에서 태동하여 국내 최대 규모의 한센병치유공동체(1927~28년 여수 애양원으로 이주)로 발전하는 계기가 되었다. 네덜란드식으로 회색벽돌을 쌓고 맨사드 지붕틀을 올린 오웬기념각은 정방형 공간 1층 한쪽 모서리에 강단을 주고 좌우대칭으로 좌석과 출입문들을 배치하였다. 남녀 동등하게 모양과 크기가 같은 각각의 큰 문으로 입실, 강단 기준으로 휘장을 쳐서 남녀 구별하여 착석하였다. 바닥은 재혀쪽매 마루널을 설교단 방향으로 경사지게 깔았다. 오웬기념각은 광주의 첫 오페라, 첫 독창회, 첫 악단, 첫 악단, 첫 연극, 첫 시민 운동체(YMCA) 태동 등 개화기 광주 신문화의 발상지로서 음악인 정율성을 비롯한 숱한 근대 인재들의 발자취가 서린 요람이었으며 해외 인사 초청 공연과 강연, 애국 집회가 줄 잇는 빛고을 문화전당이었다. 이곳은 지방 각처에서 모여들어 일제의 압박 아래서도 농한기에 열흘, 한 달씩 성경공부를 통해 한글을 배우고, 인권과 정의와 평등, 민주와 평화와 해방의 생명이 자랐던 보금자리였다.

5) 최승효 가옥

광주광역시 민속자료 제2호	건립시기	소재지
	일제강점기	광주광역시 남구 양촌길 29-4

이집은 정면 8칸 측면 4칸으로 규모가 크고 지붕은 팔작지붕이며, 기와는 유약을 바른 적색기와로 특이하며, 정면에 비대칭수법을 사용하여 율동감을 주는 등 전통가옥이 개화기 한옥으로 변화하는 과정을 보여주는 자료이다. 오른쪽의 경사진 부지를 자연 그대로 이용하여 반지하층을 구성하고, 언덕과 암벽에서 흘러내리는 석간수를 끌어다가 연못을 만들어 건물의 운치를 한결 돋보이게 했다. 1920년대에 지어진 이 가옥은 지붕밑에 다락이 있어서, 독립운동가들이 피신하던 장소로 또다른 의미가 있다.

양촌길의 좁은 골목 끝에 마주하는 최승효 고택은 1921년 지어진 집으로, 안채인 자미당은 울창한 숲과 어우러진 정면 8칸, 측면 4칸의 팔작지붕 집이다. 살림집으로 지어진 가옥 중 최승효 고택의 자미당처럼 웅장하고 기품있는 집은 전국을 통틀어도 드물 정도라고 하니 그 건축적, 미학적 가치는 대단하다.

이 집의 건립자인 최상현 선생은 독립운동가이자 당시에 중국과 무역을 하며 막대한 부를 쌓았던 재력가였다. 집의 건축자재는 백두산과 압록강 인근의 목재로 최고의 품질을 자랑하였을 뿐만 아니라 목재가 썩지 않도록 바닷물에 3년이나 담기 두었다고 할 정도로 집을 짓기 전부터 큰 궁력을 들였다. 게다가 격조 높은 건물을 지을 때만 사용하는 동판을 모든 서까래 끝에 박아놓아 부재가 상하는 것을 막았다. 덕분에 100년이 다 되어가는 세월에도 자미당은 여전히 뒤틀림 없이 견고한 모습을 유지하고 있다.

1965년 집을 인수하게 된 故최승효 선생은 광주 MBC 창립을 주도했던 인물로 이 집이 방치되는 것을 안타깝게 여겨 단순한 개인 소유의 문화재가 아니라 모든 이들이 향유할 수 있는 광주 문화 예술의 사랑방으로 거듭날 수 있도록 노력했다.

현재는 이러한 선친의 뜻을 그의 아들 인 설치미술가 최인준 씨가 이어오고 있다. 그는 세계적인 미디어 아티스트 백남준 선생의 제자로 1999년 이후 고택에서 자신의 예술작업을 계속해오고 있다. 지금의 고택 모습을 갖추기까지 집의 모든 곳에 그의 손길이 닿지 않는 곳은 단 한곳도 없다.

3천여 평의 대지에 자리한 고택과 그의 예술작품은 과거와 현재, 전통과 현대의 조화를 이루고 있다. 광주를 넘어 세계적인 문화공간으로 비상하기 위한 노력의 결실이 마침내 우리 곁으로 다가온다. 이곳에 자리한 당신은 시간을 걷는 경험을 하게 될 것이다.

6) 이장우 가옥

광주광역시 민속문화재 제1호	건립시기	소재지
	조선시대	광주광역시 남구 양촌길 21

광주의 옛 부자동네인 이곳 양림 마을에 있는 커다란 집이다. 동서로 길게 늘어선 측에서 약간씩 빗겨 나며 대문간, 곳간채, 행랑채, 사랑채, 안채가 배치 된 상류주택 양식의 기와집이다. 안채의 상량문에 "광구 3년 가해 2월...(光武三年 乙亥二月...)"이라고 기록되어있는 것으로 보아 1899년에 건축 된 것임을 알 수 있다. 이 건물들 중에서 안채가 문화재로 지정되어있다. 건립 당시의 소유자는 정병호(그의 부친은 정낙교)인데 1959년 현 소유자 이장우가 사들였다. 안채는 ㄱ자형으로 정면 6칸이며, 우측면은 4칸과 뒷마루. 좌측면은 1칸과 앞뒷 마루가 있다. 온돌방의 문은 2분합 겹문으로 안은 미닫이, 밖은 여닫이문을 설치하였고, 대청 문은 4분합 들어열개문을 설치하여 필요시 개방할 수 있게 하였다. 여닫이문을 고정시키기 위해 중앙에 문 잡이 거북 장식물을 두었으며, 들어열개문을 고정하기 위해서 참새 모양의 장식물을 장혀에 두고 있다. 2고주 5량의 팔작지붕 기와집이다. 집터 아래의 양림천의 쿨길과 집 정면에 펼쳐진 무등산 봉우리들의 풍광이 이집과 어울려 한 폭의 경관을 이룬다. 무등산의 아름다운 전경을 벗 삼아 문화재로 자정된 안채 토방마루에 앉아서 잠깐 쉬었다 고즈넉함을 즐겨도 좋다.

안채, 사랑채, 행랑채, 곳간채, 대문간으로 구성된 전통 상류가옥이다. 1899년 정병호가 안채와 대문간을 건축하였고, 1959년 이장우가 매입한 후 사랑채와 행랑채, 곳간채까지 완성하여 오늘에 이르고 있다. 이 가운데 안채가 1989년 광주광역시 민속자료 제1호로 지정되었으며, 곳간채는 한때 화재로 소실되었으나 2009년도 복원되었다. 안채는 ㄱ자 형태의 2고주 5량 팔작지붕 기와집이다. 왼쪽부터 툇마루 건넌방, 대청, 안방, 부엌이 있고 꺾인 곳에 작은방이 배치되어 있다. 동강 이장우 박사 1919~2002는 교육에 대한 열정과 신념으로 동강유치원과 동신 중·고등학교, 동신여중·여고, 동강대학, 동신대학교를 설립하여 호남 지역 교육 발전에 이바지하였다.

7) 광주향교

광주광역시 유형문화재 제9호	건립시기	소재지
	조선 태조7년(1398)	광주광역시 남구 중앙로 107번길 5

조선태조(朝鮮太祖)가 왕이 되던 해(1392)에 각도의 안찰사(按察使)에게 교육을 개혁(改革)하라는 명을 내린 것을 계기로 광주향교는 옛날 서석산(瑞石山 현 무등산) 서쪽 장원봉(壯元峰) 아래에 세워졌으나, 호랑이가 사주 나디나서 성(城)의 동문(東門) 안으로 옮겨 지었다. 그러나 성종(成宗) 19년 서기 1488년 현감(縣監) 권수평(權守平)이 이곳 또한 지대가 낮고 수해가 자주 일어나서 지금의 이 자리에 옮겨지었다. 그 후 선조(宣祖) 30년(서기 1597) 정유재란(丁酉再亂)때 왜적(倭敵)들에 의하여 불에 타 선조(宣祖) 33년 서기 1600년에 관(官)과 백성이 협력하여 다시 세우고 그 뒤 수차례의 보수(補修)를 하면서 오늘에 이르렀다.

현재의 교궁(校宮)은 대성전(大成殿), 동무(東무), 서무(西무)와 명륜당(明倫堂), 동재(東齋), 서재(西齋)와 내·외삼문(內·外三門)을 기본구조(基本構造)로 하고 그 밖의 문회재(文會齋,) 양사재(養士齋), 유림회관(儒林會館), 충효교육관(忠孝教育館) 등으로 되어 있다.

또한, 공자(孔子)를 비롯한 안자(顏子), 증자(曾子), 자사자(子思子), 맹자(孟子) 등 5성(聖)과 송나라 2현(賢)과 우리나라 18현(賢)등 25성현(聖賢)을 모시고 봄, 가을에 제사(祭祀)를 올리고 있다.

향교는 조선시대 교육기관으로 전국의 주, 부, 군, 현 마다 건립되어 교육의 중추적 기능 수행은 물론 지역공동체의 풍속을 순화하는데 기여하여 왔다. 광주향교는 조선 초기 무등산 장원봉 아래에 세웠다가 호환(虎患)때 문에 동문안으로 옮겼으나 빈번한 수해로 인해, 성종 19년(서기 1488년) 당시 현감 권수평(權守平) 공이 현재의 위치로 옮겨 신축한 후 정유재란에 불타서 개축하고 그 후 여러 차례 개보수를 거쳐 오늘에 이르렀다. 조선시대에는 호남이 인재의 보고라 할 정도로 향교를 통해 많은 인물이 배출되었으며, 향중 유림이 모여 나라의 폐정을 바로 잡도록 상소를 올리기도 하였고, 임진왜란과 또 을미사변, 을사늑약 당시에는 나라를 구하기 위하여 의병을 규합하는 거점이 되기도 하였던 역사의 현장이다. 향교의 연혁은 신증동국여지승람에 실려 있고 여러 차례 증개축한 이력은 이곳의 비석과, 향교 건물 내 현판으로 전하며 모두가 광주향교

지에 자세히 실려 있어 조상들의 공동체를 지키려는 광주정신의 슬기를 엿 볼 수 있다. 이 비각은 철종 5년 갑인(1854년)에 문묘를 중수하면서 향교 밖에 비각을 마련 모두 7기의 비석을 비각 안에 세웠으나 세월이 흘러 비각이 쓰러지고 비석의 머리에는 이끼가 끼고 받침돌에는 잡초가 자라는 지경에 이르자 1935년에 유림들이 성금을 모아 일자 4칸 건물의 비각을 새로 마련하고 비석 7기와 곁의 한 칸에 중건기념비를 세웠고, 1976년에 또 유림들이 성금을 모아 문묘와 부속건물을 중수하면서 성금자 방명을 새긴 광주향교중수비가 세워져 모두 9기의 비가 비각 안에 들어섰는데, 좌측으로부터 차례로 비명과 지은 사람은 아래와 같다.

비석 1호 광주향교중신기(光州鄕校重新記 1563년) 본문 : 고봉 기대승(奇大升).
　　　　　　　　　　　　　　　　　　　 음기 : 회재 박광옥(朴光玉)
비석 2호 광주향교중수기(光州鄕校重修記 1804년) 겸재 기학경(奇學敬)
비석 3호 광주향교중수비(光州鄕校重修碑 1855년) 노사 기정진(奇正鎭)
비석 4호 광주향교중수기(光州鄕校重修記 1882년) 연재 송병선(宋秉璿)
비석 5호 광주명륜당중수기(光州明倫堂重修記 1843년) 운석 조인영(趙寅永)
비석 6호 광주향교중수기(光州鄕校重修記 1893년) 광주목사 민선호(閔璿鎬)
비석 7호 광주향교집강권군일제위성비(光州鄕校執綱權君一濟衛 聖碑 1843년) 광주목사
　　조철영(趙徹永)
비석 8호 광주향교비각중건기(光州鄕校碑閣重建記 1935년) 전 장례원경 박봉주(朴鳳柱)
비석 9호 광주향교중수비(光州鄕校重修碑 1976년) 중수추진위원회

광주향교의 건물내력을 시민들에게 올바로 알리고자 비석마다 비문 해설을 요약 정리하여 게시하오니 선조들의 소중한 문화유산을 보호하여 문화시민의 긍지를 지켜 나갑시다.

서기 2014년 11월　일
광 주 향 교 재 단

3. 안내판 수정 방안

1) 실제 사례

안산시, 문화재 11곳 안내판 고증·해설 정비
문화원, 국사 교사, 관광해설사, 학예사 등 참여

경기 안산시는 관내 이익선생 묘, 정문당 등 문화재 11곳의 안내판을 정비했다고 11일 밝혔다. 안내판 정비에는 안산문화원, 국사 교사, 관광해설사, 학예사 등 전문가 그룹이 참여했다. 기존 안내판에 적힌 한자어를 우리말로 바꾸고 정확한 고증 및 해설로 누구나

쉽게 이해할 수 있도록 수정했다. 시는 정확한 맞춤법 사용을 위해 국어문화원에 감수 교정을 요청하고 외국인이 이해하기 쉽도록 한국학중앙연구원에 영문 번역을 의뢰했다. 시 관계자는 "지속적으로 문화재 안내판 정비·관리를 통해 시민들이 쉽게 이해하고 접근할 수 있도록 하겠다"고 말했다.[3]

고성군, 문화재안내판 16일까지 정비
전문기관 감수 거쳐 개선 "보존·관리 군민과 노력할 것"

고성군은 '쉬우면서도 국민이 알고 싶은 정보'를 중심으로 개선하기 위해 지역 내 국가 및 도 지정 문화재 28개소 문화재안내판을 오는 16일까지 정비한다고 14일 밝혔다. 이 사업은 대통령 지시사항으로 국민 누구나 일기 쉬운 문화재 안내를 위한 것으로 고성 군은 경남도 전체 2위로 28개소가 선정됐다. 정비된 문화재 안내판은 문화관광해설사, 전문가로 구성된 군민자문단의 의견을 충분히 반영해 안내 문안을 군민이 쉽게 이해하고 흥미 있는 내용이 되도록 했다. 또한 경상대학교 국어문화원, 한국학중앙연구원 등 전문기 관의 감수를 거쳐 더욱 내실 있게 개선했다. 군 관계자는 "문화재를 찾는 관광객 및 군민에 게 역사·문화적 가치를 한눈에 볼 수 있도록 문화재 보존 및 관리에 군민과 함께 노력할 것이다"고 말했다.[4]

부여군, 문화재 안내판 교체

부여군은 문화재청의 고도문화재안내판 개선계획에 따라 관내 문화재 안내판을 관람객 친화형으로 일괄 정비한다. 기존 문화재안내판은 안내 문안이 전문용어로 서술돼 관람객 들이 이해하기 어렵고 디자인 일관성 부재, 주변 경관과 조화 부족, 설치 위치와 수량이 부적절해 관람객 만족도가 낮다는 지적이 있어 왔다. 이에 군은 연령대와 상관없이 누구나 쉽게 이해할 수 있는 관람객 친화형 안내판 설치를 위해 작성용역 결과와 시민자문단이 전문용어 사용을 줄이며 문법 등을 검수한 표준 시안을 토대로 연말까지 국가 및 도 지정문 화재 등에 대해 일제 정비를 추진한다. 해당되는 문화재는 부여군에 위치한 국가지정문화 재 12개소, 도지정문화재 31개소, 백제역사유적지구 3개소 등 모두 49개소이다. 군 관계자 는 "세계유산과 수많은 문화재가 산재한 부여군의 위상에 걸맞게 남녀노소 누구나 쉽게 알아볼 수 있고 해당 문화재의 이해를 돕는 안내판 교체로 관람객들의 편의성을 도모할 방침"이라고 밝혔다.[5]

---

3 조정훈, 〈안산시, 문화재 11곳 안내판 고증〉,《뉴스1》, 2019.11.11. http://news1.kr/ articles/?3765486 (검색일: 2019.12.09.)

4 이대형, 〈고성군, 문화재안내판 16일까지 정비〉,《경남매일》, 2019.11.14. http://www. gnmaeil.com/news/articleView.html?idxno=432433 (검색일: 2019.12.09.)

5 전재국, 〈부여군, 문화재안내판 교체〉,《충청매일》, 2019.11.10. http://www.ccdn.

2) 수정 제안

앞서 살펴 본 실제 사례를 바탕으로 광주 문화전당 둘레길에 위치한 문화재의 안내판 수정 방안에 대해 제안하도록 한다.

첫 번째로, 안내판의 정보에 대한 제안이다. 한국의 역사에 대해 어느 정도 익숙한 한국인이라면 그 내용을 이해하는 데에 배경지식으로 작용할 것이다. 그러나 모든 관람객이 한국의 역사에 박학다식하지 않을 수 있다. 그렇기 때문에 안내판에는 그 문화재에 대한 역사적 사실을 간략하게나마 명시해주는 것이 좋을 것이다.

예를 들어, '옛 상무관', '옛 전라남도청 본관'의 설명에 '5·18광주민중항쟁(5·18광주민주화운동)'에 대한 언급이 있다.

> 이곳 상무관은 5·18광주민중항쟁 당시 희생자들의 주검을 임시 안치했던 곳이다.

> (옛 전라남도청 본관은) 건립이후 70년 이상 전라남도의 행정적 중심이 된 곳이며, 1980년 5·18민주화운동의 산 현장으로서 전남 지역 근·현대사의 역사적 장소이기도 하다.

그러나 광주 시민이라고 모두 '5·18광주민주화운동'에 대해 자세히 아는 것은 아니다. 5·18에 대해 자세히 아는 사람이 있는가 하면, 광주에서 민주화 운동이 있었다는 정도의 지식만을 가진 사람이 있을 수도 있다. 게다가 외국인 관광객이라면 더더욱 5·18에 대한 정보가 부족할

---

co.kr/news/articleView.html?idxno=619100#09SX (검색일: 2019.12.09.)

것이다. 이렇듯 관람객의 지식수준이 각기 다른 상황에서 예로 든 것과
같은 설명이 어느 정도의 정보를 전달할 수 있을지 의문이 든다.

또한, '오웬 기념각'을 설명하면서 오웬에 대한 정보가 없다. 단지
선교사라고만 언급되어 있을 뿐이다. 이러한 정보 전달은 관람객에게
무의미한 정보에 그치고 말 것이다.

이러한 안내판의 정보 미흡은 안내판의 면적 문제일 수도 있다. 모든
정보를 하나의 안내판에 담으려면 안내판의 크기가 커야할 것이다. 그러
나 이는 문화재와의 조화 상의 문제로 이어질 수 있다. 안내판이 커지면
주객이 전도될 수 있다. 이를 해결하기 위해 문화재 정보 관련 어플리케
이션을 개발하거나, 문화재 안내판에 QR코드를 마련하여 정보의 접근
성을 높이는 방법을 제안한다. 문화재 안내판에는 최소한의 정보를 제공
하되, 디지털 공간으로 유도해서 다양한 정보를 체계적으로 제공하는
것이다.

역사적 정보의 전달에 대한 문제를 해결하기 위해서 VR을 이용할
수도 있을 것이다. 가상현실(VR) 헤드셋을 씀으로써 역사적 상황에 대
해 간접적으로 체험할 수 있게 하는 것이다. 가상현실에서 역사를 체험
함으로써 보다 쉽게 문화재에 접근할 수 있을 것이다.

또한, 뉴스에서도 언급되었듯이 전문용어 사용에 대해서도 수정을
요한다. '옛 전라남도청 본관'을 설명하면서 '코린트 양식'으로 장식하
였다고 하였는데, 이 양식에 대해 알지 못한다면 창문 사이를 살펴보더
라도 어떤 것을 가리키고 있는지 알 수 없을 것이다.

정면에 수직으로 나란히 3개의 창을 설치하고 창문 사이에는 <u>코린트
양식</u>을 단순화한 주도로 장식하였는데, 이는 당시 건축물에서는 볼 수

없는 독특한 의장이다.

이러한 전문용어에 대해서도 앞서 말한 것과 같이 어플리케이션 등을 통해 해결할 수 있을 것이다.

두 번째로, 안내판의 시각성에 대한 수정 제안이다. 안내판의 내용은 한 문단으로 서술되어 있다. 이는 글을 읽는 관람객의 흥미도 떨어뜨릴 뿐더러 글을 읽다가 지치게 만든다. 문단을 나누어 시각적 편의성을 확보하는 것이 정보를 전달하는 데에 도움이 될 것이다.

뉴스에서도 언급되었듯이 안내판의 디자인을 일관되게 설치하는 것도 좋을 것이다. '옛 전라남도청 본관'과 '옛 전라남도청 민원실/회의실'은 안내판의 디자인이 일관되어 안내판을 찾기가 용이하였다. 그러나 다른 문화재의 안내판들은 그 위치를 찾기가 어렵고, 가까이 다가가야 안내판임을 확인할 수 있었다. 따라서 디자인이 일관된다면 문화재 안내판을 찾기에 도움이 될 것이다.

4. 기대 효과 및 제언

문화재 안내판이 그 기능을 완수하기 위해서는 안내판의 상태가 무엇보다도 중요하다. 문화재 안내판을 아카이빙 해두면 안내판의 글자가 훼손되었거나 지워졌을 경우 수정에 용이할 것이다. 또한, 후에 안내판을 개선할 때, 이전 안내판의 취약점이 무엇이었는지 비교하여 검토할 수 있다.

전문용어보다 친숙한 어휘를 사용함으로서 관람객의 흥미를 떨어뜨

리지 않으며, 정보의 접근성을 높일 수 있을 것이다. 또한 영어로 번역된 안내판이 없기도 하는데, 안내판에 일반 어휘를 사용하면 한국어에 관심이 있거나 배운 적이 있는 외국인 관람객들이 한 번쯤 읽어 보기에 좋을 것이다.

문화재 안내판 수정 제안에서 어플리케이션이나 QR코드를 통한 정보 제공에 대해 언급했다. 어플리케이션이나 QR코드로 연결된 디지털 공간은 한국어로만 적혀 있는 정보에 대해 다국어 번역을 해줄 수도 있다.

디지털 공간은 정보 제공에서 나아가 관광객들 간의 소통의 장이 될 수도 있다. 관광객들의 소감이나 본인이 알고 있던 정보를 추가할 수 있도록 만든다면 더욱 적극적으로 문화재를 관람할 수 있을 것이다. 소통의 장을 활발하게 만들기 위해 소감 등을 올리면 상품을 수여하는 방법도 좋을 것이다. 다른 문화재의 입장 할인권이나 전통 의복 대여권, 전통 음식 체험권 등을 상품으로 한다면 근처 문화재나 시장과의 연계성을 마련할 수 있다. 한편, 어플리케이션을 이용할 경우 앱 다운로드를 꺼리는 경우가 있을 수 있으므로 QR코드를 통한 플랫폼 연결 등이 더 나을 수도 있다.

안내판의 디자인을 일관적으로 만들 경우 관람객의 입장에서 안내판을 찾기 용이할 것이며, 일관된 안내판은 그 자체만으로 문화전당 둘레길이라는 표지가 될 수 있을 것이다.

참고문헌

박창모, 「Information Lifecycle Management기반의 Data Warehouse Archiving System 구축에 관한 연구」, 국민대학교 석사학위논문, 2009.

변진숙, 「서울시 지정문화재 안내판 현황 및 관리에 관한 연구」, 한서대학교 석사학위논문, 2015.

이대형, 〈고성군, 문화재안내판 16일까지 정비〉, 《경남매일》, 2019.11.14. http://www.gnmaeil.com/news/articleView.html?idxno=432433 (검색일: 2019.12.09.)

전재국, 〈부여군, 문화재안내판 교체〉, 《충청매일》, 2019.11.10. http://www.ccdn.co.kr/news/articleView.html?idxno=619100#09SX (검색일: 2019.12.09.)

조정훈, 〈안산시, 문화재 11곳 안내판 고증〉, 《뉴스1》, 2019.11.11. http://news1.kr/articles/?3765486 (검색일: 2019.12.09.)

지역 음식문화 아카이빙 구축[*]

홍어와 문화 프로젝트

김한나

1. 기획 의도 및 목적

음식은 여러 가지 의미를 부여할 수 있는 하나의 문화 수단으로 인간의 삶에 있어 가장 기본적인 요소라고 할 수 있다. 인간의 삶 속에는 외적인 환경에 의한 문화가 생기게 되며 음식 또한, 영향을 받게 된다. 따라서 이러한 음식은 단순한 섭취 그 이상의 하나의 문화로 현재 자리 매김하여 지역뿐만 아니라 한국인의 정체성을 상징적으로 나타낸다.

가령 외국인에게 한국의 문화를 알릴 때, 쉽게 접할 수 있는 수단으로 '김치' 혹은 '막걸리'와 같은 음식을 통해 나라를 소개하기도 한다. 이와 같이 음식은 한국인의 문화적 전통 가치에 대해 확립시켜준다. 뿐만 아니라 음식을 통해 각 지역의 특징을 파악할 수 있는데, 이를 장소성이라고 한다. 이러한 장소성을 기반으로 한국의 정체성뿐만 아니라 지역

* 본 기획서는 2018년 1학기 〈인문형 LAB〉 '지역문학과 문화아카이빙' 랩의 기획안(구성원: 강성주, 묘려나, 송기현, 양설뢰, 장효동, 진건화)을 김한나 연구자가 수정·보완하여 정리한 것이다.

의 정체성에 대해 살펴볼 수 있으며, 이를 향토 음식이라 일컫는다.

향토 음식이 갖는 의의는 공동체 의식을 함양하고, 지역 발전에 기여할 수 있다. 따라서 본고에서는 이러한 향토 음식을 전남지역을 대상으로 고찰해보고자 한다.

예로부터 전남지역은 넓은 평야와 바다(남해와 서해를 접하는 넓은 바다)로 인해 다양한 식재료가 있으며 다른 지역에 비해 향토 음식이 발달되어 있다. 그중에서 특히 '홍어'는 광주 전남의 흑산도뿐만 아니라 영산포를 중심으로 생긴 대표적인 지역 음식이라 할 수 있다. 주로 전라도에서 혼인잔치나 회갑연 등에서 빠져서는 안될 음식으로 간주되었으며, 현대에 들어와 전라도 토속음식으로서 대중매체에 자주 언급되면서 일반인들의 관심을 끌게 된 대표적 음식이라 할 수 있다. 따라서 현재 전국적으로 보편화된 상품으로 전라도를 대표하는 음식뿐만 아니라 문화적 표지(標識)로 발현하게 되면서 홍어의 상징성과 이미지가 활성화되었으며, 시 뿐만 아니라 문학 작품을 통해서도 다양하게 등장하고 있다.

이를 통해 알 수 있는 것은 홍어가 지역에서 갖는 공동체적 가치와 정치·경제적 목적을 달성하려는 시도로 볼 수 있다. 따라서 현재 홍어는 전라도에서 갖는 역사적인 지식뿐만 아니라 '홍어 축제'와 같은 지역 경제 활성화와 지역 이미지를 긍정적 방향으로 창출하고자 하는 다양한 목적으로도 활용되고 있다. 이는 홍어가 지니고 있는 원천 자료를 통해 홍어와 관련된 문화 아카이브를 구축함으로써 홍어를 통해 다양한 특징을 살펴볼 수 있음을 의미한다.

따라서 본고에서는 홍어를 통해 다양한 아카이브 사례를 제시하고 앞으로 홍어 문화를 구축함으로써 얻을 수 있는 의의를 기술하고자 한다.

2. 홍어 아카이빙 기획의 실제

1) 시

홍어는 현재까지 다양하게 자리매김하고 있다. 본고에서는 크게 시, 문학, 축제로 나누어 홍어가 지금까지 어떠한 양상으로 나타났는지에 대해 분류하고자 한다. 먼저 아래에 제시된 아래의 〈표 1〉은 홍어와 관련된 시 작품 17편 자료를 수집하여 정리한 것이다. 우리는 시를 통해서 다양한 사상의 표현을 느낄 수 있고, 또한 시의 문맥 속에 운율이 담겨 있으므로 시를 통해 위로와 교훈 및 정서를 느낄뿐만 아니라 자신만의 생각을 펼칠 수도 있다. 본고에서는 '홍어'와 관련된 시를 김윤식, 정병근, 손수여, 권순자, 공석진, 김영재 시인 등을 중심으로 수집하여 아래와 같이 정리하였다.

〈표 1〉 홍어와 관련된 시 아카이빙 목록

제목	이름	출처
김제의 홍어	김윤식	「낙지의 발 외 2편」, 『창작과 비평』 31(2)호, 창비, 2003.
목포홍탁, 그 여자	정병근	『번개를 치다: 정병근 시집』, 문학과지성사, 2005.
반추3-아내2	손수여	『내 아내는 홍어다: 손수여 시집』, 그루, 2010.
반추5-아내3	손수여	『내 아내는 홍어다: 손수여 시집』, 그루, 2010.
삭힌다는 것	공석진	공석진 시인의 블로그(https://blog.naver.com/jdpdjd/221101599179 검색일: 2019.12.10.)
홍어	권순자	『검은 늪: 권순자 시집』, 종려나무, 2010.
홍어	공석진	『나는 시인입니다: 공석진 시집』, 청어, 2009.
홍어	김영재	『홍어: 김영재 시집』, 책 만드는 집, 2010.
홍어	문혜진	『검은 표범 여인: 문혜진 시집』, 민음사, 2007.

홍어	손택수	『목련 전차: 손택수 시집』, 창비, 2006.
홍어	신정민	『꽃들이 딸꾹: 신정민 시집』, 애지, 2008.
홍어	원무현	『홍어: 원무현 시집』, 한국문연, 2005.
홍어	정병숙	〈5월에 읽는 시: 홍어(정병숙 시인)〉, 《김천신문》, 2010.05.07. http://www.kimcheon.co.kr/default/index_view_page.php?part_idx=303&idx=23627# (검색일: 2019.12.10.)
홍탁	송수권	『남도의 밤 식탁: 송수권 우리 음식 시집』, 작가, 2012.
홍어회	박라연	『서울에 사는 평강공주: 박라연 시집』, 문학과지성사, 1991.
홍어예찬	공석진	『정 그리우면』, 청어, 2012.
꽃샘 추위에도 봄은 웃는다	이홍우	『노을빛 하늘은 구름이 있기에 아름답다』, 시조문학사, 2013.

2) 문학

아래의 〈표 2〉는 시를 제외한, 홍어와 관련된 문학 작품 3편의 자료를 수집하여 정리하였다.

〈표 2〉 홍어와 관련된 문학 아카이빙 목록

제목	이름	출처
냉장고 여자	김영탁	『냉장고 여자』, 황금알, 2017.
씻김굿 – 극락왕생	이영신	『죽청리 흰 염소』, 문학아카데미, 1998.
사랑의 변증법 – 홍어	박찬	『먼지 속 이슬: 초록빛 제주바다를 그리며』, 문학동네, 2000.

3) 축제

현재 전라도에서는 홍어 축제를 통해 문화를 알리고자 한다. 이러한 축제는 영산포와 흑산도에서 대표적으로 개최되고 있다. 홍어 축제는 지역 경제의 활성화와 볼거리를 통해 관광객에게 다양한 것들을 제공하기 위해 만들어진 축제로써 대표적인 토속음식 즉, '삭힌 홍어' 또는 '참홍어'로 많은 이들에게 알리고자 하는 목적이 있다.

영산포의 홍어 축제는 2006, 2007, 2008, 2009, 2010, 2011, 2012, 2013, 2014, 2015, 2016, 2017, 2018년도에 개최되었으며 총 15차례에 걸쳐 개최되었다. 각각 년도에 활동했던 내용들을 다음과 같이 기술하고자 한다.

2006년도에는 나무 목사부임 행사 및 나주목수문장 교대식, 마한 소도제가 있었으며, 영산강 가요제, 전국전래동요 부르기 대회, 전국 백호 가족 글짓기 대회, 완건 장화 왕후 혼례극, 퍼포먼스 마당극, 의명장 김천일, 청소년 페스티벌, 국악 콘서트, 전통 문화체험 및 무형 문화 체험 역사문화 체험 및 팔도성씨 박람회, 농경 문화 종합 전시 체험관, 나주 음식 명가전(홍어 장어요리) 등이 있었다.

2007년도에는 홍어 퀴즈 쇼, 홍어 마빡이 경연 대회, 홍어 장사 선발 대회 및 홍어 예쁘게 썰기가 있었다.

2008년도에는 홍어 상인들 중심으로 영산포 선상의 어제와 오늘 홍어 이야기 및 유래, 전통 홍어 숙성 과정 등 전시 홍보 코너 운영(무료 시식 코너 및 향토 음식 시장) 등이 주로 활동 내용이다.

2009년도에는 공연 행사 및 경연 행사를 통해 참여하기 및 체험 행사를 통해 홍어뿐만 아니라 다양한 민속 문화 체험을 접할 수 있도록 하였

으며, 행사를 통해 홍어 전시 및 음식을 판매하여 지역 경제를 활성화
시키고자 했다.

2010년도에는 홍어 상인들의 조직체인 영산포 홍어 연합회가 주도적
인 역할을 맡아 홍어 OX퀴즈, 홍어 장사 선발 대회, 홍어 예쁘게 썰기
등 관광객과 시민들이 참여하는 홍어 체험 프로그램과 더불어 무료 시식
코너 운영과 홍어경매 및 홍어 무침 한마당 잔치 등이 개최되었다.

2011년도에는 무대 행사, 즉석 장기 자랑, 홍어 경매, 영산포 선창
콘서트, 제7회 영산포 홍어 축제 축하 콘서트, 스포츠 댄스, 홍어, OX퀴
즈쇼, 베스트 홍어 커플 선발대회, 홍어 장사 선발 대회 등 체험 행사
및 홍어 연날리기, 홍어 페이스 페인팅, 천연 염색 체험, 짚풀공, 홍어
그리기 등 전시 및 부대 행사와 홍어 시장 운영, 홍어 전시관 운영, 전국
등대 여행, 건강 캠프 운영, 향토 음식 시장, 추억의 영산포 사진전,
유채밭 포토존 설치 등을 했다.

2012에는 영산포 홍어 연합회 주관으로 홍어 퀴즈, 홍어 장사 선발대
회, 홍어 커플 선발대회, 홍어 경매, 홍어 무침 한마당 잔치 등 관광객을
위한 이벤트가 행사 기간 내내 진행되었다.

2013년도에는 홍어를 직접 만들어 볼 수 있도록 문화 체험 활성화
및 '다문화 가족'이라는 새로운 프레임을 형성해 다양한 사람들이 접할
수 있도록 유도하였다.

2014년도에는 홍어 깜짝 경매 및 홍어 OX퀴즈, 베스트 홍어 커플,
홍어시식왕 선발 대회가 개최되었다.

2015년도에는 영산포 홍어 축제 추진 위원회 주체로 개최되었으며,
홍어킹을 잡아라, 베스트 홍어 커플 선발대회, 홍어 예쁘게 썰기, 홍어
시식왕 선발대회 등 각종 경연 행사와 홍어 깜짝 경매, 홍어 무침 대향

연, 홍어 연 날리기 등 관광객이 쉽게 홍어를 접할 수 있도록 다양한 체험 행사를 마련하였다.

2016년도에는 홍어 깜짝 경매, 홍어 무침 대향연, 홍어 시식 왕 선발 대회 등이 개최되었다.

2017년도에는 베스트 홍어 커플 선발대회, 홍어 깜짝 경매, 홍어킹을 잡아라, 영산포 가요제, 품바공연, 퀴즈 왕 선발대회, 나도 가수다, 홍어 팔씨름 왕 선발대회, 초대가수 공연 및 홍어 요리 경연 대회, 영산포 선창 콘서트(색소폰 앙상블, 난타공연) 등이 개최되었다.

흑산도는 자연 경관이 관광의 중요한 매력 요인의 하나로써, 흑산도 와 이웃한 홍도를 찾는 관광객들이 늘어나면서 자연스레 흑산도는 홍도 의 '보조' 혹은 '경유' 관광지로 자리매김을 했다. 특히 흑산도만의 독특한 장소 때문에 외부의 관광객을 끌어들인다.

하지만 흑산도의 주민들은 섬이 지닌 자연경관만으로 관광활동을 활성화하는 데는 한계가 있음을 인식하게 되었고, 그 결과 흑산도에서는 홍어 생산지로서의 진정성을 내세워 이벤트성 축제를 개최하게 되었다. 흑산도라는 특정한 장소와 공간을 홍어 축제라는 이벤트와 결합시켜 관광객 유치의 매력 요인으로 등장시킨 것이다.

흑산도의 홍어축제는 2007년도를 시작으로 2008, 2010, 2011, 2013, 2015, 2016, 2017년도에 개최되었으며 총 8차례에 걸쳐 개최되었다.

먼저 2007년도에 개최된 축제에서는 사물놀이, 용왕제, 유배인 위로 제, 품바공연, 노래 자랑, 홍어 썰기 대회, 숙성 홍어 먹기 대회, 불꽃놀 이 등이 진행되었다.

2008년도에는 신안 흑산면(면장 김형주)에 따르면 홍어 축제와 더불어 기념 행사로 흑산 홍어축제 기념 갯바위 낚시 대회, 전국 섬 등반 대회를 동시에 개최함으로써 보다 다양하고 종합적인 축제로 자리매김함은 물론 개별 행사 내용이 다양해졌고, 행사 프로그램 구성 및 운영도 내실이 있었을 뿐만 아니라 관광객들이 직접 참여할 수 있는 고등어 낚시 대회, 홍어 연날리기, 홍어 시식회, 홍어 무침, 홍어 예쁘게 썰기 대회 등 체험 코너로 보는 축제에서 관광객들이 직접 참여할 수 있는 프로그램도 마련하였다.

2010년에는 민요한마당, 해상 퍼레이드 및 홍어 무침 만들기 및 시식회, 썰기, 각설이 공연과 관광객들의 장기자랑, 농수 특산물 경매, 홍어 가요 열창, 등산 대회 시상식, 초청 가수 공연, 마을별 노래자랑, 평양예술단공연, 달집 태우기 등을 진행하였다.

2011년도에는 축제 기간 동안 흑산 홍어 전시관, 홍어 시식회, 홍어 무침, 흑산 홍어 요리 전시관, 홍어 위판 행사, 홍어 가요 열창, 흑산도 홍어 어구 정리 체험, OX퀴즈 등 볼거리와 관광객 체험 기회를 제공하였다.

2013년도에는 해상 퍼레이드, 1004인분 홍어 무침 만들기, 홍어 시식회, 풍어제, 객석 참여 한마당, 초청가수, 축하공연, 흑산 홍어 깜짝 경매 등을 진행하였다.

2015년도에는 홍어 배 등 어선에 오색기와 만선기를 달고 해상 퍼레이드를 펼치는 것을 시작으로 홍어회 비빔밥 만들기, 출어하는 어선의 안전 조업과 풍어를 기원하는 풍어제, 흑산 홍어 가요제, 수산물 깜짝 경매, 객석 참여 한마당 등 관광객과 주민 모두 한마음이 되는 풍요롭고 다양한 체험 행사들이 펼쳐졌다.

2016년도에는 축제 기간 동안 흑산 홍어 전시관, 홍어 시식회, 홍어 무침, 흑산 홍어 요리 전시관, 풍어제, 홍어 위판 행사, 홍어 가요 열창,

흑산 홍어 어구 정리 체험, 흑산 홍어 OX 퀴즈 등 홍어를 주제로 한 다채로운 볼거리와 체험 기회를 누릴 수 있었다. 더불어 흑산도에서 생산되는 우럭, 전복, 자연산 돌미역, 자연산 해초 등을 현장에서 저렴하게 구입할 수 있는 특산품 판매장과 먹거리 장터도 운영했다.

2017년도에는 홍어 축제가 열리는 기간에는 흑산도 현지 어민들이 직접 어선을 타고 거친 파도와 세찬 바람을 이겨 내며 잡아 올린 흑산 귀족 홍어를 관광객들에게 제공해 기암괴석과 푸른 숲이 어우러진 전국 제일의 해상 관광지인 흑산도 현지에서 마음껏 맛보고 즐기는 기쁨을 만끽하게 하고자 하였다.

3. 기대 효과 및 제언

본고에서는 지금까지 홍어와 관련된 문학 작품 및 축제에 대해 아카이빙한 결과를 제시하였다. 이에 따르면 홍어는 단순한 음식으로만 여겨지는 것이 아니라 다양한 문화를 경험할 수 있는 통로이자 앞으로도 우리의 문화를 알릴 수 있는 하나의 도구로 간주될 필요가 있다. 따라서 앞으로 이러한 홍어 아카이빙 그리고 더 나아가 음식 문화 아카이빙을 통해 기대할 수 있는 효과를 아래와 같이 제시하고자 한다.

첫째, 지역 음식 중 하나인 '홍어'는 우리의 예로부터 전해오는 한국의 역사 및 정체성을 유지시킬 수 있는 중요한 요소라고 할 수 있다. 현재 음식은 세계화 경향으로 인해 대다수 거리에는 서양 음식이라 일컬어지는 다양한 전문 음식점들이 들어서 있다. 따라서 오늘날 한국사회는 식품이 대량으로 생산되고 시장원리에 따라 음식의 소비 영역이 결정되면서 음식 소비에 있어서도 계급과 지역이라는 외적인 차이의 모호한 시대가 되었다. 한편, 이러한 다양한 문화 속에도 그 지역의 고유한 음식을 산출할 수 있는 지역 음식은 그 지역의 문화, 역사적 전통성뿐만 아니라 경제성을 함의한 특색 있는 상품으로 간주될 수 있으며, 지역의 고유한 속성을 외부인들에게 알릴 수 있는 계기로 자리매김할 수 있다.

따라서 앞으로 홍어를 통해 다양한 문화를 창출하는데 긍정적인 방향으로 나아간다면, 지역 경제가 더욱더 활성화될 것이다.

둘째, 홍어와 관련된 시나 문학작품을 통해 여러 작가의 상상력을 발휘한 작품들을 경험할 수 있다. 홍어와 관련된 작품을 통한 발상은 새로운 가치 창출을 모색할 수 있으며, 일상의 공간 속에서 다양한 체험 및 정서적인 부분을 다양한 작품을 통해 느낄 수 있다.

셋째, 지역 축제는 '도시' 사람들의 마음속에 '시골' 혹은 '고향'이라는 지역사회의 이미지를 창출하거나 재 이미지화하는 도구로 사용할 수 있다. 축제의 이름과 주제, 그리고 특별행사 등은 모두 축제를 개최하는 지역사회에 대한 시각과 느낌을 결정짓는 강력한 수단이 된다. 축제는 지역사회를 위한 특별하면서도 새로운 이미지를 창출하는 과정에서 중요한 수단이 된다. 따라서 '지방'에 대한 이미지 변화와 맞물려, 지방 혹은 지역의 이미지를 새롭게 변화시킬 수 있다.

넷째, 지역의 경제활동을 더욱더 활성화 시킬 수 있다. 홍어 축제를 통해 홍어 상인뿐만 아니라 문화 상품 등을 관광객을 통해 지역 경제 전반이 활력을 얻어 총 수입이 증가하여 더욱더 지역 경제가 나아질 수 있다.

지금까지 본고에서 살펴본 홍어는 지역만의 특색 있는 문화 상품으로써 문학 작품뿐만 아니라 축제를 통해 지역민에게 경제 활성화 및 지역의 긍정적인 이미지를 산출하였다. 그러나 현재 외국산 홍어가 국내로 들어와 수입산 홍어가 급증하고 있는 추세이다.

따라서 본고에서 제시한 홍어 아카이브 자료를 통해 우리의 정신과 역사가 깃든 홍어를 더욱 더 관광객들에게 알려 토종 상품을 많이 알리고 우리의 것을 지킬 수 있도록 해야 한다.

또한, '숙성 홍어'라는 새로운 음식문화를 만들었다는 점을 내세워 홍어 상인들의 축제에 적극적으로 참여하여 공동체 의식이 더 강해질 수 있으며, 지역 경제 활성화를 통해 홍어뿐만 아니라 다양한 상품들도 함께 알릴 수 있다는 점이 있다.

더욱이 홍어와 관련된 시와 문학 작품을 활용하여 홍어를 다양한 관점에서 나타낼 수 있으며, 홍어 축제를 통해 홍어를 판매하는 것에만 그치는 것이 아닌 다양한 작품들을 통해 성인뿐만 아니라 청소년들에게도 작품을 통해 다양한 상상력을 발휘할 수 있도록 해야 한다.

따라서 앞으로 홍어 아카이브 구축과 관련된 자료를 바탕으로 지역을 대표하는 음식으로 알리며 그것을 계속 유지하고자 한다면 지역 경제가 더욱더 활발하게 생성될 수 있을 것으로 기대된다.

참고문헌

박정석, 「홍어의 상징성과 지역축제 – 영산포와 흑산도의 사례를 중심으로」, 『한국민족문화』 33호, 부산대학교 한국민족문화연구소, 2009.
표인주, 「홍어음식의 기호적 전이와 문화적 중층성」, 『호남문화연구』 61호, 전남대학교 호남학연구원, 2017.

우리 동네 WE-KEY 프로젝트[*]

광주 위키피디아 만들기

강성주

1. 사업 개요

  우리 동네 WE-KEY 프로젝트는 광주에 대한 정보를 위키백과식으로 작성하여 일반시민부터 연구자까지 광주에 대한 다양한 정보를 읽고 편집할 수 있는 웹사이트를 만들어 활용하는 것을 목적으로 한다. 작성 대상이 되는 정보들은 광주에 대한 면적, 인구수, 지명에 관한 이야기, 역사, 사건 사고, 설화, 전설 등 모든 일반적인 정보들이다.

  사업내용은 다음과 같다. 광주에 관한 정보를 백과사전식으로 웹페이지에 작성을 통해 서술자가 독자가 될 수 있고, 독자가 서술자가 될 수 있는 양방향 시스템의 도입을 통해 쉽게 접근하는 것을 목표로 삼는다. 이러한 과정을 통해 PC와 스마트폰을 보다 많이 사용하는 젊은층에게 광주가 무엇이고 어떠한 곳인지 웹사이트를 통해 쉽게 다가가고, 직접

---

[*] 본 기획서는 2014년 2학기 〈인문형 LAB〉 '지역어와 문화기획' 중 광주의 골목 이야기 랩의 기획안(구성원: 강영훈, 김순영, 선한빛, 신송, 염승한, 장람)을 강성주 연구자가 수정·보완하여 정리한 것이다.

작성을 통해서 쉽게 다가올 수 있는 역할을 마련할 것이다. 또한, 광주민주화운동과 광주에 관한 정확한 자료를 제시하고 가짜뉴스들에 대한 합당한 반박을 마련하여 올바른 역사관과 민주의 가치를 보존하려한다. 연구자들에게 있어서는 기존 찾지 못한 자료들을 찾을 수 있거나 기존의 자료들을 보충할 수 있는 수단으로 광주에 관한 수 많은 자료를 데이터베이스화하여 저장하는 아카이브가 될 것이다. 본 사업을 통해 광주의 브랜드 이미지는 디욱, 명확해지며 유구한 광주의 역사의 보고가 될 수 있으리라 생각한다.

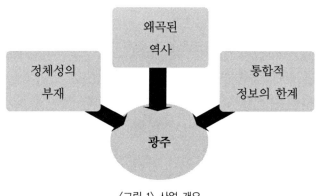

〈그림 1〉 사업 개요

2. 사업 배경 및 목적

사업추진 배경 및 목적을 ① 광주의 정체성 부재, ② 5·18광주민주화운동에 대한 왜곡된 인식, ③ 광주 지역에 대한 통합적 정보의 한계 및 부재라는 제목을 통해 크게 세 가지로 나누어 볼 수 있다.

1) 광주의 정체성의 부재

요즘은 자신의 색깔이 분명하지 않으면 성공하기 어려운 시대이다. 취업, 진학, 홍보 등 자신을 알리는 곳에는 자신만의 색깔, '정체성 (Identity)'이 확실해야만 성공할 수 있다. 이는 사람에게만 해당하는 문제가 아니다. 도시도 그곳을 대표할 수 있는 이미지가 있어야만 효과적으로 홍보할 수 있다. 이런 점에서 우리가 살고 있는 '광주'는 '정체성이 모호한 도시'라고 할 수 있다.

우리는 '광주'를 한자 표기대로 읽어 '빛고을'이라고도 하고 또는 '예향의 도시'라고도 한다. 그런데 거꾸로 '빛고을', '예향의 도시'하면 '광주'가 바로 떠오르는 것은 아니다. 일례로 인터넷 포털 사이트에 '예향의 도시'를 검색하면 '강릉, 전주, 광주, 목포' 등 여러 도시가 나온다. 비슷한 성격을 보이는 도시들이 많기 때문에 위와 같은 명칭들이 광주를 대표한다고 할 수는 없다.

2) 광주민주화운동과 왜곡된 기억

2013년부터 일명 '일베(일간베스트저장소)'라고 하는 인터넷 커뮤니티의 회원들이 광주를 향해, 특히 '5·18광주민주화운동'을 향해 욕설과 악담, 비방 등을 본격화하기 시작했다. 이전부터 일베의 게시판에서는 광주와 5·18을 깎아내리고 광주 출신 연예인들에 대한 비방, 광주 및 전라도 사람들을 일컬어 '홍어'라고 하는 등 지역 폄하가 도를 넘는 수준에 다다랐다. 이어 5·18 당시 계엄군에 의해 희생된 사람들의 시신이 안치되어 있는 관이 상무관에 놓여 있는 것을 보고 '홍어 택배'라고 하여 국민들의 분노를 일으키기도 하였다.

광주의 자랑이자 아픔인 5·18이 일부 인터넷 커뮤니티의 저격 대상이 된 것은 그들 자신의 문제이기도 하겠지만 잘못된 역사의식, 올바른 역사 교육의 부재로 인한 것이라 할 수 있다. 5·18에 대한 잘못된 인식을 바꾸기 위해 광주시와 5·18 관련 단체에서는 끊임없이 홍보를 하고 노력을 하였지만 여전히 5·18에 대해 잘못 생각하는 사람들이 있다.

그렇다면 광주 사람들이라도 5·18에 대해 제대로 알아야 함에도 5·18이 무엇인지 왜 일어났는지 등에 대해 알지 못하는 사람들도 부지기수이다. 타지역 사람들 또는 일베와 같은 커뮤니티의 회원들을 향해 비난하기 이전에 5·18이 일어났던, 5·18에 참여했던, 그리고 5·18을 겪었던 사람들의 도시인 광주가 먼저 5·18을 제대로 바라보아야 할 것이다.

3) 광주 지역에 대한 통합적 정보의 한계 및 부재

SNS(Social Networking Service)와 블로그(Blog)가 활성화됨에 따라 검색만 하면 자신이 필요로 하는 정보를 손쉽게 얻을 수 있는 시대가 되었다. 그런데 검색을 해서 정보를 얻을 수는 있지만 한 곳에서 자신이 원하는 정보를 주제별로 또는 성격별로 보기란 쉽지 않다. 특히 어느 지역을 대상으로 검색을 한다면 지역 이름의 유래부터 역사, 위치에서부터 시작하여 어느 곳에 가면 어떠한 가게들이 밀집되어 있는지, 대중교통을 이용하여 ○○동에 가장 빨리 갈 수 있는 방법 등의 생활 정보, 지역을 대표하는 명소 및 먹거리 등을 일일이 알아봐야 한다.

스마트폰 어플다운로드 프로그램에서 '광주'를 검색하면 광주시에서 제작한 '광주 u-tour, 광주 착한가격업소, 광주 생활정보, 광주캘린더, 광주뮤지엄' 등을 비롯해서 '광주맛집 코콕, 광주버스 버스사랑방, 2015

광주 유니버시아드, 광주 u-도서관, 광주 지도, 광주 유니버시아드 핸드북, 광주 일자리센터' 등의 어플이 있다. 그런데 이것들을 다 다운받으려면 핸드폰은 어플로 넘쳐날 것이다. 반면에 자신이 원하는 정보를 한 눈에 보기도 쉽지 않고 얻기도 쉽지 않을 것이다. 이러한 불편함을 없애기 위해 그리고 광주만의 커뮤니티 형성을 위해 생각한 것이 바로 '광주 위키피디아(가칭: 우리 동네 WE-KEY)'이다. 광주에 여행 오기 위해 관광 정보가 필요한 사람, 광주가 어떤 도시인지 알고 싶은 사람, 광주를 홍보하기 위한 정보가 필요한 사람 등 광주에 대해 알고 싶은 것이 있는 사람들이 광주에 대한 정보를 가장 손쉽게 얻을 수 있도록 도와주는 것이 광주 위키피디아의 목적이다.

〈그림 2〉 광주 관련 어플리케이션 현황

3. 사업 구성 및 지속 방안

제공되는 툴, 웹사이트 화면 구성, 게시판 운영 기준을 바탕으로 본 사업을 구성하려한다. 세부 내용은 다음과 같다. 원활한 편집작업을 위해 만들어져야 하는 툴(Tool)은 다음과 같다. 기본적으로 누구나 쉽게 정보를 작성할 수 있어야하며 비로그인 상태에서도 작성할 수 있게 한다. 웹 화면의 구성에 있어서는 항목 작성법이 안내되어야한다. 항목 작성법으로는 다음과 같은 기준을 제시한다. 작성 전에 유의해야할 사항을 공지로 시작화면에 제시해야하며, 작성 시 유지해야할 양식을 제공하고 주의사항을 설명한다. 특히 저작권이 걸려있는 부분에 대한 인용에 대해서는 직접적인 링크를 원칙으로 한다. 링크를 걸 때 서브페이지를 만들게 한다. 또한, 그림이나 영상에 대한 부연설명을 작성한다. 자료 삭제 시 주의사항을 설명하여 무분별한 삭제를 방지하게 한다. 최근 수정 혹은 작성된 내역들이 어떤 것이 있는지 최신순으로 정리하여 업데이트 내역을 알려준다. 그리고 그것을 링크와 연결하여 사용자가 볼 수 있게끔 만든다.

게시판은 운영에 있어서는 운영자 게시판(토론게시판), 잡담 게시판(이벤트 게시판) 등 게시판을 만들어 운영한다. 이를 통해 사용자간의 커뮤니티를 형성한다. 토론게시판은 의견 혹은 문의, 수정 혹은 삭제가 필요한 자료를 건의하는 게시판으로 의견/문의, 수정/삭제라는 카테고리를 만들어 게시판에 글을 올릴 수 있게 한다. 이것을 통해 지속적인 토론을 유도한다. 의견/문의 카테고리는 기존에 작성된 자료에 대한 의견을 보충하거나 지속적인 토론을 할 수 있고, 아직 작성되지 않은 자료를 제안하는 장이다. 기존 자료의 빈약한 부분을 보충하거나 그것과 관련하여 아직 작성되지 않는 자료를 제안함으로써 해당 자료를 풍부하게 한다. 수정/삭제 카테고리는 기존 작성된 자료에 대한 수정 혹은 삭제를 건의하는 게시판으로 한 개인에 대한 상세한 신변정보, 진행 중인 사건, 논란이 있는 사건 등에 대한 수정 혹은 삭제를 건의할 수 있게 한다. 이는 진행 중인 사건에 대한 잘못된 전달을 피할 수 있거나 한 개인에 대한 신변을 제공함으로써 발생할 수 있는 법적인 문제를 피하게 한다. 이외에도 민감한 사항을 작성을 할 때에는 로그인 후 작성할 수 있게 하여 반달리즘을 막을 수 있게 만든다.

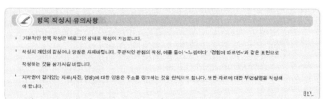

<그림 3> 카테고리 예시

최근 변경내역

[11:33 am] 동아병원
[11:33 am] 광주역
[11:33 am] 전남대학교
[11:33 am] 주월2동
[11:33 am] 양림교회
[11:32 am] 동구청
[11:31 am] 포충사
[11:31 am] 김형승

more...

본 사업의 장기 지속 방안으로는 앞선 내용을 바탕으로 광주시청, 구청, 동사무소 홈페이지 및 각 서치엔진과 연동하여 사용자가 광주에 대한 정보를 쉽게 찾고 쉽게 작성하는 환경을 만들며 이벤트 게시판의 퀴즈 이벤트를 통해 월 6명을 선정하여 50,000원의 상금을 제공하여 내용의 작성과 이용을 독려한다. 또한 서버 운영은 시청이 운영하고, 운영진은 전남대학교 대학원 국어국문학과 BK21플러스 지역어 기반 문화가치 창출 인재 양성 사업단 인원을 배치하여 운영한다. 논란중인 사건이나 인물, 반달리즘에 쉽게 노출되어 있는 자료들은 운영자에게 요청을 하여 공론화하며, 운영자는 공지사항에 투표를 하여 작성 및 수정을 진행해 보다 무분별한 수정을 막는다. 본 사업의 원활한 진행을 위하여 다음과 같은 예상 예산안을 산출하였으며 총 비용은 20,000,000 원이며 세부 사항은 표를 통해 제시하였다.

〈표 1〉 사업 예산안

(단위: 원, 명, 월)

항목	내용	예산	소계
구축비	우리 동네 위키 웹 생성 및 디자인	5,000,000	5,000,000
	홍보비	3,000,000	3,000,000
유지비 (연)	웹 유지비	100,000 X 12	1,200,000
	게시판 운영자 활동비	(100,000 X 5) X 12	6,000,000
	게시판 유저 이벤트 상금	(50,000 X 6) X 12	3,600,000
	기타 비용	100,000 X 12	1,200,000
총액	20,000,000		

비고 : 첫 예산 비용 20,000,000 / 이후 유지비 연 12,000,000

4. 우리 동네 위키의 차별화 및 세부 추진 내용

양방향 수정이 가능한 위키 웹사이트로 구성하여 보다 많은 참여자를 확보하며 동시에 광주만이 가지고 있는 내용을 효율적이고 흥미를 가질 수 있는 내용과 방향으로 구성하여 보다 많은 독자를 확보하고 다른 위키들과의 차이점을 두려한다.

행정구역별로 나누어진 광주 지도를 첫 화면에 제공한다. 지도를 클릭하면 동별로 세분화된 지도를 제공되며, 이에 따라 보다 세분화된 내용을 제시한다. 이는 텍스트로 구성되어있는 창보다 보다 쉽게 자신의 동네와 자신이 경험하였던, 경험하고 싶은 동네에 쉽게 접근하여 정보를 얻고 또한 정보를 서술할 수 있을 것이다.

　내용의 서술에 있어서는 "알고 싶은 우리 동네, 알리고 싶은 우리 동네"라는 사이트 속 프로젝트를 진행하여 이용자 스스로 광주 속에서 우리의 생활사를 서술하여 과거의 광주, 자료화되어 있는 광주 뿐만 아니라 현재의 시선에서 바라보는 광주의 모습의 정보를 추가하려 한다. 이는 역사 속의 광주, 이미지와 텍스트 속의 광주를 벗어나 현대를 사는 우리의 모습 속에서 지금의 광주의 가치를 찾고 깨달을 수 있는 하나의 기회의 장으로 작용할 것으로 예상한다. 프로젝트는 "A팀, 우리 동네의 어제"와 "B팀, 우리 동네의 오늘"이라는 두개의 팀으로 나누어 진행하여 "A팀, 우리 동네의 어제"에서는 2000년 이전의 과거의 광주, 역사 속의 광주, 자료를 기반으로 한 광주의 내용을 수집하여 제공하는

〈그림 4〉 접속화면 예시

것을 목표로 삼는다. "B팀, 우리 동네의 오늘"에서는 2000년 이후의
광주에 대한 내용을 수집한다. 직접 주민의 이야기를 채록하고 동네를
소개함과 더불어 광주에서의 나의 삶을 스스로 재구하여 자료의 작성해
제공하려한다.

다음으로 "이번 달 광주에서 생긴 일"란을 만들어 해당하는 달, 광주
에서 생겼던 일들을 간략하게 정리하여 제공할 것이다. 제공하는 대상
은 인물의 탄생일 혹은 기일, 또는 광주에서 일이난 사건, 시고를 대상
으로 한다. 광주 인물, 사건들을 간략하게 제공하는 동시에 해당 자료에
원본 텍스트 혹은 관련 자료와 연결하여 편의성을 향상시키려한다. 이
러한 차별점 있는 구성과 정보 통합의 요소로 우리 동네 위키 프로젝트
가 광주의 생활을 한 곳에 볼 수 있는 아카이빙 사이트가 되도록 할
것이다.

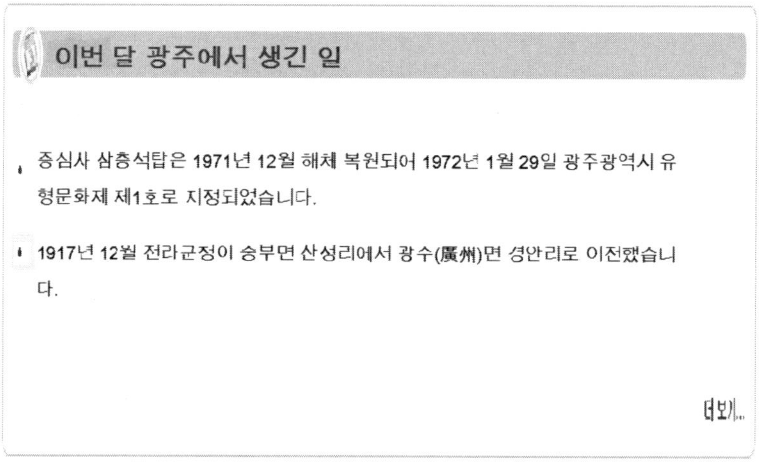

이번 달 광주에서 생긴 일

- 증심사 삼층석탑은 1971년 12월 해체 복원되어 1972년 1월 29일 광주광역시 유
  형문화제 제1호로 지정되었습니다.

- 1917년 12월 전라군청이 승부면 산성리에서 광수(廣州)면 성안리로 이전했습니
  다.

〈그림 5〉 "이번 달 광주에서 생긴 일" 구성 예시

5. 기대 효과

광주의 많은 소식을 담은 위키피디아 운영은 광주 곳곳에 대한 다양한 정보를 한 눈에 쉽게 파악할 수 있다는 데 가장 큰 장점이 있다. 광주에 사는 시민도 자신의 주된 활동 지역을 벗어나면 잘 가보지 않은 다른 동네에 대해선 전혀 알지 못한다. 우리 동네 위키 프로젝트에서는 이러한 점을 보완하여 광주에 사는 시민들, 광주를 연구하는 연구자, 또한 광주에 올 여행객들에게 광주의 생생한 정보를 알려주는데 유용하게 쓰일 수 있을 것으로 기대한다. 이 사업을 추진하면서 기대하는 효과는 다음과 같다.

첫째, 광주 시민의 적극적인 참여를 유도하여 광주 지역 곳곳의 알려지지 않은 알짜배기 정보들을 한 곳에 모아 광주에 대한 생생한 정보를 제공할 수 있다. 광주의 좁은 골목길에 대한 상세한 정보는 물론 광주 곳곳에서 벌어진 다양한 사건사고까지 한 눈에 알 수 있어 광주의 소식통으로서의 중요한 역할을 할 것이다.

둘째, 광주 위키피디아의 활발한 운영은 기존에 잘못 알려진 광주에 대한 왜곡된 정보들을 바로잡고, 광주 시민과의 소통의 장을 마련할 수 있다. 5·18광주민주화운동과 같은 역사적인 사건에 대한 다양한 자료를 제공하여 광주 역사 인식에 대한 의식을 높일 수 있다.

셋째, 광주에 대한 많은 자료와 정보들을 모아 데이터베이스화하여 아카이빙하는 중요한 수단이 될 수 있다. 광주 위키피디아는 광주에 대한 많은 정보들 중에서 누구나 다 알고 있는 단순한 정보의 차원을 넘어 현재까지 잘 알려지지 않은 정보를 모을 수 있다는 데에 큰 의미를 두며, 이런 자료들을 데이터베이스화하여 아카이브하는데 중요한 수단으로서의 활용도가 높을 것이다.

마지막으로 광주 위키피디아의 운영은 광주에 대한 다양한 정보를 스마트폰으로 누구나 손쉽게 올릴 수 있고, 광주 시민은 물론 광주에 관심있는 많은 사람들과 함께 공유하여 광주에 대한 이미지를 제고하는 데 많은 도움이 되리라 본다.

광주 위키피디아의 운영과 성공은 무엇보다 광주시민의 적극적인 참여에 달려 있다. 따라서 먼저는 광수 위키피디아의 내용과 사용방법에 대한 적극적인 홍보가 필요하며, 어느 정도 홍보가 이루어진 뒤에는 누구나 활용 가능한 많은 정보들이 축적될 것이다.

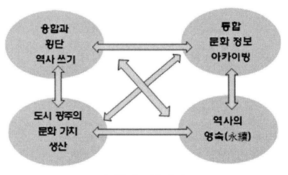

〈그림 6〉 기대 효과

6. 제언

위키(wiki)란 하와이어로 '빠른'을 지칭하는 단어를 어원에서 시작되었으며, 본고에서의 위키는 직접적인 문서 편집에 있어 누구에게나 권한이 부여된 웹사이트를 지칭한다. 위키는 어느 누구나 쉽고 빠르게 자신이 가진 정보를 공유하고, 작성할 수 있다는 점에서 현대 인터넷 사회의 트렌드가 되어가고 있다. 한국에서는 쉬운 문법과 편리한 기능, 뛰어난 접근성을 가진 나무위키가 위키의 대표주자로서의 모습을 보여주고 있다. 특히 사업의 시기와 맞물려 나무위키는 2015년에는 구글코리아 검색어(한국 최다 검색어) 순위 2위에 위치할 정도로 사회적으로 많이 이용되었고 또 관심을 받아온 것으로 보인다.

본 사업에서는 앞선 위키의 특성을 바탕으로 광주의 정보를 모아 아카이빙함과 동시에 손쉽게 제공함으로서 광주의 역사 인식에 기여함과 동시에 정보 접근에 있어 편리함을 제공하려 하였다는 점이 돋보였다. 이를 바탕으로 국가에서 운영하는 광주의 수많은 편의 어플을 통합의 장으로서 활용하려는 사업목표 또한 충분히 사업성이 있으리라 생각된다. 또한 구체적인 게시판의 구성과 운영방안 및 장기 지속 계획, 지금까지 위키들과는 다른 UI와 소재들은 우리 동네 위키만의 차별점을 가지고 있었다.

반면 툴(Tool)이라는 개념만을 제시한 채 기술적인 측면이 구체적으로 고려되지 않은 점과 정보 전달 목적으로 하여 출처를 세밀하게 작성하며 개인적인 서술이 들어가지 않는 위키피디아의 성격으로 서술할지, 쉬운 문법과 개인적인 견해 서술이 가능하고 특정한 상황 이외에 출처를 작성하지 않아도 되는 나무위키와 같은 성격으로 서술할지 결정하지 못한 채, 내용적으로 섞여있는 점이 아쉬움으로 남는다. 하지만 짧은 사업기간과 실제 사업진행으로 이루어지지 않았음에도 불구하고 매우 구체적이고 실현가능하며, 다양한 분야로 확장할 수 있는 계획서의 작성은 상당한 성과로 보여진다. 웹페이지 제작을 위한 기술적인 측면이 보완되고, 단일된 서술의 방향이 잡힌다면 보다 사업성 있는 보고서가 될 것으로 보인다.

제2장

지역어문학
언어 자원화 전략과
다매체 스토리텔링 기획

가을이 긴 나라 양림의 짧은 산책로[*]

양림동 공간 스토리텔링

김민지

1. 양림동 문화기획으로서 공간 스토리텔링

광주광역시 남구에 소재한 양림동은 지역의 역사문화자원이 풍부한 곳으로, 광주시와 방문객의 각광(脚光)을 받고 있다. 양림동에는 이장우 가옥(시도민속문화재 제1호)이나 최승효 가옥(시도민속문화재 제2호)과 같은 근대 가옥과 우일선 선교사 사택(시도기념물 제15호), 오웬기념각(시도유형문화재 제26호) 등, 근대의 종교 문화와 관련한 건축물을 포함해 다수의 문화재들이 있다. 이런 이유로 양림동은 '근대역사문화마을'이라는 이름으로 불린다. 양림동의 그와 같은 지역 특성을 고려해 공공기관과 문화콘텐츠를 기획하는 민간 사업자들은 관광 콘텐츠를 개발하는 데

---

[*] 본 기획서는 2017년 1학기 〈인문형 LAB〉 '지역어와 문화기획 1' 랩의 양림동 공간 조사 및 기획의 기초안(구성원: 구려나, 김민지, 량빈, 류요, 묘려나, 송기현, 신송, 이상민, 이서희, 장람, 정다운, 진건화, 최옥정)을 2017년 2학기 〈인문형 LAB〉 '스토리기획팀' 랩(구성원: 김민지, 송기현, 신송, 이서희, 정다운(이하 다형문화 팀))이 구체화하고 발전시켜 2017년 상반기 광주정보문화산업진흥원 주관 '창작 스토리 기획 개발 공모전'에 당선된 문화기획을 토대로, 다형문화 팀장인 김민지 연구자가 이를 수정·보완하여 작성한 것이다.

주목해 왔다. 지역 자산을 활용한 도시재생사업은 도시 경제의 장기적 발전과 거주자 및 방문객의 장소적 경험의 필요성이 제기됨에 따라 대두하였다.

양림동에서 특히 인기를 끈 기획에는 '펭귄마을'과 '1930양림쌀롱'이 있다. '펭귄마을'은 양림동에 속한 작은 마을로, 그곳에 거주한 무릎이 불편한 노인들의 걷는 모습이 펭귄 같다하여 붙여진 명칭이다. 이 마을은 주민들이 불타버린 집기를 벽에 장식하면서 정크 아트(junk art) 전시관이 되어 사람들의 이목을 끌게 되었다. '1930양림쌀롱'은 1930년대의 양림동이 갖고 있는 근대역사문화자원에 초점을 맞춰, 장소 특정형 연극이나 근대 의상 대여를 중심으로 한 체험형 문화 프로그램이다. 이 두 사례는 모두 시대적 감성과 지역성을 바탕으로 한 기획이면서, 공간 스토리텔링(story telling) 사례에 해당하기도 한다.

공간 스토리텔링은 문화기획 전략 중 "낯설고 추상적인 공간에 가치를 부여하는 방식의 하나"[1]로, 간단히 말해 공간을 대상으로 한 스토리텔링 전략이다. 스토리텔링을 통해서 공간의 장소 정체성을 부각시키거나 혹은 창조하는 것으로, 주로 이-푸 투안(Yi-Fu Tuan)과 에드워드 렐프(E. Relph)의 이론에 기대어 있는 용어다. 이 전략은 앞서 기술한 지역 자산을 활용한 도시 재생사업의 요청에 부응한다고 할 수 있다. 장소 정체성을 창출하는 전략으로서 그것은, 지역과 분리 불가능한 콘텐츠로서 장기적 발전 운영을 가능하게 하면서 동시에 거주자의 장소감을 유지·심화시키되 방문객의 장소 경험을 꾀할 수 있기 때문이다.

---

1 이지영, 「동화를 활용한 공간 구성과 콘텐츠 개발 방향」, 『아동청소년문학연구』 19호, 한국아동청소년문학학회, 2016, 52쪽.

본고는 위 두 사례가 지역 자산을 활용한 것과 같이 양림동의 역사문
화자원 중 '김현승'(1913~1975)이라는 역사적 인물에 주목한 공간 스토리
텔링을 기획하고자 한다. 김현승은 양림동에서 유년기와 청년, 장년 시
절을 보낸 광주의 대표 시인이다. 역사적 인물은 개인에게 인물이 살았
을 시대를 간접 체험할 수 있도록 하고 세상에 대한 인물의 관점을 통해
개인의 삶을 돌아볼 수 있게 만드는 매개체가 될 수 있다.[2] 특히 인물을
중심으로 한 공간 스토리텔링은 인물의 삶에 대한 스토리텔링과 맞물려
수신자로 하여금 개연성을 제공한다는 점에서 더욱 활용도가 높다. 김
현승을 중심으로 한 양림동 공간 스토리텔링을 위해 공간 스토리텔링
과정 모형[3]을 참고하였다.

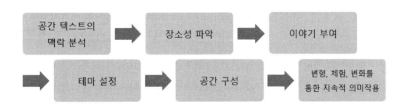

〈그림 1〉 공간 스토리텔링 과정 모형

본고는 위 모형을 참조하여 김현승의 생애와 그의 시를 분석해 대표
적 속성들을 파악하고, 양림동 공간에서 장소성을 도출해 둘 사이의
연관성을 모색해 테마와 이야기를 부여하고자 한다. 인물 텍스트의 분

---

2 강민희, 「장소성 형성을 위한 역사인물의 활용방안」, 『동아인문학』 46호, 동아인문학회,
   2019, 43쪽 참조.
3 김영순·정미강, 「공간 텍스트로서 '도시'의 스토리텔링 과정 연구」, 『텍스트언어학』 24
   호, 2008, 167~192쪽.

석을 위해, 김현승의 시인으로서의 면모와 그 외의 인간으로서 면모를
살펴보아야 한다. 시인으로서의 면모는 그가 생전에 남긴 시 작품의
특징과 그것을 분석·평가한 글, 그리고 직접 자신의 시에 대해 서술한
산문에서 추출할 수 있다. 시인 이외의 인간으로서 면모는 그의 산문을
비롯해 김현승에 대해 타인이 서술한 글들에서 찾아볼 수 있다. 김현승
의 시와 산문은 『다형 김현승 전집』(2012)을 참조하였다.[4]

2. 김현승의 기록을 통해 본 양림동

김현승(1913~1975)은 시 「쓸쓸한 겨울 저녁이 올 때 당신들은」으로
「동아일보」에 양주동의 추천을 받아 등단한 광주 지역을 대표하는 시인
이다. 그는 1913년 평양에서 태어나, 1919년 7세에 아버지 김창국을
따라 광주 양림동으로 오게 된다. 그의 가정은 독실한 기독교 집안이었
으며, 아버지가 광주로 오게 된 것도 옛 금정교회(이후 양림교회로 분립)의
목사로 부임하면서다. 7세의 김현승은 숭일학교를 다녔으며 1926년 졸
업 이후 평양의 숭실전문학교에 입학하였다. 이후 1933년 건강 악화로
인해 1년간 양림동에서 휴양 후 평양으로 돌아갔다가 1936년 다시 양림
동에 와 숭일학교 교편을 잡았다. 양림동에서 생활을 이어오다 1960년
서울의 숭실대학에 부교수로 취임하면서 양림동을 떠나게 되었다.[5] 그

---

4 김현승, 『다형 김현승 전집』, 다형김현승시인기념사업회, 2012. 본 전집에 수록되지 않
은 작품이 최근 발굴되었다(이동순, 「김현승의 시의 서지오류와 발굴작품 연구」, 『비평
문학』 70호, 한국비평문학회, 2018, 145~165쪽). 다만 본고는 2017년 창작스토리 공모
전에 참여한 기획을 바탕으로 하고 있어 새로 소개된 작품은 다루지 않았음을 밝힌다.

가 양림동에서 생활한 시기를 따진다면, 유년시절(1919~1926)과 청년시절부터 장년에 이르기까지(1936~1960)라 할 수 있을 것이다.

김현승은 7세에 아버지를 따라 양림동에 오게 되는데, 아버지가 양림동에 오게 된 것은 그가 양림교회의 목사로 부임해 오면서다. 따라서 양림동의 '양림교회'가 김현승과 관련된 장소라 할 수 있다. 양림교회는 "수피아 여중·고, 기독간호대학, 호남신학대학교, 광주 기독병원 등이 자리"하는 등 "양림동 권역 전반적으로 기독교의 특색이 강하게"[6] 나타나는 역사적 배경이다. 지금 양림교회는 양림동에서 이정표가 되는 장소인데, 그 역사는 1904년 배유지(Eugene Bell) 선교사 사택에서 가족, 교우, 주민 등 200여 명이 모여 성탄 예배를 한 때로 거슬러 올라간다. 그 예배가 바로 광주양림교회의 최초 설립예배이며, 배유지 선교사가 제1대 당회장 목사였다.[7] 또한 1905년 배유지 목사 사택에서 놀란(Dr. J. W. Nolan) 선교사가 진료를 행한 것이 기독병원의 시작이라 할 수 있으며, 1908년에 선교활동의 일환으로 설립된 교육기관이 숭일학교와 수피아여학교다. 1919년에는 일제 탄압정책으로 북문안 교회당이 몰수당해 오웬기념각에서 예배를 진행하다, 그해 10월 현 금동에 남문 밖 교회당을 건축 이전하였다. 김현승의 아버지 김창국은 1924년 이 남문 밖 교회가 양림교회와 금정교회로 양분되면서 목사로 부임하였다. 김창

5 김현승, 「김현승 자술연보」, 손광은 외, 『김현승의 삶과 문학』, 다형김현승시인기념사업회, 2015, 327~330쪽 참조.

6 홍옥범, 「문화적 도시재생을 통한 도시관광 활성화 방안: 광주광역시 양림동을 중심으로」, 전남대학교 문화전문대학원 석사학위논문, 2015, 92~93쪽.

7 광주양림교회 홈페이지의 '양림역사' 항목 http://www.yangrim.net/board/view.do?iboardgroupseq=11&iboardmanagerseq=25 참조. (검색일: 2019.08.20.)

국 목사 부임 이후 1943년 또다시 일제의 탄압을 받아 광주시내 교회가 하나로 통폐합 되면서 김창국 목사는 강제로 사임하게 되었다. 하지만 1945년 광복을 맞아 흩어졌던 교인들이 다시 모여, 김창국 목사가 제6대 당회장을 부임하였고, 1947년 사임했다고 한다.

> 나는 기독교 가정에서 태어난 만큼 술과 담배는 지금껏 즐겨본 일은 없으나 그 대신 커피는 무척 좋아하였고 (중략) 나의 목사이었던 나의 형은 전문학교에 다닐 때까지도 방학 때 집에 내려가면 목사님이시던 아버님이 사랑채에 우리를 불러 꿇어앉게 하시고 객지에서 공부할 때 십계명(十誡命)을 어긴 일이 있느냐고 조목조목이 물으셨다.[8]

위 인용문을 통해서도, 그가 목사였던 아버지로부터 종교적 영향을 크게 받은 것을 확인할 수 있다. 심지어 그는 "문학청년 때부터 특별히 사숙(私淑)하는 시인이 없었다"고 하면서 오히려 "내 시에 아는 듯 모르는 듯 세력을 미치고 있는 것은 기독교의 성경"이라고 할 정도로 문학 세계에도 기독교의 영향이 컸던 것으로 보인다.[9]

한편 어린 시절 기독교 문화로부터 받은 영향은 종교적 사유만이 아니었다. 그가 "커피를 즐기게 된 것은 미국인 선교사들과 친밀히 지냈던 가정 환경에서 비롯되었을지도 모른다"고 밝힌 바 있기 때문이다.[10] 위 인용 부분에서 "커피는 무척 좋아하였고"라고 잠깐 언급되고 있듯이 그의 산문에서 커피는 자주 등장한다. 그는 호(號)가 '다형(茶兄)'이라 불릴

---

8 김현승, 「하나님께 감사를 보내며」, 앞의 책, 720~721쪽.
9 김현승, 「시(詩)였던 예수의 언행」, 위의 책, 586~589쪽.
10 김현승, 「나의 커피론」, 위의 책, 603쪽.

만큼 커피에 대한 식견이 남달랐고, 커피 끓이는 법이나 원두 종류에 따른 맛을 구분하는 등 커피론을 쓸 정도였다. 그것은 "미각과 후각이 가장 신선한 10대부터 외국인들이 제대로 끓인 질 좋은 커피를 마실 수 있었"[11]기 때문이다. 어린 시절 양림동의 영향으로 시작된 커피에 대한 애정은 청년 시절 광주의 여러 다방의 맛 좋은 커피로 이어졌고, 이는 그가 양림동을 떠나지 못하는 이유이기도 했다.[12]

김현승이 커피를 좋아한 데에는 여러 이유가 있다. 그중 하나가 홀로 커피를 마시며 고독을 느끼는 것이었다. 고독은 그의 시상에 큰 원동력이기도 했는데, 지금은 호남신학대학교가 자리하고 있는 예전의 양림산에서 그는 시가지를 바라보곤 했다고 한다. 그래서 김현승 시비건립추진위원회는 김현승이 자주 거닐었던 양림산 기슭인 호남신학대 음악관 인근에 김현승의 시비를 세웠다. 이곳에는 시 「가을의 기도」가 새겨진 비와, 문학을 상징하는 펜촉 모양의 비, 연혁과 평설을 새긴 비, 총 3기가 있다.[13]

그는 산에 올라 사람이 사는 마을 전경을 내려다 볼 때, "지상의 그 어느 장소에서보다도 우리의 생활을 반성하고 새로운 마음가짐을 다짐할"[14] 기회를 얻게 된다고 말한다. 양림산은 그에게 광주의 역사를 돌이

---

11 위의 책, 같은 곳.

12 "나는 서울에 가도 이런 커피 맛은 못 본다. 아니 내가 광주를 떠나지 못한 그 이유의 절반 이상이 이 커피 맛에 있다고 누가 과장을 하여도, 나는 그 거짓말에 항의할 의사는 추호도 없다는 것을 밝혀둔다." 김현승, 「대학과 교회, 그리고 다방에서」, 위의 책, 576쪽.

13 남신희, 〈다형 김현승 시비〉, 《광주드림》, 2007.02.01. http://www.gjdream.com/v2/news/view.html?news_type=207&code_M=2&mode=view&uid=360780 (검색일: 2019.08.20.)

14 김현승, 「산에 대하여」, 앞의 책, 665쪽.

켜보고, 광주의 미래를 전망하는 장소였을 것이다. 그의 시 「산줄기에 올라 - K도시에 바치는」이라는 작품에는 양림산에서 광주의 전경을 바라보는 김현승의 시선이 잘 담겨 있다.

산줄기에 올라 바라보면
언제나 꽃처럼 피어 있는 나의 도시-

지난 날 자유를 위하여
공중에 꽂힌 칼날처럼 강하게 싸우던
그곳에선 무덤들의 푸른 잔디도
형제의 이름으로 다스웠던 ……

그리고 지금은 기름진 평야를 잠식하며
연기를 따라 확장하여 가는 그 넓은 주변들……
(중략)
아아, 시름에 잠길 땐 이 산줄기에 올라 노래를 부르고,
늙으면 돌아와 추억의 안경으로 멀리 바라다 볼
사랑하는 나의 도시-시인들이 자라던 나의 고향이여!

「산줄기에 올라 - K도시에 바치는」 부분[15]

현재 양림동에서 그가 생전에 보았을 탁 트인 광주 시내 전망을 보려면, 사직공원 전망대가 대신할 수 있을 것이다. 양림동 사직도서관을 지나 좀 더 위에 자리한 사직공원에, 과거 '팔각정'이 있었다. 그 자리에

15 김현승, 「산줄기에 올라 - K도시에 바치는」, 위의 책, 125~126쪽.

는 현재 〈2009 광주디자인비엔날레〉의 상징조형물로 전망대가 세워져
있다. 이곳에 오르면 광주 시내가 한눈에 보이고 밤에는 야경을 볼 수
있어 지금은 양림동을 찾아온 사람들이 한 번쯤 들르는 명소가 되었다.
또한 전망대가 있는 사직공원에는 임제, 송순, 박봉우, 이수복 등 우리
지역의 저명한 시인들의 시비가 10개 넘게 세워져 있어, 김현승이 말한
"시인들이 자라던 나의 고향"(「산줄기에 올라」), 광주를 다시금 느끼게 한
다. 그가 광주를 '시인의 도시'라고 말한 데에는 '남쪽'의 계절감도 한
요인이 된다.

> 나의 고향은 따스운 전라도의 남쪽 광주이다. 이 광주에서도 남쪽에
> 위치한 양림동이다. 이 양림동에는 커다란 부잣집들이 진을 치듯 몇 채가
> 있는데, 이 집들은 남도에서는 으레 그렇듯 크고 깊은 대숲들을 배경으로
> 삼고, 더 한층 위엄을 자아내고 있었다.[16]

> 가을이 길기로 말하면 남쪽인 나의 고향의 가을이 훨씬 더 길었고, 나는
> 기질적으로 이 긴 가을과 그 가을의 긴 그림자를 사랑하고 즐겨야 하였지
> 만, 나는 아쉽게도 나의 고향의 긴 가을을 놓아 두고 옛 고구려의 추운
> 성벽들이 높이 솟아 있는 북쪽 땅으로 발길을 옮겨야 했다.
> 우리나라 북쪽의 기후적 특징은 가을이 짧고 겨울이 긴데, 우리나라의
> 남쪽은 이와는 반대로 겨울은 짧고 가을은 길기도 하다. 우리나라에선
> 시인들이 남쪽에 많은 것은 지세에 좌우된 결과가 아니라 남쪽에는 유달
> 리 가을이란 계절이 길고 긴 때문이라고 나는 생각한다.[17]

---

16 김현승, 「겨울 까마귀」, 위의 책, 736쪽.
17 김현승, 「초가을」, 위의 책, 727~728쪽.

　김현승에게 '남쪽', '광주', '양림동'은 그에게 '고향'으로서 하나의 장소감을 이루고 있다. 그래서 '양림동'은 그에게 '북쪽'과 변별되는 '남쪽'에 대한 대표성을 가지면서, 그 중 '광주'에 대한 장소 경험을 대표하는 장소성을 갖는다. 그가 경험한 '고향', '양림동'은 "따스운" 날씨를 가진 "가을이 긴" 공간이다. 그리고 위의 두 개의 글에서 각각 확인할 수 있는 것은, 양림동에 "커다란 부잣집들이 진을 치듯 몇 채가" 있었고, 가을이 긴 계절적 특성에 '시인의 탄생'이 연관되어 있다는 점이다.

　양림동의 '부잣집'은 현재 최승효 가옥과 이장우 가옥으로 남아 있다. 이장우 가옥은 1899년 축조 당시 정병호의 소유였다가 1965년에 이장우가 매입한 집이다. 500여 평 대지에 건축된 이곳은 남성들의 주거공간인 사랑채와 행랑채, 여성들의 거주공간인 안채가 있고 4칸의 곳간으로 구성되어 있다. 사랑채와 행랑채 앞의 연못에 있는 돌거북과 안채 뒤편의 장독대의 규모는 부잣집의 면모를 드러낸다. 이장우 가옥은 근대 시기 남도의 상류층 가옥으로서 영화 촬영 명소로 각광을 받고 있다. 원형이 잘 보존되어 근대건축양식을 잘 보여주는 가옥으로, 광주광역시 민속문화재 제1호로 지정되었다. 최승효 가옥은 광주광역시 민속문화재 제2호로, 1921년 800평 가까이 되는 넓은 부지에 건축되었다. 한말의 전통가옥에서 근대 한식목조 건축으로의 변화하는 과정을 살펴볼 수 있는 건축사적 자료로서 가치가 매우 높은 건축물로 평가받고 있다. 하지만 상시 개방은 아니며, 예약을 해야 관람할 수 있다. 김현승은 이 부잣집 뒤의 대숲에서 날아오는 까마귀에 대한 애정도 그의 글에서 드러냈다.

20대의 북부 지방을 떠나, 중년의 시인으로 따스한 나의 고향인 남부 지방에 내려와 살면서 나는 북부 지방에서 맛보았던, 겨울 안개가 그윽한 품 속에는 한번도 변변히 안겨 보지 못하였다. 겨울이 와도 내가 사는 거리엔 눈물겨운 안개가 포근하게 끼지 않았다.

그러나 밤안개 대신 저녁 까마귀가 저무는 나의 겨울 뜨락 고목 위에는 앉아 있었다. 가장 고요한 날 저녁에는 까마귀인지 검은 열매인지 모를 정도로 그 모습은 고요하고 숙연하였다. 까마귀 소리는 소리를 낼 때는 가장 시끄러운 소리이지만, 그 소리를 삼키고 있을 때에는 가장 무겁고 고요한 소리였다. 나는 이러한 소리로 나의 중년의 시를 한 때 나의 고향에서 썼다. 파릇파릇한 고향의 보리밭 길을 밟고 먼 하늘의 까마귀들을 바라보며 나의 시를 썼다.

그러나 지금 내가 살고 있는 곳은 중부의 서울 – 북쪽과 남쪽을 떠나 안개도 까마귀도 없는 서울이다.[18]

까마귀는 그에게 양림동을 기억하는 하나의 상징이기도 했고, 고독의 동물로서 그의 시적 화자와 동일시되기도 했다. 지금까지 살펴본 바와 같이 광주 양림동과 김현승의 관계는 긴밀하다고 할 수 있다.

3. 기획 실제: 〈가을이 긴 나라 양림의 짧은 산책로〉

1) 김현승의 작품세계와 스토리텔링

앞서 양림동의 공간 스토리텔링을 위한 선행 작업으로서 양림동과

---

18 김현승, 「겨울의 예지(叡智)」, 위의 책, 732쪽.

김현승의 관계를 살펴보았다. 즉, 2장은 김현승의 경험 차원에서 양림동의 장소성을 파악하는 작업이라 할 수 있다. 이 장에서는 먼저 2장을 통해 파악된 장소성을 구체화시켜 테마를 설정하기 위해 그의 문학세계가 지닌 특징과 의미를 살펴보고, 이를 토대로 실제 기획을 한 결과를 언급하고자 한다. 그의 문학세계는 그의 시에 대한 선행 연구를 통해서 갈음할 수 있다. 김현승의 시에 대한 선행 연구의 양은 결코 적지 않다. 조사 결과 김현승에 대한 단독 박사학위논문은 10편이며, 주요 국내 학술지 논문은 30편이 넘는다. 이와 같이 김현승에 대한 연구가 활발히 이루어진 데에는 김현승 시인이 광주뿐만 아니라 서울에서도 시작 활동 및 교육 활동을 했으며, 그가 중앙 문단에 큰 영향력을 끼친 것에서 기인할 것이다.

김현승 시에 대한 선행연구는 종합적 접근 외에[19] 특히 종교(기독교), 고독, 자연(식물, 동물), 어둠/밝음 등에 천착한 것으로 보인다. 그의 종교적 특성이 드러나는 시에 대해 주목한 연구에는 김현승의 시를 단독으로 다룬 경우도 있지만 종교시에 몰두한 다른 시인과 비교한 연구들도 있다. 한편으로 이는 김현승의 종교시가, '종교시'로서 대표성을 띤다는 반증이기도 하다. 또한 그가 기독교에 대한 신앙심이 깊었다는

---

19 조태일, 「김현승 시정신 연구: 시의 변모과정을 중심으로」, 경희대학교 박사학위논문, 1991; 박귀례, 「다형 김현승 시 연구」, 성신여자대학교 박사학위논문, 1995; 유성호, 「김현승 시의 주제 양상과 형상화 방법 연구」, 『국어교육』 92호, 한국국어교육연구회, 1996; 유성호, 「김현승 시의 분석적 연구」, 연세대학교 박사학위논문, 1996; 정숙인, 「김현승 시의 상상력 연구」, 조선대학교 박사학위논문, 2013; 박몽구, 「김현승 시 연구: 시어를 중심으로」, 한양대학교 박사학위논문, 2003; 이은실, 「김현승 시에 나타난 시간 의식 연구: 형상화 방법과의 관련성을 중심으로」, 한양대학교 박사학위논문, 2013; 황대성, 「김현승 시 연구」, 충남대학교 박사학위논문, 2014; 송주영, 「김현승 시의 현존재에 관한 연구」, 공주대학교 박사학위논문, 2017.

것을 산문을 통해서도 쉽게 알 수 있다는 점에서, 그의 종교시에 대한 연구는 김현승 시를 설명하는 데 중요한 비중을 차지한다고 할 수 있을 것이다.[20]

한편 '고독'에 관한 김현승 시 연구는 종교적 색채와 마찬가지로 그의 시에서 매우 자주 등장하는 시어이자 시상인 '고독'에 초점을 맞춘 연구들이다. '고독'이라는 키워드는 그 자체의 상징성을 해독하는 연구부터 시적 자아의 존재성이나 종교적 의미로 풀이되기도 하는 등 다채로운 접근으로 연구되었다.[21] '자연'에 초점을 맞춘 연구들은 대개 식물이나

---

20 강신주, 「한국현대기독교시연구: 정지용, 김현승, 윤동주, 최민순, 이효상의 시를 중심으로」, 숙명여자대학교 박사학위논문, 1992; 박춘덕, 「한국 기독교시에 있어서 삶과 신앙의 상관성 연구: 윤동주, 김현승, 박두진을 대상으로」, 부산대학교 박사학위논문, 1993; 한홍자, 「김현승 시에 나타난 기독교 정신」, 『돈암어문학』 8호, 돈암어문학회, 1996; 정경은, 「한국 기독교시 연구: 박두진, 박목월, 김현승 시를 중심으로」, 서울여자대학교 박사학위논문, 1998; 한영일, 「한국근대기종교 시 연구: 윤동주, 김현승, 박두진 시의 상징성을 중심으로」, 성공회대학교 박사학위논문, 2000; 박종철, 「김현승의 시와 3원적 구조」, 『우리문학연구』 23호, 우리문학회, 2008; 김문주, 「기독교 신앙과 양심의 인간주의 – 김현승의 시를 중심으로」, 『문학과종교』 14(3)호, 한국문학과종교학회, 2009; 김윤정, 「기독교 해석학적 관점에서 본 김현승의 문학 – '이신론(理神論)'적 특징에 대한 고찰」, 『한중인문학연구』 29호, 한중인문학회, 2010; 이상옥, 「김현승 시의 변모 양상 – 기독교 예정론을 중심으로」, 『한국문예비평연구』 41호, 한국현대문예비평학회, 2013; 정유화, 「김현승 시(詩)에 나타난 '육체(肉體)/영혼(靈魂)'의 대립과 그 의미 – 『옹호자의 노래』를 중심으로」, 『어문연구』 41(3)호, 한국어문교육연구회, 2013; 김인섭, 「김현승 시에 나타난 성경수용의 제 양상과 특징」, 『문학과종교』 19(3)호, 한국문학과종교학회, 2014; 신선, 「한국 현대시의 기독교적 영성 연구: 윤동주, 김현승, 박목월 시를 중심으로」, 인제대학교 박사학위논문, 2017.

21 정재완, 「한국현대시와 「소외(疎外)」의 의미 – 다형 김현승의 후기시 세계를 중심으로」, 『용봉인문논총』 12호, 전남대학교 인문학연구소, 1982; 서범석, 「김현승 시에 나타난 고독(孤獨)의 형상화 과정」, 『국제어문』 5호, 국제어문학회, 1984; 김정신, 「김현승의 고독의 정체」, 『문화와 융합』 18(1)호, 문학과 언어연구회, 1997; 최문자, 「김현승 시 연구 – 절대고독에 나타난 기독교적 비극성을 중심으로」, 『돈암어문학』 12호, 돈암어문학회, 1999; 김재혁, 「견고한 고독의 세계: 릴케와 김현승」, 『독일문학』 43(4)호, 한국독

동물 시어를 통해 그 상징성을 파악하고자 했고, 거기에서 좀 더 확장되어 '밤', '아침' 등의 시간에서 말미암은 '어둠/밝음' 등의 상징성을 분석한 연구들도 있다. 이외에도 '가을'이라는 시어에 초점을 맞춘 연구 등 대체로 김현승 시에서 반복되는 시어와 시상에 주목한 연구들이 많다.[22] 그의 산문을 통해서도 이미 언급한 선행 연구들의 경향을 확인할 수 있는데, 예컨대 「시였던 예수의 언행」이나 「하나님께 감사를 보내며」, 「종교직 사명」 등 종교에 관한 글을 확인할 수 있다. 또한 「나의 고독과 나의 시」, 「인간에 대하여」 등을 통해 '고독'에 대한 그의 생각을 읽을 수 있으며, 「겨울 까마귀」나 「꽃의 순례」, 「산과 바다」 등은 '자연'에

어독문학회, 2002; 임현순, 「김현승 시에 나타난 '고독'의 역설성 연구」, 『한국시학연구』 6호, 한국시학회, 2002; 이영섭, 「소외와 회복의 시학 – 김현승 시 연구」, 『인문언어』 8호, 국제언어인문학회, 2006; 권성훈, 「김현승 시 '고독'에 대한 라캉의 정신분석」, 『문학과종교』 17(3)호, 한국문학과종교학회, 2012; 홍용희, 「고독과 신성의 변증 – 김현승론」, 『한민족문화연구』 43호, 한민족문화학회, 2013; 정숙인, 「김현승 시의 윤리성에 대한 재고 – 견고한 양심을 중심으로」, 『한민족어문학』 68호, 한민족어문학회, 2014; 박선영, 「김현승 시의 시적 자아와 동일화 양상」, 『한국문학과 예술』 16호, 숭실대학교 한국문학과예술연구소, 2015; 박경자, 「김현승 시의 내재적 치유성 연구」, 동신대학교 박사학위논문, 2016; 정유화, 「고독의 물질화와 그 의미작용 – 김현승의 시를 중심으로」, 『인문과 예술』 4호, 인문예술연구소, 2017.

22 김인섭, 「김현승 시의 상징체계 연구: 밝음과 어둠의 원형상징을 중심으로」, 숭실대학교 박사학위논문, 1995; 윤석성, 「김현승 시의 '가을' 연구」, 『동악어문학』 35호, 동악어문학회, 1999; 유혜숙, 「김현승 시의 '검은빛' 강박이미지 연구: 반대이행적 개명의지로서의 '검은빛'과 '절대고독'」, 『한국문학이론과 비평』 20호, 한국문학이론과 비평학회, 2003; 이동순, 「김현승 시에 나타난 자연물의 상징성」, 『현대문학이론연구』 28호, 현대문학이론학회, 2006; 금동철, 「김현승 시에서 자연의 의미」, 『우리말글』 40호, 우리말글학회, 2007; 유혜숙, 「김현승 시에 나타난 '어둠·밤' 이미지」, 『비평문학』 33호, 한국비평문학회, 2009; 박선영, 「김현승 후기시에 나타난 '동물'의 은유화 양상」, 『우리말글』 50호, 우리말글학회, 2010; 박선영, 「김현승 시의 '식물'과 언술 은유에 관한 고찰」, 『동남어문논집』 35호, 동남어문학회, 2013; 유혜숙, 「김현승 시에 나타난 일원성 회복 – 수용, 실명, 사랑을 통한 인식의 통합」, 『인문학연구』 98호, 충남대학교 인문과학연구소, 2015.

대한 그의 시적 관심과 일치한다. 그리고 「초가을」이나 「가을의 사색」과 같은 산문은 그가 '가을'이라는 계절에 흥미를 가졌으며, 그것이 '고독'과도 연관되어 있음을 알 수 있게 한다.

시인으로서 그는 "인간적 양심과 절대고독 속에서 고독을 주제로 참된 삶과 지적 자아성찰을 추구"하였다. 시대상황을 외면하지 않고 "긍정적 휴머니즘으로 승화"시켰다는 평가도 있다.[23] 주로 고독과 신앙을 노래하고 있으며, 가을과 까마귀에 대한 애착에 빌어 그를 표현하기도 하였다.

> 가을에는
> 호올로 있게 하소서……
> 나의 영혼,
> 굽이치는 바다와
> 백합의 골짜기를 지나,
> 마른 나뭇가지 위에 다다른 까마귀같이.
>
> 「가을의 기도」 부분[24]

> 가을이 긴 나라
> 그 나라의 저녁참은
> 까닭없이 바람 속에 설레이고,
>
> (중략)

---

23 손광은 외, 『다형 김현승의 문학세계』, 다형김현승시인기념사업회, 2014, 4쪽.
24 김현승, 「가을의 기도」, 앞의 책, 89쪽.

가을이 긴 나라,
그 나라의 늦은 새들
해지는 먼 땅 끝까지 쭉지로 울고 간다

「우수」 부분[25]

그는 '가을'을 시적 제재로 줄곧 사용했다. 위에서 다룬 「가을의 기도」 외에도 「가을이 오는 시간」, 「가을의 입상」, 「가을의 시」, 「가을의 포도(鋪道)」, 「가을은 눈의 계절」, 「가을의 향기」, 「가을의 소묘」, 「가을 넥타이」, 「가을비」 등 '가을'이란 시적 소재가 제목에 드러나고 있는 작품만을 세어도 10여 편에 달한다.

한편 가족에 대한 시도 자주 등장한다. 「슬픈 아버지」, 「크리스마스와 우리 집」, 「아버지의 마음」, 「아버지의 자장가」, 「사랑하는 여인에게」, 「하늘에 세우는 크리스마스 추리 – 1970년의 성탄절에」, 「크리스마스에는 집으로 돌아가라」 등이 있다. 이들 시는 가정과 집에 대한 이야기이면서 '아버지'의 삶을 종교적 상징으로 엮어 표현하고 있다. 그래서 가족과 관련된 시에는 예수의 탄생일인 크리스마스가 주요 소재가 되어 나타나는 것으로 보인다. 지금까지 김현승에 대한 요소들을 그림으로 표현하면 다음과 같다.

---

25 김현승, 「우수」, 위의 책, 480쪽.

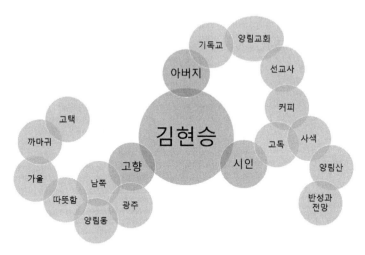

〈그림 2〉 시인 김현승과 관련된 요소들과 그 관계

　김현승이 경험한 양림동 공간이 가진 장소성과 시인의 문학 세계를 함께 고려해볼 때, 양림동은 김현승의 삶이 녹아든 장소로 재탄생한다. 즉 박물관과 같이 사실과 그 관계만을 단순 전달하는 문학관이 아니라, 김현승이 살았던 양림동의 과거와 방문객이 발 딛고 선 양림동의 현재가 교차하는 '살아 있는 문학관'이 되는 셈이다. 이를 위한 공간 스토리텔링으로, 김현승 시인의 인간적 면모 및 시풍(詩風)을 다섯 가지 장소와 테마로 분류하고 각각의 장소에 그러한 테마를 표상하는 인물을 중심으로 에피소드를 만들 수 있다.

〈그림 3〉〈가을이 긴 나라 양림의 짧은 산책로〉 장소별 테마 분류

여기서 선정한 각각의 장소는 김현승과 관련이 있기도 하지만, 직접적인 관련이 없는 장소들도 포함되어 있다. **어비슨기념관**은 김현승과 직접적인 관계는 없으나 여행자가 김현승을 생각하며 커피를 마실 수 있는 공간이면서 양림교회와 인접해 있다는 이유로 선정했다. **양림교회**는 그의 부친이 목사로 부임했던 곳이기도 하고, 부인을 만났을 장소로 추정되어 관련이 깊다. **시인의 벤치**는 다형다방 옆에 위치해 있는데, 김현승의 시와 그를 상징하는 까마귀가 벽 한쪽에 장식된 장소로 기존의 공간을 활용해 보고자 하였다. **호랑가시나무 언덕**의 경우에도 직접적인 연관은 없으나 소재한 호랑가시나무가 400년 된 나무인 점, 나무가 가진 기존의 상징성과 김현승의 특질들이 교차한다는 점에서 선택하였다. **호남신학대학교**에 자리한 김현승 시비는, 학교가 건립되기 전 김현승이 자주 올라 시내를 내려다보았던 '양림동산'임과 동시에 기존의 시비의 활용 및 시인 김현승을 느낄 수 있는 장소라 생각했다. **사직전망대**는 양림동에서 광주 시내를 바라볼 수 있고 높은 곳에 올라 과거를 반성하고 미래를 기대했던 김현승의 일화에 주목하여 선정하게 되었다.

이러한 장소들을 관통하는 주요 테마로 '가을'과 '고독'을 설정하였는
데, 이는 일찍이 김현승 시인이 이곳 자신의 고향을 '가을이 긴 나라'로
표현하고 그 안에서 고독과 사색, 신앙을 숙성시키며 시를 짓기에 안성
맞춤이라 하였기 때문이다. 양림동을 김현승이 경험한 장소로 스토리텔
링한다면, 그것은 한편으로 김현승의 세계, 김현승의 나라라고 바꿔 말
할 수 있다. 여기에서 기획하고자 하는 공간 스토리텔링은 특정한 테마
와 인물을 따라가는 보행길을 제시하고 있어 '이상한 나라의 앨리스'나
'디즈니랜드' 등의 동화 테마파크의 형태와도 유사하다. 따라서 이와
같은 연관성과 아이디어에 착안하여, 본고는 김현승으로 경험하는 양림
동을, "가을이 긴 나라 양림의 짧은 산책로"로 스토리텔링의 주제를 선정
하였다. 또한 인물들의 대사는 김현승 시인의 실제 산문과 시를 인용·
각색하여 김현승 시인과의 연계성을 도모하고자 했으며, 여행자가 이야
기를 통해 양림동 곳곳을 김현승의 눈으로 볼 수 있기를 기대하였다.

2) 이야기의 등장인물

위에서 설정한 시공간에서 프로그램 참여자들 앞에 등장하는 인물들
은 다음과 같다.

〈표 1〉 〈가을이 긴 나라 양림의 짧은 산책로〉에 등장하는 인물들과 역할

등장인물/사물	역할
까마귀	김현승의 환생이자 시인 김현승을 상징. 여행자를 이야기 속으로 끌어들인다.
커피광 선교사	김현승의 커피론과 신앙을 표상하는 인물.
고독한 남자	'시인의 벤치'에 앉아 고독을 즐기는 남자.

호랑가시나무	가족/예수/희생/평화를 표상하는 사물.
김현승	시인. 1919년, 7세에 부친을 따라 양림동에 이사, 1936년 모교 숭일 학교에서 근무하고 1975년 별세. 그리고 현재 우리와 대화하고자 〈가을이 긴 나라 양림〉에 까마귀로 환생하여 등장한다.

　앞서 밝혔듯이 등장인물은 김현승의 시인적 면모 및 생애적 특질들 중 일부를 뽑아 캐릭터화한 것이다. 여기에서 김현승은 실제 김현승과 동일하고 다만 스토리 안에서는 2017년 우리와 대화하고자 '가을이 긴 나라 양림'에 까마귀로 온 인물이다. **까마귀**는 김현승의 환생으로, 김현승을 상징하는 인물이다. 문화에 따라 여러 의미를 담고 있는 동물이지만 양림동과 김현승에게 있어서는 고독의 긍정적 가치를 상징하는 동물이다. 김현승은 생전에 사색을 빼앗은 현대문명을 비판했었는데, 그의 환생인 까마귀 역시 여행자의 시선을 옭아매는 스마트폰이 맘에 들지 않았는지 물고 도망가 버린다. 즉 여행자가 자신을 쫓아오게 만드는, 이야기를 진행시키는 방향키의 역할을 한다.

　커피광 선교사는 커피를 좋아했던 김현승과 그의 신앙에 대한 신념을 모티브로 한 인물로, 커피와 신앙이라는 두 가지 주제로 횡설수설한다. 그러나 오히려 그것이 그의 확고한 취향을 느끼게끔 만든다. **고독한 남자**는 시인의 벤치에 홀로 앉아 고독을 유희하는 남자다. 김현승의 고독에 대한 이야기를 풀어낼 인물로, 일반적으로 부정적 의미를 갖는 고독에 대해 다시금 생각해 보는 기회를 제공한다. 곧바로 이해하기 힘든 이야기들을 뱉어내어 듣는 이의 발을 그곳에 머물게 만든다. **호랑가시나무**는 희생과 평화를 상징하는 나무이자 자신에 얽힌 여러 설화들을 김현승의 예수에 대한 인식과 가족의 의미에 녹여 노래하는 인물이다.

3) 스토리

어비슨기념관, 양림교회, 시인의 벤치, 호랑가시나무언덕, 김현승 시비, 사직전망대에 위에서 언급한 각각의 등장인물을 배치하고 인물의 성격에 맞는 대사를 김현승의 시와 산문에서 인용·각색함으로써 스토리텔링을 기획·구성하였다. 스토리의 전문은 다음과 같다.

Intro　　　어비슨기념관

양림동을 찾은 일상에 지친 여행자 한 명. 어비슨기념관 카페에서 따뜻한 아메리카노 한 잔을 받아들고 나왔다. 그의 발은 부지런히 걷고 있으나 시선은 스마트폰 지도앱에 묶여있다. 그 순간, 웬 까마귀 한 마리가 날아와 여행자의 스마트폰을 물고 도망간다. 까마귀는 다형 김현승의 환생으로, 사색을 빼앗아 버린 현대문명에 대한 보복이었을지도 모른다. 여행자는 스마트폰을 되찾기 위해 양림교회 안으로 도망간 까마귀를 쫓아가고, 그곳에서 한 커피광 선교사를 마주친다.

Scene #1　　　양림교회

여행자를 본, 아니 정확히는 여행자가 들고 있는 커피를 본 커피광 선교사는 반가운 목소리로 여행자에게 말을 건넨다. 커피의 맛을 안다는 건 세상의 맛을 느낄 준비가 되어있는 것이라며 커피에 대한 일장연설을 늘어놓다가 갑자기 단호한 목소리로 커피의 삼위일체를 지키지 않는 다방을 타박한다. 정량을 지키지 않는 것은 양심이 부족한 것이라며 자연스레 그의 신앙을 이야기하는 커피광 선교사. 예수를 존경하는 이유 중 하나가 그만큼 양심을 소중히 여긴 인간이 없기 때문이라고 한다.

"오, 거기 사내. 따끈한 커피를 들고 있구나. 커피의 맛을 안다는 건 세상의 맛을 느낄 준비가 되어있음이 검증된 거나 마찬가지지. 커피를 가장 향기 짙게, 또 맛있게 마시려면 절대로 주전자에다 커피를 넣고 펄

펄펄 끓여서는 안 돼. 그런 방법은 채산을 맞추려는 다방에서나 쓰는 방법이지, 집에서 끓이는 커피까지 그렇게 맛없이 마실 필요는 없지. (산문 「커피의 즐거움」 중)

그래, 채산. 커피를 끓이는 서툰 솜씨도 솜씨려니와, 카네이션이란 별명의 크림을 새똥 갈기듯 탄다지. 삼위일체에 대한 관념이 완전히 결여되어 있어. 커피, 설탕, 크림 이들 삼위가 적절한 비율로써 혼연히- 배합되어야지! 넓은 천지에 정량을 지키는 곳을 찾는 게 하늘의 별 따기야. 그래서 신은 언제나 인간의 행동을 내려다보고 인간은 그 감시 아래서 언제나 신앙과 양심과 도덕을 지켜야 하는 거야. 내가 예수를 존경하는 이유 역시 그만큼 양심을 소중히 여긴 인간이 없기 때문이지. 그는 '마음으로 죄를 범한 자는 곧 행동으로 죄를 범한 자나 다름이 없다'고 가르쳤으니까. (산문 「나의 커피론」과 「나의 고독과 나의 시」 중)"

그럼에도 자신이 다방을 가는 이유는, 호젓이 앉아 창밖으로 까마귀도 구경하고 커피의 향과 맛을 마시며 인생을 곰곰이 생각할 수 있기 때문이라고. 이제야 까마귀가 떠오른 여행자는 선교사에게 까마귀에 대해 물어보고 시인의 벤치에 가면 까마귀를 볼 수 있다는 대답을 듣는다.

Scene #2 　시인의 벤치(다형다방)

여행자가 시인의 벤치에 도착하니, 스마트폰을 입에 문 까마귀가 벽 위에 앉아 있다. 가까이 다가가려 하자 까마귀는 온데간데없이 사라진다. 대신 시인의 벤치에 앉아 허공과 바닥을 한참 번갈아 보고 있는 한 남자를 발견한다. 여행자는 외로워 보이는 그에게 말을 걸지만, 도리어 외로움에 대해 반문 당한다.

"왜 혼자 그렇게 앉아 있어요?"
"잠 안 오는 밤, 네 벽에서 단 한번 치는 시곗소리를 맹랑하게 들어본 일이 있는가."(「고독의 풍속」 중)
"외로우신가요?"
"내 고독에 돌을 던지는 것이지. 고독."

"저도 외로울 때가 있어요."

"그게 아니고 고독이라니까. 우리는 군중 속에서도 고독을 느끼지. 많으면 많을수록 적어지는, 그리하여 사라지고 마는. 즐거우면 즐거울수록 나를 잊는, 그리하여 내가 남이 되는 그런 군중 속의 고독이 있다. 나는 그 고독을 사랑한다. 고독은 정직하고 고독은 자유 그 자체이자 마침내 목적이란 말이지. 아니, 목적 위의 목적이야."(시 「군중 속의 고독」과 「고독한 이유」 중)

고독한 남자와의 대화를 통해 여행자는 고독에 대해 새롭게 정의 내리고 그 가치를 깨닫게 된다. 고독한 남자에게 고독은 외로움이나 불안이 아니다. 그에게 고독은 스스로를 성찰할 수 있는 기회이면서도 그 자신을 보존할 수 있는 장소다. 여행자가 고독에 대해 생각에 한참을 잠겨 있다가, 벽에서 다시 나타나 날아가는 까마귀를 쫓아간다.

Scene #3   호랑가시나무언덕

호랑가시나무 앞에 선 여행자. 나무에 앉은 까마귀에 손을 뻗으려는 순간, 호랑가시나무가 소리를 내지른다. "만지지마!!" 여행자는 깜짝 놀라 뒷걸음질 친다. 그러자 호랑가시나무는 안도의 숨을 내쉬며 하마터면 자신의 잎에 찔려 다칠 뻔했다고 말한다. 희생과 배려를 깊이 여기는 그의 성격 탓이다. 나무는 골고다 언덕에서 희생한 예수의 면류관, 예수에게 박힌 가시를 빼다 죽은 티티새의 피, 부모와 가족의 희생 위에 태어났다고 자신을 소개하며 이야기를 풀어놓는다.

"나에게 얽힌 그런 이야기들 때문에 사람들은 나를 크리스마스를 축복하기 위한 트리로 많이들 사용해. 그런데 우리는 어쩌면 구세주의 탄생일이 그의 죽는 날과 인연되어 있음을 잊고 있는 것은 아닐까? 모든 인류는 살기 위하여 태어나는데, 예수만은 오직 죽기 위해 태어나신 것이지. 크리스마스에 인류에 대한 가장 친근한 우정으로써 속삭이고 싶어. 그의 과업에 대한 성찰과 함께 축복해달라고."(산문 「크리스마스의 추억」 중)

그렇게 태어난 자신이 이제는 크리스마스 트리로서 온 세상의 가족들에게 따뜻함을 전달할 수 있어 기쁘다고 말한다. 그러면서 그는 부모의 희생으로부터 오는 가족의 평화를 시로 노래한다.

"가족에 대한 부모님의 사랑도 다르지 않아. 바쁜 사람들도, 굳센 사람들도, 바람과 같던 사람들도, 집에 돌아오면 아버지가 돼. 그들은 자식들을 위해 난로에 불을 피우고 그네에 작은 못을 박는 아버지가 되지. 저녁 바람에 문을 닫고 낙엽을 줍는……아버지가……그리고 어머니가 되어 과사와 빵을 굽고 눈물과 사랑으로 자식을 가슴에 품는……크리스마스 이브에는 화려한 상자보다 그 안의 작은 구슬을 고요히 어루만져 보아." (시 「아버지의 마음」과 「크리스마스의 모성애」, 「크리스마스에는 집으로 돌아가라」 중)

Scene #4　　김현승 시비(호남신학대학교 소재)

김현승 시비 위에 앉아 있는 까마귀를 발견한 여행자는 곧장 그곳으로 간다. 스마트폰의 행방에 대해 물어보려던 여행자의 말을 가로막고 까마귀는 이야기를 시작한다. 그는 가을은 열매를 맺고 영혼이 성장하는 시간이자 시의 계절이며 양림은 그러한 '가을이 긴 나라'라고 소개한다. 다채로움을 함께 가진 양림에서 그는 시에 대해 고민해 왔음을 시로 노래한다.

"이 나라의 이야기들과 감상을 나는 시를 통해 표현하는, 까마귀 시인이야. 회색 보표 꽂은 비곡의 명작가, 서산에 깃들이는 황혼의 시인— 가을에는 호을로 있게 하소서……나의 영혼, 굽이치는 바다와 백합의 골짜기를 지나, 마른 나뭇가지 위에 다다른 까마귀 같이. 마지막 빈 가지에 호올로 남아 울게 하라 울게 하라 길고— 또 깊이— 보다 아름다운 눈을 위하여. 보다 아름다운 눈물을 위하여. 나의 마음은 지금, 상실의 마지막 잔이라면, 시는 거기 반쯤 담긴 가을의 향기와 같은 술……사라지는 것들을 위하여. 사라지는 것만이, 남을 만한 진리임을 위하여. 나는 시를 쓴다." (시 「까마귀」와 「가을의 기도」, 「만추의 시」, 그리고 「지상의 시」 중)

　노래를 통해 여행자는 시인으로서의 김현승을 이해하게 된다. 이야기를 마친 까마귀는 여행자에게 "오르지 않는 산은 오르는 산보다도 가파롭지 않는 것, 그러나 물 없는 저 산에 노를 저어 오르는 이만이, 더 높은 눈으로 더 높은 산을 산 위에 바라볼 것이다."라는 말을 남긴다. 즉 여행자에게 양림동의 가장 높은 곳으로 오라는 것이다. 여행자는 까마귀의 말을 되새기며 마을에 높이 솟은 전망대로 향한다. (시 「이상」 중)

Scene #5　　사직전망대

　전망대에 도착한 여행자의 눈에 한 남자가 보인다. 생전의 김현승이다. 그는 전망대에 올라온 여행자에게 내려다봄의 미학과 성찰, 고독의 가치에 대해 이야기하며 희망적 메시지를 전한다. 자신은 고독에 대해 이야기했지만 이제부터 그 고독을 가운데에 놓고 우리의 소리 없는 대화가 시작된 것이라 말한다.

　　"후일 누군가가 내게 공감을 갖는 인재가 있다면 나의 고독한 시들은 지기(知己)를 만나게 될 것이다. 그리하여 그때부터 이 지기와의 들리지 않는 대화는 시작하게 될 것이다. 그리고 이 대화에 참여하는 사람이 더욱 많게 될 때 시들은 갑자기 분방한 나날을 맞게 될지도 모른다. 그러나 내가 시를 짓던 그때 그 제목들과 같이 시들은 절대적으로 외로웠다. 기독교인은 1970년대까지는 시를 외면하고 국민들도 1970년대까지는 기독교적인 시를 외면했으니 말이다." (산문 「쓴다는 것의 의의」 중)

　그는 당신이 오늘 하루를 잊지 않고 대화의 시작으로 생각해 준다면 좋겠다는 말을 남긴다. 사라져버린 김현승을 뒤로 하고 여행자는 전망대를 내려오는데, 그곳에서 까마귀 깃털 하나를 발견한다.

　fin.

위 스토리를 요약하면 아래 표처럼 정리할 수 있다.

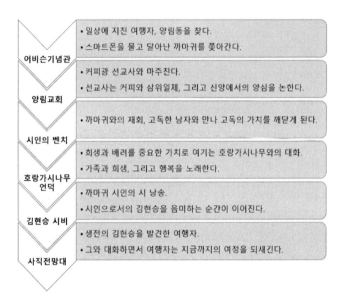

〈그림 4〉 〈가을이 긴 나라 양림의 짧은 산책로〉 줄거리

4) 사업화 예시

사업화의 기본형은 시인 김현승을 중심으로 한 양림동 공간 스토리텔링을 프로그램 참여자가 몸소 체험하여 기억할 수 있도록 '가을이 긴 나라 양림의 짧은 산책로'라는 주제의 답사 프로그램을 진행하는 것이다. 답사를 가정하고, 앞서 소개한 스토리를 따라 여행자(참여자)가 양림동을 산책할 수 있도록 팸플릿을 제작하는 것이 1차 사업화 계획으로서 진행되었다. 앞면은 지도의 형식을 취했으며 뒷면은 당 페이지의 장소와 연관되는 김현승의 시를 선정하여 수록한다. 팸플릿 제작 샘플은 다음과 같다.

〈그림 5〉〈가을이 긴 나라 양림의 짧은 산책로〉 팸플릿 제작 샘플 앞면

첫 표지를 가장 오른쪽으로 두었다. 양림동의 가을밤을 산책하는 컨셉을 바탕으로 배경을 밤하늘로 디자인하였으며, 여행자가 따라갈 경로는 별과 은하수로 표현하였다. 산책의 각 지점은 김현승을 상징하면서, 스토리의 방향키 역할을 하는 까마귀로 표시하여 스토리와의 연계성을 높이고자 했다. 또한 각 페이지에는 장소에 해당하는 장면의 일부를 수록하여 장소를 따라 전개될 상황에 더욱 몰입할 수 있도록 하였다.

〈그림 6〉〈가을이 긴 나라 양림의 짧은 산책로〉 팸플릿 제작 샘플 뒷면

뒷면은 양림동의 각 공간과 시인 김현승과의 연관성을 더욱 높이고자 하였다. 왼쪽의 첫 페이지는 김현승의 커피론을 배치하여 스토리의 도입이었던 어비슨기념관과의 연계를 두고자 했다. 김현승만의 커피론과 함께 커피를 즐기고, 각 공간과 스토리에 어울리는 시를 읽으면서 양림동을 산책할 수 있을 것이다. 각 시의 뒷면에는 각 시에 대응하는 공간의 지도가 배치되어 있기 때문에 스토리와 공간, 시를 연결해 감상할 수 있다. 제작할 팸플릿은 관광지에서 한 번 보고 버릴 안내도가 아니라,

한 권의 책이나 시집처럼 기억을 되새기고 공간을 추억하게끔 하는 소장품이 될 수 있도록 하는 데 초점을 두고자 했다.

본 기획은 또한 학생 및 일반인을 대상으로 한 문학 답사나 문화강좌에 활용하는 것을 염두에 두고 구상된 것이기도 하다. 이외에도 앞서 정리한 김현승의 문학 작품이나 문화적 유산 등을 통해 장소 특정형 연극, 동화책, 애니메이션 영상, 인문학 강의 등의 콘텐츠를 추가로 제작히어 본 기획과 연동할 수도 있을 것이다. 마케팅 역시 실제 사업화 단계에서의 계획과 진행 상황 등에 맞춰 다소 변경은 해야겠지만 이러한 요소들을 강조하는 방향으로 전개하는 것도 고려할 수 있다.

4. 남은 과제

이상의 내용으로 기획안을 작성하여 〈가을이 긴 나라 양림의 짧은 산책로〉 프로젝트로 공모에 당선되었다. 당선 사유는 공간에 대한 참신한 접근과 사업화 가능성이었다. 앞서 살펴보았듯이, 김현승은 양림동에서 유년기와 청년, 장년 시절을 보낸 광주의 대표 시인이다. 이러한 역사적 인물을 통해 장소를 체험한다는 것은, 현재를 사는 우리에게 그 인물이 살았을 시대를 특정한 방식으로 느낄 수 있도록 하고, 더 나아가 세상에 대한 그의 관점을 통해 지금의 삶을 되돌아볼 수 있게 만드는 매개체가 될 수 있다. 특히 인물을 중심으로 한 공간 스토리텔링은 인물의 삶에 대한 스토리텔링과 맞물려 사람들에게 충분한 개연성을 제공한다는 점에서 더욱 활용도가 높다. 본 기획은 김현승이 살았던 양림동의 과거와 방문객이 발 딛고 선 양림동의 현재가 교차하는 '살아

있는 문학관'으로 만듦으로써 양림동을 김현승의 삶이 녹아든 장소로 재탄생시키고, 더 나아가서는 이를 통해 양림동의 장기적인 운영·발전을 가능하게 하는 원동력으로 만들고자 구상되었다.

그러나 공모전 당선에서 그치는 것이 아니라 앞으로 기획안을 수정·보완하고 줄거리를 바탕으로 한 원고를 작성해야 한다. 이상으로 기획안의 내용들을 다루기는 하였으나, 여전히 수정·보완·발전시켜 나가야 할 부분들이 많다. 이외의 수익성이나 대중성 부분에 대해서는 공모 당선 이후 많은 피드백을 받은 바 있다. 다소 산만한 컨셉의 설정을 보완하고 사업화 부분에 있어서도 보다 구체성을 확보하는 것이 추후 해결 과제라 할 것이다. 실제로 다양한 전문가들과의 면담 이후, 사업화 계획에 있어서도 팸플릿이 아닌 가이드북으로 방향을 전환하였다. 본래의 스토리 기획에서 양림동 각 장소의 특성과 김현승의 연관성이 잘 드러나지 않는다는 점과 허구적 스토리의 완성도에 대한 지적이 있었다. 이에 대한 보완 방향으로, 장소의 컨셉은 일정 부분 유지하되 김현승의 생애와 관련한 장소를 추가할 수 있다. 또한 가이드북의 내용을 허구적 스토리(컨셉)와 실제 김현승의 일화, 그리고 김현승이 양림동에 거주했던 당시의 양림동에 대한 정보를 전달하고, 장소와 관련한 김현승의 시 구절 일부로 구성할 수 있을 것이다.

참고문헌

강민희, 「장소성 형성을 위한 역사인물의 활용방안」, 『동아인문학』 46호, 동아인문
학회, 2019.

광주양림교회 홈페이지의 '양림역사' 항목 http://www.yangrim.net/board/view.
do?iboardgroupseq=11&iboardmanagerseq=25 (검색일: 2019.08.20.).

김영순·정미강, 「공간 텍스트로서 '도시'의 스토리텔링 과정 연구」, 『텍스트언어학』
24호, 한국텍스트언어학회, 2008.

김현승, 『다형 김현승 전집』, 다형김현승시인기념사업회, 2012.

남신희, 〈다형 김현승 시비 세워져〉, 《광주드림》, 2007.02.01. http://www.
gjdream.com/v2/news/view.html?news_type=207&code_M=2&mode
=view&uid=360780 (검색일: 2019.08.20.)

손광은 외, 『다형 김현승의 문학세계』, 다형김현승시인기념사업회, 2014.

_____, 『김현승의 삶과 문학』, 다형김현승시인기념사업회, 2015.

이동순, 「김현승의 시의 서지오류와 발굴작품 연구」, 『비평문학』 70호, 한국비평문
학회, 2018.

이지영, 「동화를 활용한 공간 구성과 콘텐츠 개발 방향」, 『아동청소년문학연구』
19호, 한국아동청소년문학학회, 2016.

홍옥범, 「문화적 도시재생을 통한 도시관광 활성화 방안: 광주광역시 양림동을 중
심으로」, 전남대학교 문화전문대학원 석사학위논문, 2015.

인문학자가 가져야 할 문화기획의 요소[*]

양림동 공간 스토리텔링 기획을 기반으로

송기현

1. 서론

2017년, 전남대학교 대학원 국어국문학과 BK21플러스 지역어 기반 문화가치 창출 인재 양성 사업단에는 '지역어와 문화기획' 인문형 랩이 있었다. 이 랩에서는 광주정보문화산업진흥원에서 주관한 '창작 스토리 기획 개발 프로그램' 공모전에 응모하였다. 2017년에는 양림동을 주제로 응모를 받았으며, 이 랩의 두 팀 중 한 팀은 '다형 김현승'을 소재로 하여 '다형문화'라는 팀명으로 기획서를 제출했고 8월에 응모작이 당선되었다.

이 글의 목적은 다음과 같다. 앞으로 문화기획에 뜻을 두고 있는 인문

* 본 기획서는 2017년 1학기 〈인문형 LAB〉 '지역어와 문화기획 1' 랩의 양림동 공간 조사 및 기획의 기초안(구성원: 구려나, 김민지, 량빈, 류요, 묘려나, 송기현, 신송, 이상민, 이서희, 장람, 정다운, 진건화, 최옥정)을 2017년 2학기 〈인문형 LAB〉 '스토리기획팀' 랩(구성원: 김민지, 송기현, 신송, 이서희, 정다운(이하 다형문화 팀))이 구체화하고 발전시켜 2017년 상반기 광주정보문화산업진흥원 주관 '창작 스토리 기획 개발 공모전'에 당선된 문화기획을 토대로, 다형문화 팀원인 송기현 연구자가 작성한 것이다.

학 전공자에게 우리가 직접 겪으며 느낀 바를 공유하고자 한다. 인문학, 특히 국어국문학을 전공함으로서 문화기획을 하는 중에 부족하다고 느낀 점과 국어국문학을 전공했기에 가능했던 점을 살펴보겠다. 이를 통해 인문학도들이 타산지석으로 삼아 앞으로 문화기획을 준비하는 데 도움이 되기를 기대한다.

2. 기획 방법: 체계성과 현장성

문화기획은 문화적 메시지를 담은 생산물을 대중들에게 제공하는 것이다. 문화기획은 말 그대로 문화·예술적 의미를 가지고 있기도 하지만, 문화적 산물이 투자·제작·유통 등 경제구조 속에서 이루어지므로 상품화의 의미도 지닌다. 그래서 문화기획은 문화상품을 창출하는 과정이라 할 수 있다.

문화기획은 문화상품을 누구에게 어떻게 전달할 것인가 등을 계획한다. 이러한 기획의 단계는 사람마다 다양할 수 있으나 일반적인 단계가 있다. '목표 설정 – 상황 분석 – 대안 탐색과 평가 – 기획서 작성'을 일반적 순서로 볼 수 있다.

목표는 구체적이고 실현가능하게 설정해야 한다. 이 과정에서 최종 결과물의 형태와 내용, 목표 대상 등을 설정한다. 목표 대상에 따라 기획 내용과 형태가 달라지기에 누구를 위해서, 무엇 때문에 하는지를 명확히 결정해야 한다. 불특정 전체를 대상으로 삼았다가는 아무도 찾지 않는 문화 상품이 될 수 있다.

다음으로, 현재 상황을 분석하여 팀이 가지고 있는 것과 원하는 것의 차이가 나는 지점을 찾아야 한다. 그래서 실현가능한 지점이 어디인지를 찾을 수 있어야 한다. 여기서는 가지고 있는 정보의 양이 어떠한지, 그 정보를 어떻게 사용할 수 있는지, 부족하다면 어떻게 조사를 할 것인지를 정해야한다. 또한 진행하면서 예상되는 문제점도 파악해 대처할 준비를 해야 한다.

'대안 탐색과 평가'에서는 발견한 문제점을 해결할 수 있는 다른 대안을 탐색하고 그 대안도 실현가능한 것인지 평가하는 과정이 필요하다. 그 대안 역시 목표 설정 단계처럼 구체적이고 실현가능해야 한다.

문화기획의 일반적 과정이 위와 같다면, 우리 팀도 이러한 과정을 겪으면서 기획서를 작성했을 것이다. 그러나 문제는 이러한 과정을 인식하고 과정에 따라 문화기획을 했는가 하는 점이다. 과정을 인식하고 체계적으로 나아갔다면 시간과 인력 낭비를 줄일 수 있었을 것이다. 당선 이후 기획을 진행하는 과정에서 자체적으로 문제점을 발견하고 대안을 탐색하기도 했다. 그러나 처음 목표가 불확실했기에 문화기획의 현장에 있는 여러 실무자들을 만나 면담을 하며 자문을 받을 때마다 목표의 방향이 흔들렸다. 이는 우리가 처음 목표 설정 단계에서 철저하게 분석하지 않았기 때문이다. 국어국문학과 대학원 과정에는 문화기획을 배울 수 있는 수업이 없다. 이전에 인문형 랩에서 문화기획 랩을 운영했으나 체계적이지는 않았다.

문화기획은 문화상품을 제작, 유통, 판매하는 과정이다. 그러기에 마케팅 기술이 필요해 보였다. 마케팅은 생산자가 상품 또는 서비스를 소비자에게 유통시키는 데 관련된 모든 체계적 경영활동이다. 마케팅에서 사용하는 분석전략 등을 이용해 모든 단계에서 사용해야 한다. 포지셔닝과 SWOT분석을 이용해 우리 팀의 상품을 어느 위치에 자리잡고

파고들 수 있을지를 연구해야 했다. 인문학 연구자라고 해서 자신의 전공분야만 공부할 것이 아니다. 문화기획에 관심이 있다면, 마케팅뿐만 아니라 다른 학문 분야까지 넓은 관심을 가지고 접근해야 한다. 문화기획을 위해서는 넓은 시야가 필요하다.

문화기획 과정에서는 팀원들의 의사소통이 매우 중요하다. 당선 이후까지도 회의하는 시간은 부정기적이었다. 이러한 상황은 기획의 전반적인 흐름을 깨뜨렸다. 언제 만날지를 모르니 평상시에는 양림동 기획에 대한 생각을 하지 않고 있다가, 회의 날짜가 정해지면 그때서야 준비를 하곤 했다. 또한 실무자를 만나 면담을 진행할 때 회의를 진행하기도 하며, 면담이 끝나면 마무리 없이 흩어지곤 했다. 이러한 문제점을 인식한 이후에는 매주 시간을 정해 정기적인 회의를 진행하였다. 또한 팀의 구성원들이 모두 수평적 위치였기 때문에 의견을 통합하는 데 시간이 걸렸다. 구성원들이 의견을 내면 리더를 중심으로 토의하며 의견을 수렴해야 했으나 이 부분은 부족했다.

다음으로, 현장경험의 부족과 조사방법의 미흡이 있다. 양림동에 몇 차례 답사를 나간 적이 있다. 그러나 현장을 나가도 무엇을 관찰해야 할지를 잘 모르고, 현장에서의 관심도 현장의 공간들보다는 프로그램에서 보이는 스토리에 대한 관심이었다. 문화기획은 전체를 조망하는 능력이 필요한데 시야가 좁았던 것이다. 또한 양림동 이외에도 다른 현장들을 살피며 양림동과 비교하는 작업도 필요했다. 어느 공간의 특징을 양림동에서 구현할 수 있는지, 구현하기 위해서는 어떤 작업이 필요할지도 생각해야 했다. 또, 현장에서는 어떠한 방법으로 문화기획을 하고 있는지, 팀에서 생각한 목표를 구현하기 위해서 필요한 예산은 얼마이고, 관련 전문가는 누구인지 등도 알아보지 않았다. 면담을 진행하면서도 실무자들을 통해 간접적으로나마 현장경험을 들은 것이 전부였다. 국어국문학은 특히, 문헌자료들을 중심으로 책과 논문을 살피며 연구를 하게 된다. 문헌조사도 문화기획에 중요한 요소 중 하나이다. 현장조사를 위한 밑바탕이 되기 때문이다. 문화기획을 꿈꾸는 인문학 연구자라면 이 문헌조사를 바탕으로 현장조사를 진행할 수 있도록 현장경험과 현장조사 방법도 익혀야 한다.

3. 기획 방향: 대중성과 수익성

문화기획 소재로 양림동에 살았던 시인 김현승에 주목한 것은 국어국문학을 전공하고 있기에 가능한 점이었다. 양림동의 거리, 실제로 시인이 거닐며 영감을 얻었을 법한 곳을 산책하며 김현승의 시를 몸으로 체험하는 것을 기획 방향으로 삼았다. 문제는 일반 대중들에게 김현승의 시를 어떻게 제시할 것인가 하는 것이었다. 일반 대중들이 느끼기에 시는 작가들 혹은 연구자들의 전유물로 받아들이기보다 일상에서 가볍게 즐길 수 있도록 해야 했다. 그러나 연구자로서 학교에 있으면서 연구를 주로 진행하다보니 학문성이 강조되고, 교육적 가치를 일방적으로 전달하려는 경향이 있었다. 양림동의 공간들을 통해 김현승과 김현승의 시를 전달하려는 공급자로서의 역할만 생각하게 되었다. 김현승과 김현승 시를 통해 의미를 수용하는 일반 대중들, 소비자의 흥미와 수요를 생각하지 못했던 것이다.

그러나 문화기획은 부가가치를 창출하는 문화상품을 생산하는 과정이다. 그래서 수익성도 문화기획의 중요 요소 중 하나이다. 문화상품이 수익을 내기 위해서는 소비자들의 니즈를 확실히 파악해서 그들의 관점에서 상품을 기획해야 한다. 소비자들이 찾지 않고 관심을 갖지 않는 문화상품은 아무런 가치가 없는 것이다. 문화기획자는 자신이 아닌 부각시킬 누군가를 생각해야 한다. 이는 소비자 혹은 문화기획의 소재 대상이다. 공모전 이전에 학교에 있는 연구자들은 순수학문을 지향하며 상업적인 부분을 지양해왔다. 그러나 인문학 연구자로서 기획의 방향은 자신의 관심과 흥미 위주 보다는 소비자들에게 필요하고 그들이 원하는 기획을 해야 한다.

하지만, 인문학을 전공했기에 이러한 문화기획이 가능했다. 한 공간에 와서 잠시 머물고 소비를 하고 가는 것보다는 그 공간에서 알지 못했던 새로운 인물을 만나고 그를 통해 숨겨진 이야기를 발견하고, 역사를 알아간다면 그것은 가치 있는 문화상품이 될 것이다. 이러한 역할은 인문학 연구자이기에 가능한 것이다. 단순히 흥미 위주의 문화상품으로 그치지 않고 이 공간에 와서 작은 것 하나라도 느끼고 체험하며 생각해 볼 수 있는 장을 열어 줄 수 있는 문화상품을 기획할 수 있다. 인문학 연구자들은 자신인 배운 것을 일반 대중들이 쉽게 이해할 수 있도록 정보를 가공하여 문화상품으로 만들어야 한다. 앞으로 문화기획에 관심을 가지고 있는 인문학 연구자라면 전문성-학문성과 대중성-수익성이 두 가지 방향을 추구해야 한다. 이러한 가치들이 한 곳에서 만나는 지점에서부터 문화기획은 출발해야 한다.

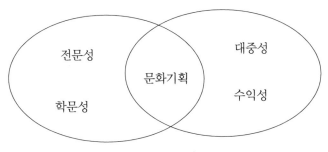

〈그림 1〉 문화기획의 방향 단계에서 고려할 요소들

4. 기획자의 자질: 다양성과 독창성

앞서 문화기획이 문화·예술적 의미와 상품화의 의미를 지닌다고 하였다. 이를 바탕으로 문화기획자는 문화예술에 기본적이고 종합적인 이해가 있어야 하고, 경영능력을 갖춰야 함을 생각해 볼 수 있다. 우리 팀이 직접 문화기획을 하며 갖춰야 할 자질로 독창성과 다양성이 특히 중요함을 느꼈다.

인문학 연구자, 특히 국어국문학을 전공하면서 배운 많은 지식들은 일반 대중들에 어떠한 방식으로 제시할 것인가 하는 점에서 독창성이 요구된다. 문화기획에 사용되는 많은 소재들 중에서 사람들이 관심을 가지지 않았던 희소성 있는 것을 발굴하는 것도 독창성이 있다. 그러나 희소성만으로는 일반 대중들의 눈을 사로잡기가 쉽지 않다. 이미 알고 있는 소재도 새로운 관점으로 현 시대에 민감하게 반응하며 현재를 사는 사람들에게 울림을 줄 수 있어야 한다. 새로운 소재를 발굴해 현대인들의 트렌드에 반영할 수 있다면 더욱 좋다.

우리 팀은 시인 다형 김현승을 소재로 했다. 김현승은 현대문학 연구자들에게는 특히, 광주 지역 연구자들에게는 익숙한 이름이다. 그러나 대중들에게는 낯선 이름이다. 사실 팀원들도 김현승에 대해 잘 모르는 사람이 대부분이었다. 김현승은 커피와 차를 좋아했다. 그래서 자신의 호를 '다형(茶兄)'으로 정했다. '차를 형으로 모신다', '차를 마시는 형'의 뜻이다. 김현승은 커피를 사랑해서 그의 많은 글에 커피가 자주 등장한다. 김현승도 양림동의 어느 카페에서 커피를 마시며 시를 썼을 것이다. 그리고 현재 양림동에는 카페가 가득하다. 사람들은 양림동의 카페에서 커피를 마시며 시간을 보내고 문화를 소비하고 간다. 과거의 김현승과 같다. 사람들이 양림동에 와서 커피를 마시고 가는데, 여기에 김현승의 시를 얹는다면 어떨까? 과거의 김현승과 현대인들이 커피와 김현승의 시로 소통을 한다면 어떨까? 어떤 방식으로 가능할까? 이러한 점들을 고민하면서 떠올린 것이 시인 김현승이 영감을 얻었을 법한 양림동 카페거리를 거닐며 나와 시인이 동일한 감정을 느끼게 하는 것이었다.

다양성 역시 문화기획자의 자질로 중요한 요소 중 하나이다. 문화기획은 문화예술에 대한 종합적인 이해를 바탕으로 가능하다. 문화기획의 소재를 다양한 관점에서 바라볼 수 있어야 새로운 해석을 소비자에게 제시하고 새로운 문화상품을 기획할 수 있는 것이다. 문화기획의 소재를 학문적 관점에서도 다양하게 바라볼 수 있어야 한다. 양림동을 같은 국어국문학 내에서 보더라도 하위 분과에 따라 다르게 볼 수 있다. 문학에서는 시인 김현승을 비롯한 문학인들을 중심으로 볼 수 있고, 국어학에서는 양림동 문학인들의 작품의 텍스트들을 의미론이나 담화 분석으로 볼 수도 있을 것이다. 구비문학에서는 양림동에 있는 설화를 콘텐츠로 응용할 수도 있고, 민속학에서는 양림동 주민들의 전통문화를 살펴보거나 주민들의 삶과 이주의 모습을 도시민속학의 관점에서 볼 수도 있다.

특히 문화기획은 학제 간 연구에서도 볼 수 있듯이 다양한 학문 또는 분야에서 접근해야 풍부한 문화기획이 가능하다. 우리 팀이 시인 김현승을 소재로 삼은 이상 이를 문화상품으로 만들기 위해서는 국어국문학을 전공하는 구성원들만으로는 부족함을 느꼈다. 김현승을 상품으로 제시하기 위한 매체를 선택할 때 다양성의 부족을 느꼈다. 인문학 연구자들이 가장 접근하기 쉬운 매체는 출판물이었다. 연구를 위해 접하는 매체가 책과 논문과 같은 출판 인쇄물이었기 때문이다. 그래서 처음 우리 팀의 상품화 매체는 지도와 시가 담긴 여행용 리플릿이었다. 그런데 우리가 전달하려는 정보를 다 담기에는 지면의 한계가 있었다. 이를 보충하기 위한 매체로 어플리케이션, 유튜브 영상들을 생각했으나 우리 구성원의 지식과 기술로는 섣불리 접근하기 어려움을 느꼈다. 이후 다양한 분야의 전문가들을 만나면서 다양한 매체를 접할 수 있었다. 웹 드라마, 웹 애니메이션, 실제 공간의 운영, 투어 프로그램 운영 등 그들이 잘 하는 분야의 조언들을 들을 수 있었다. 공공디자인 같은 우리가 전혀 생각지도 않았던 분야의 이야기도 들을 수 있었다. 그러나 결국은 이 중에서 쉽게 접근할 수 있는 분야로 상품화를 결정하게 되었다. 양림동의 여러 공간들을 김현승과 그의 시를 통해 바라보며 거닐 수 있게 도움을 주는 가이드북을 최종 결과물로 선정하게 되었다.

가이드북으로 정한 이후에도 독창성과 다양성은 요구되었다. 양림동을 소개하는 가이드북이 몇 권 나와 있으나 우리의 가이드북은 이들과 다른 차별성을 보여주어야 했다. 같은 소재로 문화기획을 하더라도 성공하는 기획과 그렇지 않은 기획은 기획 과정에 그 차이점이 있다. 철저한 분석과 남다른 독창성으로 새로운 가치와 해석을 보여줄 수 있어야 한다. 상품을 제시하는 과정에서 필요한 것이 독창성인데, 이는 무조건 독특해야 한다기보다는 현대인의 트렌드를 잘 반영하는 것이 필요했다. 현대인들이 어떤 소비를 하는지, 어떤 것에 끌리는지를 분석하고 파악해 상품의 디자인에 녹여내야 했다. 팀에 포토샵과 같은 그래픽 프로그램을 사용할 줄 아는 구성원이 있어서 어느 선까지는 자체적으로 해결이 가능했으나, 전문적인 수준까지는 기대할 수 없었다. 또한, 기획 과정에 필요한 예산을 기획한다거나, 기획한 문화상품을 어떠한 방식으로 홍보할지 등에 대한 대책도 부족했다.

5. 결론

지금까지 전남대학교 대학원 국어국문학과 BK21플러스 지역어 기반 문화가치 창출 인재 양성 사업단의 '지역어 문화기획' 인문형 랩에서 광주정보문화산업진흥원 주관의 '창작 스토리 기획 개발 프로그램' 공모전에 응모한 과정을 통해 인문학자가 문화기획에 필요한 요소들을 살펴보았다. 기획 방법의 측면에서는 기획 과정에서 나타난 체계성의 부족을 살펴보았다. 과정을 인식하며 기획을 하는 것과 그렇지 않은 과정에 나타나는 문제점을 볼 수 있었다. 또한 현장경험의 부족과 조사 방법의 미흡, 조사대상을 철저히 분석하지 못했던 점을 살피며 인문학 연구자로서 필요한 문화기획자의 자질로 현장의 중요성을 강조했다. 기획 방향 측면에서는 지금까지 연구자로서 추구해온 전문성과 학문성을 바탕으로 문화기획에 필요한 대중성과 수익성을 지향할 수 있어야 한다고 하며, 인문학 연구자로서 가능한 문화기획의 영역을 살폈다. 가장 중요한 문화기획자의 자질로 독창성과 다양성을 꼽았다. 같은 소재

라도 다른 기획자들과 다른 차별화를 내세울 수 있는 자질로 독창성을
우리 팀의 기획배경을 예로 들며 설명했다. 다양성 역시 같은 소재를
다양한 분야의 사람들이 모여 다양한 관점에 바라보며 소비자들에게
새로운 해석과 가치를 제시하는 것이 중요하다는 것을 강조했다.

  우리 '다형문화' 팀은 문화기획을 진행하며 이 작업이 녹록치 않음을
실감하게 되었다. 많이 부족한 글이고 경험이지만, 앞으로 문화기획에
뜻이 있는 연구자들에게 자그마한 도움이 되길 바란다.

전남 스토리텔링 기획서*

'우이도'의 장소 기반 다매체 문화콘텐츠 제작

염승연 · 정다미

1. 전남 스토리텔링 기획 의도 및 목적

1) 기획 의도

본 기획에서는 다양한 지역 문화, 특히 호남권 문화유산과 관련된 스토리 창작과 사업화를 통해 지역의 고유한 문화가치를 활용할 수 있는 방안을 마련하고자 하였다. 또한 이를 기반으로 지역 간의 문화 공동체로서 필요한 요소 중의 하나인 '원활한 소통'에 기여하고자 전남 스토리텔링 기획을 진행했다. 현재 문화콘텐츠 산업에 대한 관심이 증대됨에 따라 사업에서 육성할만한, 즉 콘텐츠로 활용할 수 있는 스토리와 소재가 필요한 상황이다. 이러한 상황에 발맞추어 문화유산과 관련된 혹은 지역에 산재된 이야기들을 바탕으로 하는 스토리를 창작하고, 이

---

* 본 기획서는 2016년 1학기 〈인문형 LAB〉 'LAB2(문화기획)' 랩의 기획안(구성원: 김영미, 문지환, 조아름, 최옥정)과 2016년 2학기 〈인문형 LAB〉 '지역어와 문화기획 1' 랩의 기획안(구성원: 고효단, 김민지, 김영미, 문지환, 신송, 진건화)을 염승연 연구자와 정다미 연구자가 함께 수정·보완하여 정리한 것이다.

를 사업화하는 방안들이 활발하게 진행되고 있다. 이에 본 기획에서도 호남권에 산재된 이야기를 바탕으로 또 다른 스토리를 개발하고 콘텐츠로 활용할 수 있는 방안을 기획했다.

이러한 기획들을 통하여 호남권 문화유산을 활용한 스토리 창작을 진행하고 사업화로 발전시켜, 지역 문화자원의 글로컬 브랜드화를 추진할 수 있을 것으로 전망된다. 동시에 창작과 제작 능력을 겸비한 창작자를 발굴하고 지역 스토리텔러의 창작 역량을 강화할 수 있을 것으로 기대된다.

2) 우이도 소재 선정

호남과 관련된 스토리텔링의 소재를 선정하는 과정에서 호남 지역의 지리성에 대하여 초점을 맞추었다. 그 중 바다와 섬이 많은 지역의 지리적인 특징과『표해록』의 연관성을 발견했고, 특히 정약전의 저서 속 문순득의 이야기를 지역 스토리텔링의 소재로 삼게 되었다. 정약전은 흑산도에서 유배생활을 하던 도중에, 홍어장수 문순득의 이야기를 접하게 되고 그의 이야기를 엮어「표해시말(漂海始末)」이란 책을 집필한 사실이 있다.

국내에서는 최부(崔溥)의『표해록』, 장한철(張漢喆)의『표해록』이 널리 알려져 있으며, 약 20여 종의 표류기록이 전해지고 있다. 하지만 관료이자 학자인 저자들이 특정한 상황에서 표류를 한 것과는 달리, 평범한 상인인 문순득의 기록은 차별화되어 있다. 정약전이 문순득에게 하늘 아래 최초라는 '천초(天初)'라는 호를 붙일 만큼, 문순득의 표류는 조선인들 가운데서 가장 긴 시간 동안 많은 국가를 표류하며 다양한 경험을 했다는 점에서 매우 희귀한 사례이다.[1] 전남 지역에서 전승되고 있는 이야기 중 문순득의 행적에 관한 이야기가 특별히 다룰 만한 가치가 있는 것으로 판단하여 본 기획은 우이도와 문순득을 스토리텔링 소재로 선정했다.

2. 기초 자료

1) 문화원형과 문화콘텐츠

(1) 문화원형[2]

먼저 스토리텔링에 들어가기에 앞서 문화를 정의해 볼 필요가 있다. 『대영백과사전』에 따르면 '문화'란, ① 총체적인 인류사회의 유산(보편성), ② 한 집단의 역사적 생활구조에 연원을 둔 체계로서 언어, 습관, 전통, 제도 뿐 아니라 사상과 신앙 등을 통해 집단의 성원들이 공유하고 체현해 온 다원적이며 상대적인 개념(특수성)이다. 그렇다면 '원형'은 무엇일까. '원형'이란 본디 모양으로, 여러 모습이 나올 수 있는 다양성의 근거이자 동시에 다양성 안에서 하나의 공통점을 찾을 수 있는 근거이다.

---

1 최성환, 「홍어장수 문순득의 표류기, 「표해시말」」, 『기록인』 22호(2013 봄), 국가기록원, 2013, 89쪽.
2 이 장은 다음 세 편의 논문을 참고하여 정리한 것이다.
   김교빈, 「문화원형의 개념과 활용」, 『인문콘텐츠』 6호, 인문콘텐츠학회, 2005.
   송성욱, 「문화콘텐츠 창작소재와 문화원형」, 『인문콘텐츠』 6호, 인문콘텐츠학회, 2005.
   배영동, 「문화콘텐츠화 사업에서 '문화원형' 개념의 함의와 한계」, 『인문콘텐츠』 6호, 인문콘텐츠학회, 2005.

다음으로 '문화원형'에 대해서 알아보자. 첫째, 20세기 말 문화콘텐츠 산업이 주목을 받으면서 문화원형이라는 용어가 쓰이기 시작했다. 둘째, 이미 원형이라는 개념 속에 본래의 모습이 다양하게 변한다는 의미가 내포되어 있는 만큼, 원형으로부터 갈라져 나온 다양한 모습을 인정하는 사고가 문화원형의 기저를 이룬다. 셋째, 문화원형을 찾는 작업은 언어학에서 우리가 사용하는 여러 단어들의 어원과 파생어를 찾는 노력과 같다. 결론적으로 문화원형의 개념을 정의해 보면 다음과 같다.[3]

① 역사적 과정을 거쳐 변형된 모습으로 나타나기 이전의 본래 모습
② 여러 다양한 모습으로 나타난 문화현상들의 공통분모로서의 전형성
③ 지역 또는 민족 범주에서 그 민족이나 지역의 특징을 잘 드러내는 정체성
④ 다른 민족이나 지역의 문화와 구별되는 고유성
⑤ 위의 요소들을 잘 간직한 전통문화
⑥ 문화유산(유물), 문화관습, 설화에서 발견되는 공유서사 등이 포함

결국 '문화원형'이란 전통 문화 가운데 그 민족 또는 그 지역의 특징을 잘 담고 있어서 다른 지역, 다른 민족과 구별되며 아울러 여러 가지로 갈라진 현재형의 본디 모습에 해당하는 문화이다.

한편 한국문화콘텐츠진흥원과 문화콘텐츠산업계에서 사용하는 '문화원형'의 개념과 정의가 있다.[4]

---

3 김교빈, 「문화원형의 개념과 활용」, 『인문콘텐츠』 6호, 인문콘텐츠학회, 2005, 11~12쪽.
4 배영동, 「문화콘텐츠화 사업에서 '문화원형' 개념의 함의와 한계」, 『인문콘텐츠』 6호, 인문콘텐츠학회, 2005, 48쪽.

① 문화산업적 변형과 활용을 의식한 문화개념으로서, 변형되지 않고 활
   용의 잠재력을 간직한 문화자료
② 무엇을 만들기 위한 소재로 인식된 문화로서, 문화콘텐츠의 소재
③ 문화상품을 의식한 개념으로서, 상품의 재료가 될 만한 한국 전통문화
   그 자체
④ 한국에서 전형성을 갖는 전통문화현상으로서, 가공 상품으로 변형되기
   이전의 상태
⑤ 국적이 모호하거나 문화적 뿌리가 심하게 뒤섞인 현대 한국문화보다는
   한국적 정체성을 갖는 전통문화
⑥ 한국적 고유성을 간직한 문화현상으로서, 세계적 차원에서 볼 때 다른
   나라와 구별될 만한 특성을 갖는 한국 문화

이를 간략하게 문화콘텐츠의 소재가 되는 '한국적 정체성'과 '고유성'을 갖는 한국의 전형적인 전통 문화자원으로 정리할 수 있다. 이 '한국적 정체성'과 '고유성'의 발현 시기는 약 18~19세기로 상정할 수 있는데, 다음 부분에서 확인할 수 있다.

먼저 사상적, 학문적, 경제적, 회화사적 발전과 민중 예술 분야에서 다수의 탈춤이 정형화되고 판소리가 발생하는 등의 변화가 있었으며, 더욱이 전승문화의 경우에도 18~19세기에 오늘날의 전형성을 확보했다. 그리고 한국문화콘텐츠진흥원에서 개발한 문화원형 콘텐츠로 화성 성역의궤, 대동여지도, 자수문양, 도깨비, 무예원형, 전통 한선, 전통 놀이, 기녀문화, 조선 후기의 시장과 상업활동, 죽음의 전통의례, 왕실의 관혼상제, 종묘제례악, 진법 등이 있는 것으로 보아 실제 연구자들이 사용한 원천 자료는 18~19세기의 것으로 판단할 수 있다. 따라서 우리가 한국 문화원형을 디지털콘텐츠로 개발한다고 할 때, 기준이 되는 시점은 18~19세기로 볼 수 있으며 다른 나라와 비교되는 한국 문화의

이미지는 이 시대의 것을 기준으로 하여 형성된다고 볼 수 있다.

다음으로 확인해 볼 것은 문화원형의 적용 범주에 따른 유형들이다. 보편성 측면과 특수성 측면으로 나누어 살펴보고자 한다. 먼저 글로벌 문화원형(보편성)은 동서양을 막론하고 지역과 시대적인 차이에도 불구하고 이야기의 구성, 주제, 및 소재 등에서 공통적인 모습을 갖춘 형태를 보인다. 예를 들어 콩쥐팥쥐와 신데렐라, 꼭두각시 놀이와 동남아의 인형극, 춘향전과 로미오와 줄리엣, 옹고집과 스쿠루지 영감 등이 있다. 이러한 글로벌 문화원형을 내재하고 있는 작품들은 보편성을 보여준다.

다음은 우리 문화원형(특수성)이다. 이는 대상의 가치를 민족 단위로 특화시킨 것으로, 다른 민족과의 차별을 통한 주체성과 민족 구성원 사이의 공감대에 바탕을 둔 정체성이다.

문화원형의 분류[5]
① 정신적인 부분: 학문, 예술, 종교, 한(恨), 풍류 등과 같은 정서
② 물질적인 부분: 건축물, 서적 등 전해져 오는 모든 물질적 요소

민족 범주에서 문화원형을 찾는 일은 민족의 문화적 정체성을 찾는 일인 동시에 지금까지의 시대별, 지역별 변화를 설명해 낼 수 있는 근거가 된다. 또한 과거와 현재를 연결하여 미래의 바람직한 문화 발전을 모색하고 바람직한 변화를 이끌어 낼 방향타를 마련하는 일이다.

문화원형을 반영한 문화콘텐츠 사례에는 다음과 같은 것들이 있다.

---

5 문화원형이 반드시 오래된 것만을 뜻하지는 않는다. 서구세력과 갈등을 겪었던 근대에서도 문화원형을 찾을 수 있다. 김교빈, 「문화원형의 개념과 활용」, 『인문콘텐츠』 6호, 인문콘텐츠학회, 2005, 15쪽.

문화원형은 세계의 보편성과 자국의 특수성을 동시에 담을 수 있으므로, 창작 소재로서 충분한 가치를 지닌다.

〈표 1〉 문화원형을 반영한 문화콘텐츠 사례[6]

① 조선시대 과학 수사 이야기 「검안」	탐정 이야기라는 점 = 보편성 과학 수사를 소재로 한다는 점 = 특수성
② 해당 문명권의 전통 문화에 기반을 둔 경우	「반지의 제왕」: 북유럽의 신화
	「와호장룡」: 중국의 대표적 문화아이콘인 무협 이야기
	「라스트사무라이」: 남북전쟁 후 정신적 혼란을 겪는 서양 군인과 일본의 사무라이 문화가 교묘히 결합

(2) 문화콘텐츠[3]

문화콘텐츠의 개념에 대해 알아볼 필요가 있다. 먼저 "콘텐츠(contents)"란 한국과 일본에서 통용되고 있는 용어로, 말이나 문장 또는 여러 종류의 예술 작품과 같이 어떤 매체를 통해서 표현되어지는 내용이나 문자, 영상, 소리 등의 정보를 제작하고 가공해서 소비자에게 전달하는 정보 상품, 각종 미디어에 담을 내용물이라는 의미를 포괄한다.

'콘텐츠'는 1990년대 중반 유럽에서 사용된 '멀티미디어 콘텐트'(multimedia content)라는 용어에서 유래하였으며, 한국에서 모든 형태의 미디어에 담기는 내용물 전반을 가리킨다는 의미에서 자연스럽게 복수

---

6 송성욱, 「문화콘텐츠 창작소재와 문화원형」, 『인문콘텐츠』 6호, 인문콘텐츠학회, 2005, 84쪽의 내용을 재구성하여 표로 제시함.
7 이 장은 다음의 책들을 참고하여 정리한 것이다.
인문콘텐츠학회, 『문화콘텐츠 입문』, 북코리아, 2006.
이명자, 『문화콘텐츠 스토리텔링의 실제』, 경진출판, 2015.

형으로 사용되었다. 여기에는 다중적인 활용을 강조하는 의미도 담겨 있다. 1999년에 이르러 보통명사화되었다.

21세기, 문화의 중요성과 활용이 증대되면서 자연스럽게 "문화콘텐츠"라는 합성어가 일반화 되었다. '문화'는 인류의 역사, 문학, 예술 등의 원천으로부터 확보하게 되며, '문화'의 대중화로 인한 인식 변화로, 흔히 문화콘텐츠가 게임·영화·애니메이션·공연 등 오락적 요소(엔터테인먼트)기 강조되어 정의되었다. 한국문화콘텐츠진흥원의 '문화원형 디지털콘텐츠화 사업'의 경우, 전통적인 인문학의 교양적 요소를 활용하여 오락적 산업 즉 엔터테인먼트산업을 활성화시키고자 하였다.

문화콘텐츠 커뮤니케이션에서 중요한 것은 '쌍방향성'으로, 공급이 증가하고 소비자의 온라인 활동이 강화되면서 정보를 생성·공유하게 되어 점차 소비자의 발언권이 높아진 점에 주목할 필요가 있다. 생산과 노동에 있었던 문화적 주도권이, 소비와 유희의 주체인 문화콘텐츠 향유자 또는 소비자에게로 이행되고 있는 것이다.

문화콘텐츠가 창출되기 위해서는 필수적인 요소들이 있다.[8] 그것은 바로 인류의 공통된 시대정신과 그것의 특수성을 밝혀내는 안목인 "인문학적 상상력"이다. 또한 문화콘텐츠는 예술인 동시에 상품으로서의 속성도 함께 지니고 있으므로, 세계 시장의 사회과학적 이해가 요구된다. 동시에 이야기(스토리텔링)와 아이디어를 생산하고 각색하고(창작력, 연출력) 이들을 상품화하는 기획력도 요구된다. 문화콘텐츠는 대개 외형적으

---

8 3W(Why, Where, Whom) & 시대적 흐름에 적합한 창의성.
    why: 문화콘텐츠 창출의 배경. 수익 창출을 위한 상업적 목적/공익을 위한 공공적 목적 등.
    where: 콘텐츠 플랫폼. 제작된 콘텐츠를 어디에 탑재할 것인가.
    whom: 콘텐츠 향유자. 누구를 위한 콘텐츠인가.

로는 이미지와 영상으로 전달되지만, 단순한 이미지와 영상이 아닌 이야기를 지닌 이미지와 영상이라는 점에서 '이야기'는 문화콘텐츠의 생명과도 같다.

스토리텔링의 방법에는 창작과 각색, 전환이 있다. 창작은 무에서 유를 창조하는 것으로, 배경과 캐릭터, 스토리 등 이야기를 새롭게 만들어 낸다. 각색은 잘 알려져 있거나 아직 알려지지 않은 고전을 현대적으로 변용하여 널리 알리는 것이다. 익숙한 이야기를 토대로 콘텐츠를 개발할 경우, 전혀 모르는 작품보다 쉽게 관심을 받을 수 있다. 각색의 대상은 문학이나 설화, 역사, 서양 고전 등 다양하다. 각색의 방법은 원전을 충실히 재연하는 단순각색, 원전의 기본 주제의식은 살리되 인물의 행동이나 대사 등 일부 내용을 변형시키는 번안, 시대적 배경이나 인물의 성격이 완전히 다르게 설정되는 개작 등이 있다. 전환은 인기 있는 원작을 각각의 매체에 맞게 변용하는 것으로, 장르의 변화를 전제한다. 전환은 각색과 동시에 이루어질 수 있다. 이와 같은 스토리텔링은 문화원형을 토대로 융합적으로 나타나고 있다.[9]

2) 우이도와 인물들[10]

지금까지 우이도의 스토리텔링에 대한 기초적인 자료로 문화원형과

---

9 문화원형을 활용한 콘텐츠와 관련해서는 다음 사이트를 참고하면 유용하다.
   문화콘텐츠닷컴(www.culturecontent.com), 스토리 테마파크(http://story.ugyo.net)
10 이 장은 아래의 두 책을 참고하여 정리한 것이다.
   이재언, 『한국의 섬 2-신안군』, 지리와역사, 2015.
   국립해양유물전시관, 『전통한선과 어로민속조사 보고서 5: 우이도』, 국립해양유물전시관, 2009.

문화콘텐츠에 대하여 살펴보았다. 본 장에서는 더욱 효과적인 스토리텔링을 구성하기 위하여, 우이도에 대한 전반적인 정보들과 우이도와 관련된 여러 인물들에 대하여 살펴보고자 한다.

(1) 우이도[11]

우이도는 행정구역상 전남 신안군 도초면 우이도리에 속하고, 면적은 우이도 본섬은 10.7㎢이며 해안선은 21㎞이다. 동소우이도는 0.45㎢이며, 서소우이도는 0.27㎢이다. 목포에서 서남쪽 51㎞ 지점에 위치해 있으며, 멍섬, 솔섬, 꽃섬, 대섬, 어낙도 등 27개 군도로 이루어졌다.

우이도의 전경 사진(출처: 신안군 문화관광 홈페이지)

---

11 국립해양유물전시관, 『전통한선과 어로민속조사 보고서 5: 우이도』, 국립해양유물전시관, 2009, 45쪽; 이재언, 『한국의 섬 2-신안군』, 지리와역사, 2015, 32쪽 참조.

우이도는 본래 진도군 흑산면 나주목에 딸린 섬으로 소귀처럼 생겼다고 하여 '우이도(牛耳島)'라고 불리어졌으며, '소구섬', '소구', '우개도'라고도 하였다.

신라 때부터 우이도는 중국으로 가는 항로상에 있었다. 『택리지』에는 영암의 구림이나 월남마을을 출항한 배가 흑산도, 홍의도, 가거도를 거쳐 중국에 도착했다고 기록되어 있다. 배들이 순풍을 만나면 6일 만에 당나라의 태주 영파부 정해현에 도착했다고 적혀 있다. 하지만 풍랑이라도 만나면 흑산도로 항해하던 배가 가까운 우이도로 피항했다고 한다. 특히 우이도의 대표적인 유적지는 정약전 유배지와 최치원 유적지[12]가 있다.

(2) 정약전의 유배[13]

정약전은 신유사옥(1801)에 연루되어 흑산도로 유배를 가게 되었으며, 흑산도와 우이도를 오가면서 생활을 하다 결국 1816년 우이도에서 생을 마쳤다. 정약전은 서당골에서 서당을 열고 아이들을 가르쳤다. 현재 진리에서 돈목리로 넘어가는 산길 초입에 서당골이라고 불리는 지역이 당시 서당이 있었던 곳이다.

섬에서 생활하던 정약전은 "귀양 온 뒤부터 더욱 술을 마시고 (중략) 섬사람들과 친구를 하고 교만스럽게 대하지 않았다"고 한다. 섬사람들

---

[12] 통일신라 진성여왕(887~897) 때의 학자였던 고운 최치원 선생이 중국으로 유학가던 중 우이도 상산에 도착했을 때에 우이도에 극심한 가뭄이었는데 비를 내리게 했다는 전설이 전해지며 바위에서 바둑을 두었다는 돌이 지금도 남아 있다고 한다.

[13] 국립해양유물전시관, 『전통한선과 어로민속조사 보고서 5: 우이도』, 국립해양유물전시관, 2009, 35쪽.

과는 친근하게 지낸 이러한 생활태도 덕분에 정약전은 우이도에서 문순득의 표류경험을 적은 「표해시말」을, 흑산도에서는 장착대의 도움을 받아 근해 해양생물을 정리한 우리나라 최초의 해양생물학 서적 『자산어보(玆山魚譜)』를 지을 수 있었다.

(3) 문순득의 표류[14]

문순득은 1777년(정조 1)에 우이도에서 문덕겸의 4子로 테어났다. 1801년 12월에 그는 작은아버지와 함께 태사도로 홍어를 구입하러 갔다. 이듬해인 1802년 1월에 태사도로 출발하여 우이도로 돌아오던 중 흑산도에서 폭풍을 만나 표류되었다가, 동년 2월에 琉球國(오키나와)에 닿았다. 이후 문순득 일행은 오키나와에서 8개월 17일 동안 표류생활을 하다가, 10월 7일 출항하였다. 그런데 또 다시 태풍을 만나 11월 1일 呂宋(여송)에 당도하여 8개월 28일 동안 표류생활을 하였다. 1803년 3월에 문순득은 福建人(복건인) 25인과 함께 조선에 도착하였고, 1805년 1월 고향인 우이도에 당도하였다. 무려 3년 2개월 동안의 표류생활을 경험한 것이다.

문순득의 「표해시말」은 조선시대의 두 표류기인 최부의 『표해록』(1488)과 장한철의 『표해기』(1770)와 더불어 우리나라 해양문학 작품으로 손꼽힌다. 유구 및 여송표류기라는 부제를 단 이 『표해록』은 이 책의 주인공인 문순득을 포함한 우이도 주민 6명이 표류하여 유구, 곧 오키나와와 여송 및 필리핀까지 가서 겪은 일들을 글로 적은 것이다. 이들이

---

14 국립해양유물전시관, 『전통한선과 어로민속조사 보고서 5: 우이도』, 국립해양유물전시관, 2009, 36~37쪽; 이재언, 『한국의 섬 2-신안군』, 지리와역사, 2015, 39~40쪽 참조.

돌아온 후 흑산도에 유배(1801~1806)되어 있던 정약전에게 말로 전하여 글로 남기게 된 것이다. 정약전은 문순득의 표류과정, 귀국여정, 그리고 문순득이 제보해준 오키나와의 필리핀의 언어·풍속·의복·선박·토산품·가옥 등을 사실적으로 기술하였다.

현전하는 문순득의 「표해시말」은 『유암총서』에 수록되어 있다. 『유암총서』는 정약용의 제자였던 이강회가 1818~1819년 사이에 우이도에 머물며 집필한 문집이다. 우이도 주민 문순득의 「표해시말」이 서두에 실려 있고, 이강회의 저술로 선박 제조에 관한 「운곡선설」 등이 함께 수록되어 있다.

3. 기획서 1: 웹드라마 공대남 조선 표류기-우이도를 부탁해

1) 기획 의도

본 기획은 공간, 시간, 인물이라는 세 가지 측면에서 의도하여 계획하였다. 먼저 공간적 측면에서는 '우이도'라는 지역의 지리적 가치를 조명하고자 하였다. 다시 말해 우이도가 가진 지역적 특성, 즉 고립 혹은 소통의 섬이라는 이러한 지리적 가치를 조명하고자 했다. 두 번째로 시간적인 측면이다. 본 기획에서는 현재와 과거를 넘나드는 스토리 전개를 통하여 18~19세기의 문화원형을 발굴하고, 시간이 흘러도 변하지 않는 진리를 탐구하고자 하였다. 세번째로는 인물적 측면으로는, 이강회라는 인물을 재조명하고 인문학적 통찰력을 가진 융합형 인재를 제시하고자 하였다.

2) 매체 선택: 웹드라마[15]

웹드라마는 인터넷을 의미하는 웹(web)과 드라마(drama)가 합쳐져서 만들어진 신조어이다. 이러한 웹드라마에 대한 뚜렷한 정의는 없다. 다만 정지윤(2014)에서는 온라인 플랫폼을 이용하여 인터넷과 모바일에서 시청이 가능한 드라마라고 정의하였으며, 한국콘텐츠진흥원(2015)에서는 '웹콘텐츠'를 따라 배우들이 연기를 하는 픽션물로, 웹에서 처음 릴리스되는 콘텐츠로 정의하고 있다.

웹드라마의 주요 시청층은 10~30대의 젊은 세대들이며, 회당 10~15분의 짧은 러닝타임을 가지고 있다. 간편하고 짧게, 언제 어디서나 즐길 수 있는 웹드라마는 스낵 컬쳐[16] 문화 트렌드를 대변한다. 이러한 웹드라마는 웹으로 배포되는 만큼 스마트폰 등 모바일 기기로 시청할 수

---

15 본 장은 다음의 자료들을 일부 종합하여 정리 및 요약한 것이다.
　고선희, 「멀티 플랫폼 환경의 웹드라마 스토리텔링 특성-MBC 제작 웹드라마를 중심으로」, 『한국사상과 문화』 89호, 한국사상문화학회, 2017, 103~132쪽.
　이영수, 「VR 플랫폼을 활용한 웹드라마 스토리텔링 연출에 대한 연구」, 『미디어스토리텔링』 3호, 미디어스토리텔링학회, 2018, 1~16쪽.
　장병희, 「웹드라마 이용 동기 연구」, 성균관대학교 석사학위논문, 2017.
　한국콘텐츠진흥원 편집부, 「[Interview 1] 웹드라마, 새로운 방향을 찾다」, 『2017 케이콘텐츠』 3·4월호, 한국콘텐츠진흥원, 2017, 28~31쪽.
　정지윤, 〈웹드라마의 부상과 모바일 콘텐츠로서의 가치〉, 《방송기술저널》, 2015.06.23. https://bit.ly/2RR4VV0 (검색일: 2020.01.20.)
　한국콘텐츠진흥원, 『방송영상 웹콘텐츠 현황 및 활성화 방안』, 한국콘텐츠진흥원, 2015 (한국콘텐츠진흥원의 배포본(http://www.kocca.kr/cop/bbs/view/B0000147/1826787. do?searchCnd= 검색일: 2020.01.20.)을 활용함).
16 스낵 컬처란 2007년 미국 IT잡지 'WIRED'에서 처음 소개된 개념으로, 다양한 영역에서 짧은 시간에 간편하게 즐기는 문화트렌드를 일컫는다. 이에 대하여 한국콘텐츠진흥원(2017)에서는 '패션 SPA브랜드와 패스트푸드 외식 문화 등과 관련하여 쉽게 빠르게 소비되는 유행 현상'이라고 정의하고 있다.

있으며, 무료로 쉽게 접할 수 있고, 시공간제약이 없다는 점에서 접근성도 높다. 또한 짧은 단편으로 회차를 나누어 시리즈의 서사를 보여줄 수 있는 만큼 확실한 스토리텔링이 가능한 콘텐츠다. 동시에 웹툰이나 웹소설과 같은 타 장르와의 협업을 통해 방송 콘텐츠 소재의 다양화와 제작 주체의 다원화에 일조한다. 뿐만 아니라 기존 TV 드라마에서는 다루지 않는 뱀파이어, 동성애 등의 신선한 소재를 이용하여 시청자들의 관심을 끌기도 하고, 현실에서 빈번하게 일어나는 이야기들을 통해 이용자들의 공감을 불러일으키기도 한다. 이러한 면모 덕분에 기업의 새로운 마케팅의 일환으로 웹드라마가 이용되기도 한다.

위와 같이 웹드라마는 여러 특성 및 장점들이 있다. 이를 십분 활용하기 위해 우이도를 소재로 웹드라마를 제작해보고자 한다.

3) 등장인물 및 줄거리

본 기획의 로그라인은 '2017년, 공대생 이강해가 학문과 인격의 결실을 맺고 융합형 인재로 거듭나는 성장 스토리'로 정리할 수 있다. 아래의 〈그림 1〉과 〈그림 2〉는 본 기획 콘텐츠에 등장하는 인물들에 대한 설명과 관계를 정리한 그림이다.

〈그림 1〉 등장인물 설명

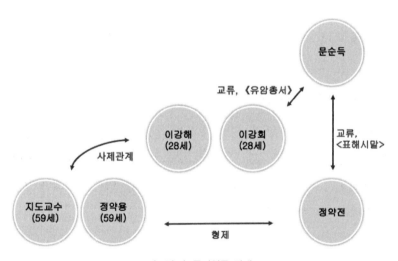

〈그림 2〉 등장인물 관계도

본 기획 콘텐츠의 줄거리는 다음과 같다.

> 이강회는 평소 조선의 부국강병을 위해 선박 연구의 필요성을 절감하던 차에 외국 선박이 자주 표류한다는 우이도로 가고, 섬에서 온갖 우여곡절을 겪지만 결국 우이도의 신비로운 절경과 지리적 이점을 알게 된다. 이를 통해 비로소 정약용, 정약전의 사상을 계승함과 동시에 자신의 선박 연구를 발전시켜 책으로 남겼으나 역사 속으로 사라지게 되고, 현세의 여행자에 의해 그의 업적이 밝혀지게 된다.

줄거리의 이해를 돕기 위하여 부언하자면, 이강회는 정약용의 실학사상을 이어받은 수제자이다. 그는 외세 침략에 노출되어있던 조선의 부국강병을 위해 선박 기술의 발전이 필요함을 통감하고 있던 차에, 스승의 형인 정약전이 머물고 있던 우이도에 외국 선박(영국, 중국)이 표류하고 있다는 사실을 전해 듣고 그들의 선박을 연구하기 위해 우이도로 떠나게 된다. 이는 이강회의 입도 동기이다. 외국 선박의 잦은 표류와 밤마다 동굴 안에서 들리는 여자의 목소리, 그리고 시시각각 모습을 바꾸는 거친 모래 언덕이 있는 우이도는 육지의 사람들에게 두려움의 공간이었다. 섬은 자신의 모습을 쉽게 보여주지 않았다. 이강회는 섬에 도착해 동굴에서 나는 소리나 모래 언덕으로 인해 고난을 당하게 된다. 그러나 우이도가 가지는 지리적 이점[17]과 점점 모습을 드러내는 섬의 신비함에 매료되고, 자연과 마을 사람들의 도움으로, 스승의 업적과 자신의 연구 성과를 『유암총서』와 『운곡잡저』를 통해 후대에 남기고자 한다.

---

17 여기에서 우이도가 단순히 고립된 곳이 아닌 소통의 공간이 될 수 있다는 점을 강조할 수 있다.

여기에서 이야기가 끝날 수도 있고, 또 다른 가능성을 생각해본다면 이어서 이강회의 업적이 어떠한 연유로 소실될 위기에 처하도록 하고, 현세 사람들(여행자)에 의해 밝혀지는 이야기로 발전시켜 볼 수도 있을 것이다. 여행자에 의해 과거의 위대한 업적이 발견되는 설정은 사람들로 하여금 우이도로의 여행을 상상케 하는 판타지로 작용할 수 있다.

〈표 2〉 웹드라마의 간단 줄거리

기	여느 날과 같이 책에만 시선을 고정한 채, 다른 이들에게는 무관심하던 강해는 낯선 할머니로부터 어떤 경고를 받는다.
승	대학원 진학 후, 첫 만남에 강해의 성격을 파악한 지도교수는 그에게 과제를 부여한다. 과제는 이강회의『유암총서』낙장을 추론해 내는 일이다. 도서관에서 머리를 싸매다 잠이 든 강해는 1817년 강진에서 눈을 뜨고 정약용을 마주하게 된다.
전	강해는 이강회의 운명 궤도에 탑승하고 만다. 우이도로 향한 강해는 기술과 생활의 밀접한 연관성을 깨닫는다. 수레의 미도입과 선박기술의 열악함, 언어생활과 지역 풍습 등을 차례로 겪으며 그동안의 일을 반성하고 이를 기록한다.
결	기록을 마치고 육지로 돌아가기 위해 탄 배에서 강해는 잠이 들고 현실로 돌아온다. 그러나 지도교수는 강해를 '처음' 본다고 말한다. 그리고 이강회『유암총서』에 낙장은 없었다. 단지 강해가 변했을 뿐이다.

4) 기대 효과

본 기획에서 웹드라마라는 콘텐츠를 제작함으로써 다음과 같은 것들을 기대할 수 있다. 첫째 우이도라는 지역이 문화적 가치를 지닌 이야기가 있는 섬, 그리고 소통의 섬으로 재창조될 것이다. 둘째 우이도의 지역 스토리텔링을 통하여 해양 문화의 체험 등을 비롯한 미래지향적 가치가 재생될 것이다. 셋째 지역의 스토리텔링을 기반으로 웹툰, 웹소설, 영화와 같은 다양한 2차 콘텐츠를 생산할 수 있게 되고 이를 통해 우이도를 널리 알릴 수 있게 될 것이다.

4. 기획서 2: 문순득 보드게임

한반도 서남단
둥
둥
떠 있는 섬들
그 섬들 가운데 우이도
그 우이도 고기장수 문순득이
1801년 12월
흑산도 남쪽
난바다 외딴섬 태도에
홍어 사러 갔다가
홍어 사서 돌아오다가
태풍 만나 물머리에 들려 떠내려갔다
어디가 어디인지 모르게 떠내려갔다
(중략)
돌아온 문순득 달라졌다
(중략)
수많은 나라가 서로 오고 가는 것 보았다
그는 조선국이 삼면 바다의 문 닫아걸어
나갈 수 없고
들어올 수 없는 숨막힌 세상임을 한탄하였다
귀양살이 정약전에게
이 사연을 말하고
이 사연이 아우 정약용에게 전해졌으니
그 사연도 먼바다 하염없는 떠돌이였다

고은, 「문순득」 부분[18]

1) 기획 의도

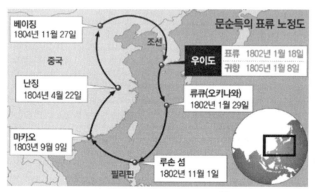

〈그림 3〉 문순득의 표류 노정도[19]

문순득은 정약전이 흑산도에 유배된 와중에 자신의 표류기를 그에게 들려준 인물로, 풍랑을 만나 약 3년 동안 일본 오키나와, 필리핀 마닐라, 마카오, 광둥, 난징, 베이징 등 여러 나라를 거쳤다. 정약전은 문순득의 체험담을 토대로 표류한 기록을 「표해시말(漂海始末)」로 남겼다.

그 당시 조선을 대표하는 사신 사행 이외에는 다른 나라와의 교역이 힘들었던 시기인 만큼 홍어장수인 문순득이 여러 나라를 거쳐 다양한 경험을 기록했다는 사실은 스토리텔링의 일환으로 하나의 문화콘텐츠로 기획하기에 적합한 소재다.[20] 이번 스토리텔링을 기획하면서 문순득

---

18 고은, 『만인보 24, 25, 26권』, 창비, 2010, 881쪽.

19 정승호, 〈홍어장수 문순득, 160년만에 세상 나들이〉,《동아일보》, 2012.09.24. http://www.donga.com/news/article/all/20120923/49618593/1 (검색일: 2019.12.10.)

20 더불어 정약전의 형제인 정약용이 「표해시말」에 기록된 여송국(呂宋國, 현 필리핀)의 화폐의 유용함을 보고 조선의 화폐개혁안을 제안하고, 정약용의 제자 이강회를 통해 문순득이 전한 외국의 선박과 항해에 관해 자세히 기록한 『운곡선설(雲谷船說)』을 집필한 것 역시 가치가 있다.

을 알게 되고 그를 알릴 수 있는 방법을 모색했다.

2) 매체 선택: 보드게임

게임은 규칙을 정해 놓고 승부를 겨루는 놀이[21]로 정의된다. 게임에 대한 정의는 명확하게 명시되지 않았지만, 적어도 대립 구조가 존재하고 규칙과 환경이 정해져 있고, 참여자가 타인과 상호 작용을 통해 게임의 목적을 달성하면서 즐거움을 얻는 행위로 통용되고 있다.

그 중에서도 보드 게임은 종이 판이나 나무 판으로 된 놀이 도구 주변에 여럿이 둘러앉아 즐기는 놀이[22]를 통틀어 이른다. 참여자들이 테이블이나 방과 같은 한정된 공간에서 게임을 위해 특정 행위를 하고 즐거움을 얻는다. 주로 카드, 주사위, 동전, 연필 등 여러 가지 '도구'를 사용하는 것이 특징이다.

본 기획에서는 「표해시말」에 기록된 문순득의 이야기를 재미있고 효과적으로 스토리텔링할 수 있는 방안들 중, 그의 표류기에 따라 하나의 게임으로 제작하는 것이 효과적일 것이라 생각했다. 특히, 블루마블처럼 각 나라를 여행하는 것처럼 말을 움직이고 칸에 적혀진 나라에서 활동을 하도록 유도하는 보드게임이 적합하다고 보았다. 각 게임 참여자가 문순득으로 빙의되어 각 나라를 표류하면서 경험한다면, 참여자들이 그의 행적과 당시 상황을 실감나게 이해할 수 있을 것이다.

---

21 국립국어원 표준국어대사전(https://stdict.korean.go.kr/)
22 국립국어원 표준국어대사전(https://stdict.korean.go.kr/)

3) 세부기획서

(1) 시놉시스

시놉시스에서 등장하는 인물은 중국에서 한국으로 유학 온 '건'과 '효'이다. 그들은 다른 언어와 문화, 학문을 익히기 위해 한국에 왔고, 그들의 시작은 표류였지만 낯섦에 두려워하지 않고 3년 2개월 동안 새로운 문물과 언어를 적극적으로 받아들인다. 건은 『하멜표류기』를 읽고 감동이 받은 경험이 있는 인물로, 어느 날 한국 유학 중 특별한 기사를 섭하게 된다. 극단 갯돌과 세계마당아트진흥회(사)에서 '문순득 표류국가 상생 프로젝트'를 진행하여 국제교류와 홍보 메신저 역할을 수행할 수 있는 문순득 서포터즈단을 모집한다는 것이었다. 기사를 읽고 관심이 생긴 건은 자신의 룸메이트 효에게 서포터즈에 함께 참여할 것을 제안한다.

건과 효는 홍어장수 문순득의 이야기에 금방 관심을 갖게 된다. 한국 고전소설을 전공하고 있는 건은 문순득의 표류담을 전하고 있는 이강회의 『유암총서』의 가치를 발견하였고, 효는 한국어교육을 전공하는 연구자로서 한국인 최초의 필리핀 통역사로 불리는 문순득이 「표해시말」에 덧붙인 「조선어-유구어-여송어」를 대조한 어휘들을 눈여겨보았다. 특히 효는 문순득이 고향으로 돌아가는 길에 거쳤던 광동성 광저우에서 유학을 온 것이기 때문에 더욱 친밀감을 느끼게 된다.

'하늘 아래 여러 나라를 최초로 보고 돌아온 사람, 천초(天初) 문순득 (1777~1847) 표류는 길이 되었고, 길에는 또 다른 삶이 존재했다'라는 문구를 시작으로 하여 「표해시말」을 토대로 문순득이 1801년 우이도를 떠나 표류했던 나라들을 중심으로 '문순득 길찾기'는 시작된다. 문순득은 1801년부터 표류하여 1805년 1월 8일 그의 고향인 우이도로 귀환하기까지 유구(오키나와)에서 8개월, 여송에서 8개월 28일, 중국에서 13개월 26일을 체류하였다. 그의 경로를 정리해 보면 1801년 소흑산도(우이도) → 태사도(대흑산도) → 유구국(류큐, 오키나와) → 여송국(루손섬, 필리핀 비간) → 광동 오문(마카오) → 광동부(광저우) → 남경(난징) → 북경 → 책문 → 의주 → 경도(한양) → 1805년 소흑산도로 나타낼 수 있다.

〈그림 4〉 문순득의 표류와 귀국 여정[23]

23 김인영, 〈조선 홍어장수 문순득, 오키나와, 필리핀 다녀오다〉, 《오피니언뉴스》, 2018.

건과 효는 「표해시말」에 나타난 의미를 다음과 같이 정리했다. 표해시의 한자어는 '바다를 표류하기 시작하다'라는 의미를 지니는데, 문순득이 바닷길을 떠돌고 타지에 머물고, 다시 떠나는 여정을 경험하는 과정에서 보고, 듣고, 느끼며 미지(味知)를 지(知)로 바꾸는 통찰의 힘을 길렀다고 보았다. 그리고 표해말은 문순득이 경험한 이야기를 바탕으로 실학적인 성찰과 외교적인 실천에 기여하는 데 의미가 있다고 생각했다. 그의 이야기를 통해 실학자 정약전과 정약용, 이강회와의 교학상장을 통해 경세지표의 정신과 『운곡선설』, 『유암총서』 등의 기록을 남겼기 때문이다.

특히 건과 효는 낯선 땅에서 적극적으로 언어와 문화를 익히고 돌아온 문순득이 의사소통이 되지 않아 제주도에서 돌아가지 못하고 표류해 있던 여송인들과 소통하여 본국으로 돌아갈 수 있도록 도와주는 장면에서 감동을 받았다. 이에 둘은 문순득을 널리 알릴 수 있는 방안을 적극적으로 모색했다. 그 결과, 둘은 문순득 보드게임을 만들어 문순득의 여정과 그의 경험을 재미있고 실감나게 즐길 수 있도록 하였다.

(2) 게임 형식 및 방법

게임은 보드게임 형식으로, 판 위에서 말이나 카드를 놓고 일정한 규칙에 따라 진행한다. 이 콘텐츠에서는 「표해시말」에 기록된 내용을 토대로 재산증식형 게임인 블루마블과 인생게임(사람의 일생에서 있을 법한 여러 이벤트를 겪어가는 게임)을 적절히 활용하여 게임규칙을 정했다.

06.05. http://www.opinionnews.co.kr/news/articleView.html?idxno=9601 (검색일: 2019.12.10.)

〈그림 5〉〈문순득 블루마블〉게임 판

게임에서는 기록과 관련된 주요 인물을 말로 사용한다. 대표적으로 '문순득', '유구인(오키나와인)', '여송인(필리핀인)', '청나라 상인' 등이 있다. 게임 규칙은 다음과 같다.

① 게임에서 사용할 돈은 「표해시말」 기록에 등장하는 화폐와 화폐단위를 사용한다.

② 문순득 표류 여정에 나오는 나라에 땅을 사거나 집을 지을 수 있다.

③ 물건을 사거나 팔 때는 물건값을 지불한다. 〈태사도에서 홍어(무럼) 사기〉

④ 표류 기간에 이용한 선박, 수레, 가마 등의 탈것을 말로 사용하여 이동을 빨리 할 수 있다. 〈1804년 3월 배를 타고 남경에 도착, 배를 타고 금농으로 가서 초패왕 관왕사 연자기비를 보았다. 양주부, 삼보를 지나서 수레를 타고 산동계로 들어갔다.〉

⑤ 풍랑을 만나게 되는 경우 한두 칸 후퇴하거나, 새로운 땅에 도착하면 한두 번 쉬는 규칙을 정할 수 있다. 〈1802년 10월 유구를 떠났으나, 풍랑

이 심해 14일 동안 바다 위에서 헤매다가 여송곡 서남마의(Salamagi,
Salomajui 작은 섬 이름)지방에 상륙〉
⑥ 새로운 나라에 도착하면 세금을 내거나 집을 얻을 수 있다
⑦ 낯선 사람을 만날 때마다 의사소통 쿠폰을 얻는다.
⑧ 새로 만난 사람의 도움을 받게 되면 행운의 쿠폰을 얻는다.
⑨ 문순득 통역의 칸에 도달하면 공무원이 될 수 있다.
⑩ 마카오에 도착하면 "막가외"를 외치면서 제주로 바로 간다.
⑪ 정약전이 있는 칸에 가면 「표해시말」 책을 받고 게임을 종료한다.

4) 기대 효과

본 기획에서는 문순득의 여정이 기록된 「표해시말」에 발견한 문순득
의 표류기와 그가 경험한 다양한 이야기를 재미있게 알리기 위해서 보드
게임을 활용했다. 보드게임이라는 매체를 통해서 참가자들은 문순득이
라는 인물을 알고, 더불어 그 당시 문순득이 거주했던 다른 나라의 문화,
경제, 언어, 사회적 특성을 파악하고 지역문화에 대한 이해와 언어문화
소통의 가치를 발견하게 될 것이다. 더불어 호남 지방에 거주했던 문순
득이 겪은 특별한 경험과 이를 활용해 그가 외교적으로 공헌한 내용을
통해서 지역에 있는 이야기를 개발한 점에서도 가치가 있다고 본다.

또한 본 기획은 당시 유배생활을 하였던 정약전과 정약용과 관련된
연구 및 또 다른 스토리텔링을 개발할 수 있는 발판이 될 것으로 본다.
문순득의 스토리텔링과 문순득과의 교류를 통해 편견을 버리고 새로운
문물과 이야기를 접하여 기록한 정약전의 스토리텔링을 서로 연결하여
새로운 콘텐츠로 개발할 수 있는 가능성으로 발전할 수 있을 것이다.

5. 기대 효과 및 제언

우이도는 전남에 위치한 작은 섬으로 많은 사람들의 관심조차 없는 지역이었지만, 정약전이라는 당대 최고의 학자가 유배되어 다양한 이야기가 생겨나는 장이기도 하다. 전남 지역의 알지 못하는 섬에 유배를 당해야 하였으나, 정약전은 학문을 탐구하여 다양한 책을 집필했다. 더불어 우이도에서 홍어를 장사했던 문순득의 표류를 기록한「표해시말」과 외국의 항해술을 기록한『운곡선설』을 발간했다.

전남 스토리텔링 기획의 목적도 전남 지역에 내재되어 있지만 아직 발견하지 못한 이야기를 발견하고 이를 사업화할 수 있는 소재로 재구성하는 것에 있다.「표해시말」의 원본은 아직 발견되지 못했으며,『유암총서』에만 기록되어 문순득과 우이도 이야기는 세간에 널리 알려지지 못했다. 하지만 이 기획을 통해서 그동안 폐쇄적이었던 조선사회에서 유일하게 외국문화를 체험한 인물이 배출되고 최고의 학자들이 다양한 학문 성과와 더불어 이를 기록한 점에서 우이도의 가치를 발견할 수 있었다. 더불어 웹드라마와 보드게임을 통해 학술적으로 우이도 이야기의 가치를 찾는 것을 넘어 많은 사람들에게 이야기를 알리고 쉽게 접할 수 있을 것이다.

우이도 이외에도 전남 지역에는 아직 발견되지 못한 스토리와 사업화할 가치가 있는 많은 소재들이 산재되어 있다. 다만 아직까지 문화콘텐츠를 개발하는 데 있어서 이미 알려진 소재를 활용하거나 발견하지 못해 활용하지 못하는 실정이다. 이번 기획이 이후에도 다양한 소재를 발견하여 하나의 스토리로 재구성하고 나아가 다양한 문화콘텐츠로 활용하여 지역문화를 발전시킬 수 있는 토대가 될 수 있기를 바라는 바이다.

참고문헌

고선희, 「멀티 플랫폼 환경의 웹드라마 스토리텔링 특성-MBC 제작 웹드라마를
　　중심으로」, 『한국사상과 문화』 89호, 한국사상문화학회, 2017.
고 은, 『만인보 24, 25, 26』, 창비, 2010.
국립해양유물전시관, 『전통한선과 어로민속조사 보고서 5: 우이도』, 국립해양유물
　　전시관, 2009.
김교빈, 「문화원형의 개념과 활용」, 『인문콘텐츠』 6호, 인문콘텐츠학회, 2005.
배영동, 「문화콘텐츠화 사업에서 '문화원형' 개념의 함의와 한계」, 『인문콘텐츠』
　　6호, 인문콘텐츠학회, 2005.
송성욱, 「문화콘텐츠 창작소재와 문화원형」, 『인문콘텐츠』 6호, 인문콘텐츠학회,
　　2005.
이명자, 『문화콘텐츠 스토리텔링의 실제』, 경진출판, 2015.
이영수, 「VR 플랫폼을 활용한 웹드라마 스토리텔링 연출에 대한 연구」, 『미디어스
　　토리텔링』 3호, 미디어스토리텔링학회, 2018.
이재언, 『한국의 섬 2-신안군』, 지리와역사, 2015.
인문콘텐츠학회, 『문화콘텐츠 입문』, 북코리아, 2006.
장병희, 「웹드라마 이용 동기 연구」, 성균관대학교 석사학위논문, 2017.
정지윤, 〈웹드라마의 부상과 모바일 콘텐츠로서의 가치〉, 《방송기술저널》, 2015.
　　06.23. https://bit.ly/2RR4VV0 (검색일: 2020.01.20.).
최성환, 「홍어장수 문순득의 표류기, 「표해시말」」, 『기록인』 22호(2013 봄), 국가
　　기록원, 2013.
한국콘텐츠진흥원, 『방송영상 웹콘텐츠 현황 및 활성화 방안』, 한국콘텐츠진흥원,
　　2015(http://www.kocca.kr/cop/bbs/view/B0000147/1826787.do?sea
　　rchCnd= 검색일: 2020.01.20.).
한국콘텐츠진흥원 편집부, 「[Interview 1] 웹드라마, 새로운 방향을 찾다」, 『2017
　　케이콘텐츠』 3·4월호, 한국콘텐츠진흥원, 2017.

어서 와, 광주는 처음이지?[*]

광주 외국인 유학생 관광 스토리 기획

최란

1. 프로젝트 개요

한국에서 공부하는 유학생들이 많아지면서[1] 전남대 캠퍼스에도 개강과 함께 다양한 언어로 대화하는 소리가 들려온다. 그들은 대부분 한국문화에 대한 호기심으로, 고향과 가족을 떠나 낯선 한국에서 유학생활을 하고 있다. 그러나 유학생활은 그들이 처음에 동경했던 것과는 달랐다. 대부분 수업이 한국어로 이루어져 있어 수업을 듣고 시험을 치르는 것만으로도 벅찬 일이다. 게다가 친구들과의 만남, 거주생활이 캠퍼스에 한정되어 다양한 한국생활을 체험하면서 문화를 알아가고자 했던 것은 꿈에 지나지 않았다. 뿐만 아니라 언어의 장벽으로 한국인 친구들

---

[*] 본 기획서는 2017년 2학기 〈인문형 LAB〉 '문화가치(공간)' 랩의 기획안(구성원: 강은진, 송기현, 염승한, 이서희, 장람, 텐치원)을 최란 연구자가 수정·보완하여 정리한 것이다.

[1] 『2019 간추린 교육통계』에서 '연도별 국내 외국인 유학생 현황'에 따르면, 2019년 고등교육기관의 전체 외국인 유학생 수는 160,165명으로 전년(142,205명) 대비 12.6% 증가한 것으로 밝혀졌다. 한국교육개발원, 『2019 간추린 교육통계』, 한국교육개발원, 2019, 44쪽 참조(『2019 간추린 교육통계』는 교육통계서비스 홈페이지(https://kess.kedi.re.kr/)의 배포본(검색일: 2020.01.20.)을 활용함).

을 멀리하기 때문에 문화에 대한 이해도 개인의 경험에 머물러 있는 단계이다.

이와 동시에 한국인 친구에게도 유학생은 '낯선 존재'에 불과하다. 그러나 명실상부한 '글로벌 캠퍼스'가 되려면, 우리는 서로의 고유한 문화를 이해할 수 있는 공간이나 기회를 마련하면서 '문화 포용력'을 높여야 할 것이다. 이러한 시점에서 본 프로젝트는 전남대 국어국문학과에서 공부하고 있는 대학원 유학생들을 대상으로, 광주의 문화를 이야기 형식으로 풀어서 알아가는 기회를 마련하고자 하였다.

같은 경험을 할지라도 개개인의 내면에 있는 고유한 정서와 상상력에 의해 기억 속에 각인된 이미지들은 다르기 마련이다. 한국인 친구들의 기억 속에 있는 광주는 민주주의 쟁취를 위해 항거한 민주의 도시, 다양한 역사문화 자원을 지닌 문화의 도시일 것이다. 그러나 광주에서 생활하고 있는 유학생들은 자신의 능동적인 개입의 콘텍스트에 대해서만 생각하고 기억하기 때문에 각자 전혀 다른 이미지들을 갖고 있다.

따라서 본 프로젝트는 유학생들이 언어의 장벽을 넘어 진정으로 한국문화를 체험하는데 도움을 주고자 한다. 뿐만 아니라 물리적 공간과 역사적 기억, 그리고 그 상황 속에 깊이 있는 공간의 경험을 바탕으로, 유학생들의 시각에서 바라보는 광주의 새로운 의미와 가치를 발굴하여 문화적 역량을 신장시키고자 한다. 더불어 전남대가 '문화 포용력'이 높은 캠퍼스로 되기 위한 소통의 장을 형성하는 데 소중한 길잡이가 되기를 희망한다.

2. 프로젝트 목적과 대상

본 프로젝트는 유학생들이 언어의 장벽을 극복하고 한국인 친구들과 함께 광주의 문화를 체험하면서 공감대를 형성하고 서로의 고유한 문화를 이해하는 소통의 장을 형성하는 데에 목적이 있다. 그리고 서로 다른 문화에서 살아온 유학생들의 고유한 정서와 상상력을 불러일으켜 광주의 새로운 모습과 가치를 발굴하여 과거와 현재를 넘나드는 '광주 이야기 플랫폼'을 만들고자 한다.

우리가 문화를 이해한다는 것은 일차적인 공간 경험을 바탕으로 이루어진다. 따라서 경험은 필수적인 것이다. 예를 들어 전남대에서 '김남주 기념홀'을 찾는다고 할 때, 캠퍼스를 처음 방문한 경우라면 네이버 지도나 옆을 지나고 있는 행인들의 도움을 받아 찾겠지만, 전남대에서 공부하고 있는 학생이라면 타인의 도움 없이도 쉽게 찾아갈 것이다. 왜냐하면 캠퍼스라는 일차적인 공간 경험을 통해 학생은 '김남주기념홀'을 알게 되었기 때문이다.

본 프로젝트는 공간을 두 영역, 즉 친밀한 공간과 낯선 공간으로 나누어 그 공간에 대한 새로운 의미와 가치를 발굴하고자 한다.

첫째, 친밀한 공간. 유학생들에게 가장 친밀한 공간은 아마 캠퍼스일 것이다. 왜냐하면 그들은 캠퍼스에 거주하면서 공부도 하고 친구도 만나며 캠퍼스와 희로애락을 함께 하기 때문이다. 그러나 캠퍼스는 활동하는 장으로서 각자의 특성에 따라 다르게 경험되고 다양하게 인식된다. 따라서 특정 사람에게는 개별 대상이 특별한 의미를 가지게 된다. 이처럼 같은 대상일지라도 그 공간에 깃든 수많은 경험과 다양한 시각들에 의해 풍부하게 해석될 가능성이 열려 있다. 전남대가 바로 그러한 곳이다.

둘째, 낯선 공간. 한국 문화에 대한 열정으로, 유학생들에게는 낯선 것에 적극 뛰어들 수 있는 용기가 있다. 그러나 공간 및 문화에 대한 지식의 결핍으로 이해 수준이 높지 못하다. 카(E. H. Carr)는 "역사학이 사회적인 것으로 되면 될수록, 사회학이 역사학적인 것으로 되면 될수록 쌍방을 위해서 더욱 이롭다."²라고 하였다. 따라서 한국인 친구들이 알고 있는 광주의 문화나 특정 공간에 깃든 스토리를 알기 쉬운 방법으로 풀어서 설명하면, 유학생들이 한국 문화를 이해하는 데 많은 도움이 될 것이다.

따라서 본 프로젝트는 가장 친밀한 공간으로부터 출발하여 낯선 공간에 이르기까지 다양한 광주의 모습을 새롭게 바라보고자 한다. 우선 친밀한 공간에서는 유학생들의 내면에 있는 개인의 고유한 정서와 경험을 바탕으로 익숙한 공간에 담긴 새로운 모습을 발견하는 것이다. 다음은 낯선 물리적 공간과 역사적 지식, 그리고 그 상황 속에서 느껴지는 감정들을 매개로 하여 공간을 새롭게 알아가는 것이다.

3. 프로젝트 문화체험 코스

1) 친밀한 공간

이-푸 투안(Yi-Fu Tuan)은 "습관적으로 사용함에 따라 경로 그 자체는 탄탄한 의미와 안정감을 획득한다."³라고 하였다. 유학생들에게 BTL

---

2 E. H. 카, 길현모 옮김, 『역사란 무엇인가』, 탐구당, 1966, 86쪽.
3 이-푸 투안, 구동회·심승희 옮김, 『공간과 장소』, 대윤, 1995, 290쪽.

생활관, 인문대 강의실, 중앙도서관, 제1학생회관 등은 일상적으로 일어나는 복잡한 운동 경로 주위에 있는 지점들이다. 따라서 습관적으로 사용되는 경로 그 자체, 즉 전남대는 그들에게 안정감을 주는 집과 같은 존재이다. 그러므로 유학생들에게 가장 친밀한 공간은 전남대라고 해도 과언이 아니다.

전남대는 5·18광주민중항쟁의 진원지로서 역사 속에 존재할 가치를 지닌다고 할 수 있다. 교내에 있는 〈5·18 사적비〉, 〈봉지 5·18민주화운동 기념비〉, 〈사범대 벽화〉, 〈윤상원 열사 상〉[4], 〈박승희 열사 기념비〉[5] 등을 통해서도 확인할 수 있다. 뿐만 아니라 전남대는 지역의 전통문화를 적극적으로 보전해 왔다. 전남대를 거닐면 여러 가지 사정으로 자기 자리를 잃어버린 유적들이 곳곳에 자리하고 있는 것을 발견할 수 있다. 이들은 전남대가 전통을 보전함과 동시에 지역대학으로서 지역사회에 기여하는 증거물이라 할 수 있겠다. 전남대 캠퍼스를 중심으로 진행한 문화체험 코스는 다음과 같다.

(1) 전남대 캠퍼스 문화체험 코스

인문대 1호관 ⇒ 진리관 ⇒ 텔레토비 동산 ⇒ 사회대 ⇒ 농생대 ⇒ 5·18 사적비와 정문 ⇒ 느티나무 ⇒ 전풍연 연습장 ⇒ 테니스코트 ⇒ 용지 뒷길 ⇒ 공룡박물관 ⇒ 치의학전문대학원 ⇒ 사범대5호관 ⇒ 박물관 ⇒ 후문 ⇒ 약초원 샛길 ⇒ 자연대 ⇒ 본부 ⇒ 대강당 ⇒ 용봉관 ⇒ 제1학생회

4　5·18광주민중항쟁 당시 시민군에 참가하여 시민군의 대변인으로 활동했고 최후의 순간까지 도청을 사수했던 윤상원 열사를 기리기 위해 세워졌다.

5　학우들의 정치에 대한 무관심에 경종을 울리려 분신한 박승희 열사를 기념하기 위해 1999년 5월 25일에 기념비를 세웠다.

관 ⇒ 봉지·백도 앞 ⇒ 사범대1호관 ⇒ 인문대1호관

◆ **세부 코스 설명**[6]

① 인문대 1호관

1954년, 전남대에서 첫 번째로 지은 건물이 바로 인문대 1호관이다. 당시 물자가 부족하여 철근 대신 비계용 철판을 사용해 층간 골조를 올렸고, 시멘트도 기준에 훨씬 떨어진 것이었으며, 외벽에 사용된 벽돌은 공대 옆에 벽돌공장을 세워 직접 구워서 조달하었다.

광주 출신 건축가 정옥진 씨가 설계한 이 건물은 중앙의 3층 본채와 양 옆에 1층으로 된 대강의실은 날개처럼 덧달아 있고 붉은 벽돌을 주재료로 사용하였다. 아치형을 이루는 중앙 현관과 창틀, 박공지붕 등에서는 신고전주의 건축양식을 엿볼 수 있는데, 이는 2004년에 등록문화재 96호로 지정되었다. 그러나 인문대 1호관이 건립된 지 45년이 되면서 건물의 안정성에 의구심이 들어 건물을 헐고 새로운 고층 건물을 짓겠다는 계획을 세웠다. 이에 인문대의 일부 교수들이 강하게 보존론을 펴고, 서명 작업을 전개하여 문화재청에 등록문화재로 지정 신청함으로서 우여곡절 끝에 등록문화재로 지정되어 보존하게 되었다.[7]

② 진리관

인문대학과 경영대학 사이 뒷공간에 있었던 주차장을 정비하여 2010

---

6 전남대의 세부 코스에 대한 설명은 『전남대학교 60년사』를 참고하여 인용하였다. 전남대학교 60년사 편찬위원회, 『전남대학교 60년사』, 전남대학교출판부, 2012.

7 전남대학교 인문대학 68년사 편찬위원회, 『전남대학교 인문대학 68년사』, 성우애드컴, 2016, 105쪽.

년에 첨단강의동을 건립하였다. 이 건물은 현재 진리관으로 명명되었는데, 이는 인문계열 대학생들의 강의공간이 부족한 현상을 해결하였고 학생자치시설 및 복지시설이 산재되어 있던 연구 환경을 한 곳에 집중 배치하는 등 적정한 강의 및 연구 공간을 확보해 주었다.

③ 농생대

1952년 전남대학교는 기존에 설립되었던 도립광주농과대학을 통합하여, 이로부터 33만㎡의 부지와 6,600㎡의 교사 및 부속건물 등 시설이 편입되었다. 『전남대학교 60년사』에서 제시한 표에 따르면, 농과대학에서 1963년에 농장관리사(80㎡), 1964년에 우사(99㎡), 1965년에 과수원관리사(80㎡), 표모관리사(49㎡), 농대연습림(166㎡) 및 농공학실습실(102㎡), 1998년에 특수동물사(251㎡)를 건축하였다. 그리고 농대 온실은 1968년에 240㎡, 1981년에 B동 340㎡, 1988년에 C동 1,404㎡, 1995년에 A동 190㎡를 신설하여[8] "치본어농(治本於農)"[9]의 이념을 적극 추진하였다. 농과대학은 대대적인 시설 확충으로 현재 호남 지역 최고, 최대의 농과대학으로 자리매김하고 있다.

④ 5·18 사적비와 정문

정문에 위치한 5·18 사적비는 한국 민주주의 역사에서 5·18광주민중항쟁이 시작된 곳을 기리기 위해 세워진 것이다. 사적비의 일부 내용을 제시하면 다음과 같다.

---

8 전남대학교 60년사 편찬위원회, 앞의 책, 552쪽·556쪽.
9 농대 부근에 위치한 "치본어농(治本於農)"의 비석은 "다스리는 것은 농사를 기본으로 해야 한다."는 뜻이다.

1980년 5월 17일 자정, 불법적인 비상계엄 전국 확대에 따라 전남대에 진주한 계엄군이 도서관 등에서 밤을 새워 면학에 몰두하고 있던 학생들을 무조건 구타하고 불법 구금하면서 항쟁의 불씨는 뿌려졌다. 이에 18일 오전 10시경, 교문 앞에 모여든 학생들이 학교 출입을 막는 계엄군에게 항의하면서 최초의 충돌이 있었으며 학생들은 광주역과 금남로를 진출해 항의 시위를 벌였다.

전남대 학생들이 계엄군에 의해 무치별 학살을 당하는 것에 맞서게 되면서 점차 항쟁으로 발전하였다. 따라서 전남대는 5·18민주화운동을 기억하며 지역민들에게 혜택을 되돌려줄 수 있는 많은 시도를 해 왔다. 그 중의 하나가 정문의 담장을 철거하여 학교를 개방한 것인데, 이는 대학시설을 일반에게 공개하여 외부에서의 캠퍼스 접근 이용성을 강화하였다. 뿐만 아니라 정문 양쪽으로 메타세콰이어 나무를 심어 조경을 형성하였다.

⑤ 느티나무[10]

2002년 3월 29일, 전남대 정문 입구에 자리하고 있는 느티나무는 교목(校木)으로 선정되었다. '느티나무'는 크고 오래 사는 나무로 예로부터 마을 어귀에 우람하게 서서 일에 지친 농부, 먼 길 떠도는 길손에게 휴식과 평안을 주는 나무이기도 하다. 300년 이상 된 노거수가 전남대 캠퍼스에서 학교의 역사와 함께 하고 있다.

---

10 이는 느티나무 앞에 세워진 소개의 글이다.

⑥ 치의학전문대학원

2003년 치의학전문대학원으로의 개편과 2006년 시행된 새로운 치과대학 교육과정에 대응하기 위한 시설 확보를 위해 2008년에 준공되었다. 기존 학동 캠퍼스에 위치한 치과대학이 임상교육관에 이전하게 되었고 치과병원 역시 이전되었다. 이전의 병원 치과진료처가 8개의 진료과로 개편되면서 용봉캠퍼스에서 새롭게 시작되었다. 이는 모든 시설이 갖추어진 지역거점대학의 치과대학으로서 그 위상을 높였다.

⑦ 박물관

전남대 박물관은 1957년 금호각 1층에서 출발하였다. 수장 유물이 늘어나면서 1957년 구 법대 석조건물(현 도서관 본관 뒤편에 위치)로 이전하였고, 1993년에는 대강당 4층으로 대부분 기능이 이전되었다. 지역거점대학으로 박물관의 이용과 확장이 불가피하게 되어 2002년 용봉문화관이 건립되면서 박물관이 옮겨왔다. 이는 현재 지역민과 지역거점대학의 교류와 연결고리 역할을 하는 개방적인 문화시설로 발전되었다.

⑧ 대강당 앞에 위치하고 있는 유적들

〈서봉사지 석탑〉은 석가모니의 진신사리나 경전을 봉안하기 위한 축조물이다. 1969년 담양 서봉사지에서 부도와 함께 전남대로 이전되었다. 기단부가 복원되지 못하여 3층의 옥개석과 옥신석만을 세워놓은 상태이다. 크기가 체감률을 볼 때 3층 이상으로 추정된다.

〈청풍사지 석탑〉은 전남 영암군 청풍사지에서 이전했다. 이중 기단에 4단까지 남아있지만 5층 탑으로 추정된다. 해체하던 중 상층기단 상부 사리공에서 청자호가 발견되었다. 청자호의 내용을 뼛가루로 보고

탑이 아닌 부도라는 주장도 있다. 기단부의 색깔이 다른 돌은 복원 과정
에서 끼워 넣은 돌이다.

〈동복댐 수몰지구 장학리 3호 고인돌〉은 동복댐 확장건설 구역에 편
입됨에 따라 발굴조사 후 학교로 이전하여 복원되었다. 모두 고임돌이
있는 기반식이며 덮개돌은 4미터의 대형이다. 3호 고인돌이며 무덤방
은 무덤 구멍을 판 후 작은 판돌을 전면에 쌓고 판돌이나 깬돌로 네
벽을 쌓았다. 미완성 간돌검 검끝편과 민무늬 토기 등이 출토되었다.

〈서봉사지 부도〉는 승려의 사리나 유골을 안치한 것으로 석종형의
모습이고 상대석 위에는 연꽃무늬가 조각되어 있다. 석종형은 신라 하
대에 나타난 고려 말부터 조선시대까지 유행한 양식이다.

〈광주읍성 동문 장승〉은 광주시 동구 대의동에 있던 옛 광주읍성의
동문 밖에 있던 장승을 전남대학교로 옮겨왔다. 조선 후기의 것이며
전면에 새겨진 명문을 통해 도교 사상과 풍수 사상을 읽을 수 있다.

〈돌방무덤〉은 나주시 반남면 대안리에서 1978년 공사로 파괴된 것을
발굴 조사하여 전남대학교로 옮겨 복원하였다. 지하에 무덤 구멍을 파
고 판돌로 널방과 널길로 이루어진 동방을 만들어 천장돌로 덮고 봉토
로 쌓았다. 백제 양식 중 6세기 후반의 무덤으로 추정된다.

⑨ 제1학생회관

1981년 5월 18일, 5·18민중항쟁운동 1주기 추모제를 위해 정삼수(국
문학과 78)는 1학생회관 위에서 유인물을 뿌리는 것으로 기념하였고,
1983년 5월 12일 오후 1시, 김기찬(화학과 80)은 장채열과 김영집과 함께
제1학생회관 식당 내에서 5·18 추모 주간을 맞이하여 시위를 주도하고
스크럼을 짰다.[11]

2) 낯선 공간

학교 밖의 낯선 공간에는 서민들의 애환을 품은 양동시장, 국태민안
의 염원이 깃든 사직단과 사직공원, 광주의 각종 문화재와 유적을 소장
한 광주시립민속박물관 및 광주의 문화벨트를 형성하고 있는 중외공원
이 있다. 다양한 문화가치를 지니고 있는 낯선 공간에 대한 문화체험
코스는 다음과 같다.

(1) 낯선 공간 문화체험 코스

양동시장 ⇒ 사직공원 ⇒ 광주시립민속박물관 ⇒ 중외공원

◆ 세부 코스 설명

① 양동시장

현재 광주에서 비교적 규모가 큰 것으로 말바우시장, 대인시장, 송정
시장, 양동시장을 들 수 있다. 이 중에서도 양동시장은 광주·전남의
대표적인 전통시장으로 조선시대 오일장에서 광복이후 상설시장으로
이어지는 광주의 가장 역사가 깊은 곳이다. 이는 사람과 사람, 지역과
지역 간의 문화가 소통되고 시장사람들의 인생이 고스란히 녹아 있는
곳으로 서민들의 애환과 이야기가 숨어 있는 민속 문화의 집결이자 보
고(寶庫)라 할 수 있다.[12]

1910년대에 광주교 아래 백사장에서 달마다 2일과 7일에 열렸던 장이

---

11 김기찬이 스크럼을 짜고 나오다 연행, 구속되어 모의를 함께 한 장채열과 김영집이 시내
에서 시위를 주동하였다.
12 광주광역시립민속박물관, 『양동시장의 역사와 삶』, 광주광역시립민속박물관, 2016, 15쪽.

양동시장의 기원으로 알려졌다. 양동시장은 '후덕한 인심의 표상'이라고 불릴 만큼 각양각색의 물산들이 산적해 있고 먹을거리 또한 풍성해 광주 시민들에겐 '손 큰 시장'으로 알려져 있다. 명절을 준비하는 산실이자 홍어를 사려면 양동시장으로 가야한다는 말은 지금도 사람들의 입에 오르내리고, 또한 매스컴에 자주 등장한 양동시장의 명물 '양동통닭'은 오직 이곳 양동시장에서만 맛볼 수 있는 진미이다. 더불어 5·18민주화운동 때 이곳 양동시장과 대인시장은 광주 시민이 하나 되는 대동정신을 발휘했던 장소이기도 하다.

② 사직공원

사직공원은 삼국시대부터 나라의 안녕과 풍년을 기원하여 땅의 신과 곡식의 신에게 제사를 올리는 곳이다. 이 장소는 조선 태조 3년에 토지의 신과 곡식의 신에게 제사를 지냈던 사직단을 설치한 것으로부터 유래되었다. 그러나 갑오경장(1894년) 이후 제사가 폐지되었고 1906년 일본군은 청일전쟁에서 참여했던 중대 병력을 사직산에 주둔시켜 병영으로 삼았다. 1970년대까지 사직단의 흔적이 남아있었지만 1972년 동물원이 들어서면서 그 흔적마저 사라져버렸다.

사직단의 본래의 모습을 되찾아야 한다는 여론이 조성되자 1992년에 동물원이 우치공원으로 이전해 가게 되었고, 1993년 광주시가 사직단을 복원 조성하여 1994년 4월 100년 만에 사직제가 부활되었다. 그리고 2014년, 지난 팔각정 모양의 전망대 자리에 지하 1층, 지상 3층으로 높이 13.7m이고 연면적 388㎡인 사직공원 전망타워를 재건축하였다.[13]

---

13 박준수, 『백년의 기억』, 대동문화재단, 2015, 174~176쪽.

③ 광주시립민속박물관

1963년 5월, 서구 광주 공원에 있는 현충각을 전시관으로 하여 도립 광주박물관이 개관했으며, 이를 광주시립박물관으로 개칭하여 재개관한 것이 현 박물관의 시작이다. 사라져 가는 민속자료를 수집, 전시함으로써 옛 조상들의 얼을 깨치고 우리 문화의 원형을 후손들에게 전승하고자 1987년 국내 최대 시립박물관으로 개관하였다.

지상 2층, 지하 1층 구조로 1층의 상설 전시실과 2층의 정신문화 전시실을 운영하고 있다. 상설 전시실의 1층은 물질문화 전시실로 의식주, 생업, 민속공예를, 2층은 정신문화 전시실로 한 사람의 일생을 주제로 하여 민속놀이, 세시풍속, 민간 신앙 등을 전시하여 이 지역의 민속을 한눈에 볼 수 있게 하였다. 전시에는 실물, 모형, 마네킹, 미니어쳐, 디오라마 등 다양한 전시기법을 이용하여 생동감 있게 전시하였다. 또한 국내에서 처음으로 시도한 8대의 비디오테크에 9개의 테마를 관람객들이 자유롭게 선택해 볼 수 있도록 하였다. 이 디스크에 수록된 테마는 진도씻김굿, 생촌당산제, 대포리갯제, 강강술래, 영광농악, 고싸움놀이, 함평농요, 혼례, 상례 등이다.

④ 중외공원

광주광역시 도심 북쪽에 위치하고 있는 이곳은 공연 및 전시시설이 밀집되어 있는 곳이다. 중외공원을 비롯하여 국립광주박물관, 문화예술회관, 광주시립미술관, 시립민속박물관, 비엔날레전시장 등이 들어서 문화벨트를 형성하고 있다. 중외공원은 수려한 자연 속에서 휴식을 취할 수 있는 도시 근린공원으로서 인기가 높다. 여기에는 어린이대공원, 올림픽동산, 올림픽 기념탑 등이 있고, 회관을 중심으로 북한관,

교육관, 야외전시장 등의 전시실과 축구, 테니스, 야구, 수영 등을 즐길 수 있는 체육시설, 민속박물관, 생활과학관, 역사관, 문화관, 토산품 전시실 등이 마련되어 있다.

이상은 광주의 문화체험 코스에 대한 구체적인 설명이다. 본 프로젝트 체험 코스는 친밀한 공간과 낯선 공간으로 나누어 살펴보았다. 친밀한 공간온 전남대학교 교내에 있는 건물과 사적비 및 보존되어 있는 유물들을 중심으로 설명하였고, 낯선 공간은 광주의 과거와 현재와 미래를 체험할 수 있는 양동시장, 사직공원, 광주시립민속박물관 및 중외공원을 중심으로 설명하였다. 다음은 본 프로젝트를 구체적으로 실행한 효과이다.

4. 프로젝트 실행 효과

우리는 감각으로 느끼면 경험이 만들어진다고 생각한다. 하지만 그렇지는 않다. 김종진은 "삶의 주인공이 공간의 중심이 될 때 진정한 경험이 일어난다."[14]라고 하였다. 따라서 유학생들이 친밀한 공간과 낯선 공간의 중심에 서 있을 때에 비로소 문화에 대한 진정한 경험을 하게 된다.

본 프로젝트는 유학생들이 진정으로 공간을 경험할 수 있는 기회를 마련하고자 2017년 9월부터 2017년 12월까지 10차례의 LAB모임을 거쳐 다섯 번의 문화체험을 진행하였다. 그 중에서 10월 14일부터 10월 27일까지의 세 차례 문화체험은 친밀한 공간으로서의 전남대 투어였

---

14 김종진, 『공간空間 공감共感』, 효형출판, 2011, 44쪽.

고, 12월 1일부터 21일까지의 두 차례 문화체험은 낯선 공간으로서의
교외 투어였다. 본 프로젝트를 통해 유학생들이 얻은 구체적인 소감은
다음과 같았다. 다음의 체험을 바탕으로 '어서 와, 광주는 처음이지?'
프로젝트의 유용성과 효과를 가늠해볼 수 있다.

1) 친밀한 공간

이번 문화 체험을 통해 전남대는 인재 양성 요람지뿐만 아니라 5·18민
주화운동과 함께 성장한 거점 종합대학으로서 역사와 함께 하고 있다는
것을 느낄 수 있었다. 교내 곳곳에 있는 〈5·18 사적비〉, 〈봉지 5·18민주
화운동 기념비〉, 〈사범대 벽화〉, 〈윤상원 열사 상〉, 〈박승희 열사 기념
비〉 등 흔적은 5·18이 아직도 우리 주위에 가까이 있다는 것을 말해주었
다. 그리고 제1학생회관에서 얽혀있는 역사적 사건들과 사범대에 그려
진 벽화, 매년 5월마다 걸려 있는 현수막 등을 통해 선인들의 정신이
전남대에서 온전히 살아 숨 쉬는 것도 체감할 수 있었다.

문화체험 전에 인문대 1호관은 단지 수업을 듣는 강의실, 회의하는
장소 및 공부를 할 수 있는 카페로만 인식하고 있었다. 그러나 이는
전남대에서 가장 오래 지어진 건물이고 벽돌은 직접 구워 조달되었으며
헐고 새로 짓자는 계획에 반대하고자 서명 운동을 진행하여 보존할 수
있었다. 이러한 사실들을 알게 되면서 전남대는 더 이상 시멘트 건물들
의 집합이 아니라 살아있는 역사 그 자체였다. 이는 긴 시간 동안 존재하
려고 몸부림쳤던 하나의 존재로 다가왔던 것이다. 그러면서 스쳐 지나
던 〈윤상원 열사 상〉과 〈박승희 열사 기념비〉는 과거와 대화하며 소통
할 수 있는 특별한 존재가 되었다.

전남대는 전남 및 호남지역의 문화도 고스란히 간직하고 있다. 정문으로 들어오면 300년 이상이 된 느티나무가 있는데, 이는 예로부터 마을 어귀에서 일에 지친 농부나 먼 길 떠도는 길손에게 휴식과 평안을 주던 나무라고 한다. 광주의 300년 역사를 묵묵히 지켜왔던 느티나무는 지금도, 앞으로도 전남대와 함께 할 것을 생각하니 경이로울 뿐이다. 그리고 교내의 곳곳에는 여러 가지 사정으로 자리를 잃은 유적들이 전남대에서 각자의 자리를 찾아가고 있었다. 이를 통해 전남대는 전통을 보존하는 동시에 지역 거점대학으로서 지역사회에 큰 기여를 하고 있다는 것을 알 수 있었다.

이외에 전남대는 "치본어농(治本於農)"의 이념을 가진 종합대학이다. 농과대학에 가면 수목원과 농대 온실 및 실험실을 볼 수 있다. 넓은 논밭에서 출렁이는 황금물결, 시원하게 스쳐가는 가을바람, 하늘하늘 날고 있는 잠자리들을 보면 스트레스가 해소되고 마음도 고요해진다. 이는 도심과 전혀 달리 자연을 만끽할 수 있는 훌륭한 쉼터이다.

교내의 문화체험을 마치고 다시 학교를 돌아보면 전남대는 학구열이 넘치는 학습의 공간뿐만 아니라 선인들의 정신이 살아 숨 쉬는 역사의 공간, 과거와 대화할 수 있는 사색의 공간, 자연을 즐길 수 있는 휴식의 공간이었다. 뿐만 아니라 전남 및 호남지역의 전통과 문화를 보존하고 광주의 슬픔과 아픈 역사를 품으며 꿋꿋하게 견뎌온 전남대는 대견스러웠다.

2) 낯선 공간

우선 양동시장에서는 옛 오일장과 같은 분위기를 찾아볼 수 없었다.

그러나 이곳은 백화점이나 대형마트에서 구할 수 없는 다양한 물건을 값싸게 살 수 있고, 흥정과 우수리의 재미를 누릴 수 있었다. 또한 시장에서는 광주시민들이 즐겨 찾는 '양동통닭'이 있는데, 가게 주인의 활달한 성격과 푸짐한 양으로 줄을 서서 사먹을 정도로 엄청난 인기를 끌고 있었다. 그리고 체험 과정에서 귀가 좀 어둡지만 총총한 기억력과 구수한 입담을 가진 토박이 할아버지를 만났다. 그분한테서 우연히 5·18때 그가 군용 트럭을 운전하며 시민군 운송과 물자 수송을 담당했던 과정을 들을 수 있었다. 뿐만 아니라 당시 양동 시장 사람들이 리어카로 주먹밥과 음료수를 날라다 주던 물심양면의 후원 이야기도 곁들을 수 있었다. 시장은 다소 허름하고 무질서했지만 도시민의 생활 정서와 애환을 함께 느낄 수 있고, 생계를 꾸려가는 양동시장 상인들의 삶의 터전을 직접 눈으로 볼 수 있어서 좋았다.

다음은 사직공원이다. 사직공원 입구의 왼편 언덕에 광주 부호 정낙교가 세운 양파정(陽波亭)은 고풍스런 정취를 풍겼다.[15] 일제 초기 광주 양림동의 부자 온양정씨 정낙교(鄭洛敎)씨가 세운 양파정은 1914년에 들어선 후로 정자에서 매년 전국한시대회가 열린다고 한다.[16] 지금까지 문화를 이어 온 것이 놀라웠다. 양파정과 더불어 동쪽의 양림동 한옥, 서동의 최부잣집 일대가 도심 속의 슬로시티촌을 가꾸어 서울 북촌과 같은 유서 깊은 정서를 느꼈다.

사직공원에서는 1994년, 옛 자리에 복원한 광주 사직단을 볼 수 있었

---

15 이 누정은 광주천 강물이 언덕을 휘감으며 물결을 일으키는데서 양파정이라고 불렸다고 한다.
16 김정호, 『광주산책(上)』, 재단법인 광주광역시 광주문화재단, 2014, 208쪽.

다. 이곳은 조선시대 고을의 성산(聖山)으로 여겨진 장소로서 국토신과 백성을 먹여 살리는 곡식신을 모시던 곳으로 신성하였다. 계속 호젓한 산길을 따라 걷다보면 도심과는 다른 싱그러운 공기가 흘렀다. 현재와는 달리 60년대의 사직공원은 소나무가 빽빽하고 어두침침하여 도깨비가 나와 사람들이 겁을 먹어 드나들기 꺼렸을 정도라고 한다. 산 정상에 오르면 광주의 경관을 한눈에 내려다 볼 수 있는 사직공원 전망타워가 있다. 3층 전망층에는 망원경, 광주 시가지의 모형과 북 카페가 마련되어 있어 도시의 전망을 즐기면서 차를 마시는 여유로움을 가질 수 있다. 내려오는 길에 7080 라이브 카페들이 곳곳에 보였는데, 그 거리에서 마치 취기에 젖어 그때 그 시절로 돌아간 낭만도 느낄 수 있었다.

마지막 코스는 광주시립민속박물관과 중외공원이다. 시립민속박물관은 중외공원, 광주문화예술회관, 광주시립미술관, 비엔날레전시장 등과 함께 문화벨트를 형성하였다. 광주시립민속박물관은 사라져 가는 민속 문화의 원형을 발굴하고 수집하여 민속 문화를 전승하는 역할을 하고 있다. 박물관을 체험하는 과정에서 다양한 민속놀이, 세시풍속, 민간신앙 등을 보면서 광주 지역의 민속을 다양하게 이해할 수 있었다. 그리고 중외공원에는 교육관, 야외전시장 등의 전시실과 축구, 테니스, 야구, 수영 등의 체육시설 및 어린이대공원 등이 마련되었다. 이와 같은 현대적 문화시설과 수려한 자연은 남녀노소가 즐길 수 있는 휴식 공간으로서 교육 목적뿐만 아니라 가족과 친구들과 여유로움을 즐기기에 좋은 곳이었다.

낯선 공간에서는 광주의 다양한 전통문화와 시대에 얽힌 이야기들을 들으면서 친근감을 느낄 수 있었다. 복원된 사직단과 광주시립민속박물관의 문화체험을 통해 옛 선조들의 얼을 깨치고 전통과 옛 풍습을 보존하려는 광주시민들의 노력이 보였다. 그리고 양동시장에서는 먹거리와 흥정거리를 체험하면서 도시민들의 생활 정서를 함께 느낄 수 있었고 귀가 어두운 할아버지의 이야기를 통해 살아 있는 5·18 사적들을 들으면서 광주의 역사를 알아갔다. 뿐만 아니라 중외공원에서는 과거와 현대적 요소가 조화롭게 어우러진 분위기를 느꼈다.

본 프로젝트는 공간에 담긴 스토리를 이야기 형식으로 쉽게 풀어서 설명하는 데 초점을 맞추었다. 이는 유학생들이 공간과 문화를 쉽게 이해하고 공감을 불러일으키는 데 도움을 주었다. 나아가 그들이 언어의 장벽을 넘어 전남대의 문화, 광주 및 한국의 문화를 진정으로 이해하는데 중요한 역할을 하였다.

5. 프로젝트 향후 추진 방향 및 제언

본 프로젝트에서는 공간에 담긴 스토리를 쉬운 우리말로 풀어서 유학생들에게 이야기 형식으로 설명하는 것이 특징이다. 이를 통해 유학생들이 공간을 빨리 파악하고 쉽게 공감하였다. 따라서 유학생들은 언어의 장벽을 넘어 공간의 중심에서 진정으로 문화를 느끼고 경험할 수 있었다. 유학생들은 물리적 공간과 문화에 대한 지식, 그리고 상황에서 느껴지는 감정을 매개로 장소의 새로운 가치를 적극 발굴하였다.

이번 프로젝트의 실행 과정을 통해 향후 기획에서도 공간에 담긴 스토리를 이야기 형식으로 풀어서 설명하는 것에 초점을 맞추어야 하는 것을 알게 되었다. 그리고 향후 프로젝트 추진 방향에 대한 몇 가지 제언을 다음과 같이 정리하였다.

첫째, 유학생들의 취향을 파악하여 문화체험 코스를 선택한다. 쉬운 우리말로 풀어서 설명하는 것은 효과적인 방법이다. 그리고 이를 통해 유학생들이 언어의 장벽을 넘어설 수 있는 것도 사실이다. 그러나 사람마다 개인적인 취향 차이가 있기 때문에, 이에 따른 문화 체험 태도와 참여도가 달라질 수 있다. 따라서 유학생들의 연령, 성별, 성격, 취미 등 요인들을 고려하여 문화체험 코스를 선택해야 할 것이다.

둘째, 광주를 체험할 수 있는 다양한 문화코스를 개발한다. 광주는 비옥한 평야로 상고시대(上古時代)부터 인간의 생활 상소로 이용되면서 풍부한 문화재를 보유하고 있다. 1993년에 영산강 상류지역인 산월동에서 구석기시기의 유적·유물이 발견되었고, 청동기시기의 대표적인 무덤인 고인돌도 많이 밀집 분포되어 있다.[17] 뿐만 아니라 1995년부터 1997년까지 3차례의 연구 조사 끝에 신창동 유적에서 출토된 유물들은 '국내 최초', '국내 최고(最古)'라는 수식어를 얻었다.[18]

유적 외에 광주에는 절과 불교에 대한 많은 문화유산이 보존되어 있다. '무등산'은 불교적 사유를 내포한 이름이다. 『불설십지경(佛說十地經)』(1권)에 따르면 '무등(無等)'은 "대등한 것이 없을 만큼 뛰어난 부처님"을 가리키는 말이다. 오승주는 "무등산 정상인 천왕봉은 물론 지왕봉, 인왕봉, 비로봉, 반야봉도 불교에서 유래한 명칭이다. 이외에 법화대, 설법대, 능엄대 등 십대석에도 불교식 이름을 붙인 경우가 많아서 무등산은 불교와 인연이 깊은 곳이다."[19]라고 언급하였다. 무등산에는

---

17 광주광역시사편찬위원회 편, 『광주역사』, 광주광역시, 1998, 18~19쪽.
18 지역문화교류호남재단, 『광주 역사문화 자원 100 下』, 심미안, 2016, 259쪽.
19 오승주, 「불국토 이상국가를 꿈꿨던 무진주」, 김병인 외, 『광주다움의 속삭임』, 전남대학교출판문화원, 2019, 22쪽.

원효사(元曉寺), 증심사(證心寺), 약사사(藥師寺), 자운사(紫雲寺), 문빈정사(文彬精舍) 등이 있고, 광주시내에는 '광주 성거사지 오층석탑', '광주 지산동 오층석탑', 십신사지석불(十信寺址石佛)과 십신사직석비(十信寺址石碑) 및 운천사 마애여래좌상이 있다.

그리고 광주에는 5·18과 관련하여 광주의 동남쪽 끝자락에 위치한 주남마을, 5·18민주화운동기록관, 국립5·18민주묘지 및 다양한 '오월길'이 있다. 그 중에서 오월 인권의 길은 횃불코스, 희생코스, 광장코스, 열정코스, 영혼코스로 나누어져 있다. 이밖에 오월민중길, 오월의향길, 오월예술길, 오월남도길, 오월여성코스, 민주기사코스, 윤상원코스, 주먹밥코스, 4·19혁명코스 등이 있다.[20] 광주에는 이들뿐만 아니라 광주향교, 지산재, 제봉문집 목판, 기대승 종가소장 문적 등을 포함하는 유형문화재와 진다리붓, 남도판소리동편제 등을 포함한 무형문화재 및 이장우가옥, 최승효가옥을 비롯한 민속자료 등이 있다.[21] 따라서 이미 개발된 문화코스와 개발되지 않은 문화유산들을 적극 활용하여 다양한 광주의 모습을 체험할 수 있는 문화체험 코스를 만들어야 할 것이다.

---

20 지역문화교류호남재단, 앞의 책, 196쪽.
21 광주광역시 남구문화원, 『광주 남구 향토자료 모음집 3 민속지』, 광주광역시 남구문화원, 2001, 11~39쪽.

참고문헌

광주광역시 남구문화원, 『광주 남구 향토자료 모음집 3 민속지』, 광주광역시 남구
　　　문화원, 2001.
광주광역시립민속박물관, 『양동시장의 역사와 삶』, 광주광역시립민속박물관, 2016.
광주광역시사편찬위원회 편, 『광주역사』, 광주광역시, 1998.
김병인 외, 『광주다움의 속삭임』, 전남대학교출판문화원, 2019.
김정호, 『광주산책(上)』, 재단법인 광주광역시 광주문화재단, 2014.
김종진, 『공산空間 공감共感』, 효형출판, 2011.
박준수, 『백년의 기억』, 대동문화재단, 2015.
전남대학교 60년사 편찬위원회, 『전남대학교 60년사』, 전남대학교출판부, 2012.
전남대학교 인문대학 68년사 편찬위원회, 『전남대학교 인문대학 68년사』, 성우애
　　　드컴, 2016.
지역문화교류호남재단, 『광주 역사문화 자원100 下』, 심미안, 2016.
한국교육개발원, 『2019 간추린 교육통계』, 한국교육개발원, 2019.
E. H. 카, 길현모 옮김, 『역사란 무엇인가』, 탐구당, 1966.
이-푸 투안, 구동회·심승희 옮김, 『공간과 장소』, 대윤, 1995.

제3장

지역어문학
스토리마스터 활용
교육프로그램 기획

지역 맞춤형 인문강좌 프로그램
'광주랑 comme知樂(꼼지락) 인문학' 기획[*]

노상인

1. 기획 개요

〈마주치는 빛! 광주랑 comme知樂꼼지락 인문학〉(이하 〈꼼지락 인문학〉)은 광주광역시 지역민을 위한 인문강좌 프로그램이다. 광주의 역사·문화·예술을 아우르는 인문강좌를 개발하고 지역의 예술단체 및 문화기관과 연계하여 지역민과 소통하고 연대할 수 있는 장을 마련하고자 기획되었다. 〈꼼지락 인문학〉은 '꼼', '지', '락' 세 가지 섹션으로 구성되어 있으며, 각각 포럼, 강좌, 축제 형식으로 진행된다. 각 섹션의 성격에 따라 프로그램의 목적과 주제가 다시 세분화되고 그에 맞는 강좌 개설안이 설정되었다. 본 프로그램은 전남대학교 대학원 국어국문학과 BK21 플러스 지역어 기반 문화가치 창출 인재 양성 사업단에서 주관하며, 운영 기간은 총 8개월이다.

---

[*] 본 기획서는 2014년 2학기 〈인문형 LAB〉 '지역어와 문화기획' 중 광주와 인문학 랩의 기획안(구성원: 강소희, 김영미, 이가영, 조아름, 학지)을 노상인 연구자가 수정·보완하여 정리한 것이다.

앞서 소개한 〈꼼지락 인문학〉 개요를 정리하면 다음과 같다.

> 가. 프로그램 명칭: 〈마주치는 빛! 광주랑 comme知樂꼼지락 인문학〉
> 나. 프로그램 주제: 지역 맞춤형 인문강좌 프로그램
> 다. 프로그램 형식: 섹션별 포럼, 강좌, 축제
> 다. 프로그램 운영 대상: 인문강좌 수강자 내지 광주광역시 시민
> 라. 프로그램 운영 기간: 3월~8월, 총 8개월
> 미. 프로그램 주관 업체: 전남대학교 대학원 국어국문학과 BK21플러스
> 지역어 기반 문화가치 창출 인재 양성 사업단

2. 기획 목적

〈꼼지락 인문학〉은 인문학적 시각을 통해 광주를 새롭게 이해하고, 이를 기반으로 시민들과 함께 지역 공동체의 다양한 가능태를 그려보는 데에 목적이 있다.

광주는 대한민국의 민주와 인권이 태동한 공간이자, 예술과 한(韓) 스타일이 존재하는 역사적이고 문화적인 공간이다. 현재의 광주는 더 다양한 역사와 문화를 지닌 사람들이 모여 들면서 그들의 정체성이 교차되고 어우러지는 공간으로도 역할하고 있다. 광주는 '예향'이라는 전통적 가치와 도시 재생이라는 현재적 질문을 통해 광주의 정체성을 지켜야하는 과제를 안고 있는 한편, 아시아를 비롯한 '세계'라는 담론을 형성하여 바깥으로 뻗어나가고자 하는 방향성을 가지고 있는 것이다. 이러한 맥락 속에서 공존의 미덕과 '지기지피(知己知彼) 지피지기(知彼知己)'의 인문학적 성찰이 필요함을 직시할 수 있다.

인문학은 '나'에 대한 반성적 사고를 통해 '나의 바깥'과 관계 맺을 수 있는 능력을 길러낸다. 결국 인문학은 자기 밖으로 사유를 유도하여 사라져가는 공공에 대한 감각과 경험을 일깨울 수 있는 통로이다. 우리는 같은 공간에서 다름만이 도드라지는 현상을 극복하고 배려와 상생의 공동체적 삶에 다가서야 한다. 함께하는 가치 속에서 타자를 이해할 수 있고, 함께 노는 길 위에서 상생의 온전함을 이룰 수 있다. 이처럼 '개인의 삶'에서 '공공의 영역'으로 확장되는 인문학적 사유의 방향성에 주목하여 광주광역시 지역민을 대상으로 지역 맞춤형 인문강좌 프로그램 〈꼼지락 인문학〉이 기획되었다.

본 프로그램의 세부 목표는 두 가지이다. 하나는 인종·계층·세대를 넘어선 열린 공론의 장을 마련하여 시민들에게 소통의 기회를 제공하는 것이다. 이를 통해 개인의 삶이 '광주'라는 지역사회와 접속되고 공명하기를 기대한다. 다른 하나는 광주라는 공간에 쌓인 삶의 궤적들을 인문학적 시각에서 다시 조명함으로써, 광주의 과거와 현재를 성찰하는 것이다. 그리고 이를 통해 광주의 미래, 새롭게 구성될 공공의 영역에 대한 가능성을 탐색하고자 한다.

3. 기존 인문학 프로그램 검토

1) 도서관 길 위의 인문학(2014)

이 프로그램은 지역별 공공·대학 도서관을 거점으로 지역 주민의 인문학 일상화와 생활화를 목표로 시작되었다. 역사, 철학, 문학과 관련된 인문학 강연 및 탐방 프로그램을 기획하여 주민들이 인문학에 가까워지고, 이를 통해 자신은 물론 역사를 되돌아봄으로써 삶의 행복을 추구하는 데에 기여하고자 하였다. 나아가 독서 문화를 활성화시키고 이를 기반으로 생성된 문화 행위들을 서로 결합시켜 다채롭고 흥미로운 문화 형식을 새롭게 창조하는 데에 목적이 있다. 2014년도 광주광역시에는 총 6개의 국·공립 도서관에서 '길 위의 인문학' 프로그램이 진행되었다. 특히 〈꼼지락 인문학〉이 추구하는 지역과 지역민에 대한 이해와 관련된 프로그램으로는 광주광역시립산수도서관의 "우리 마을의 문학, 역사, 철학을 수다 떨다!", 광주남구문화정보도서관의 "남구민의 위대한 발자취를 찾아서", 신가도서관의 "삶의 터전에서 역사와 문학을 만나다!" 등이 있다.

2) 빛고을 문화대학 인문학강좌(2014)

대동문화재단에서는 교육사업의 일환으로 빛고을 문화대학 인문학강좌 프로그램을 진행하고 있다. 역사, 문화, 예술 분야의 다양한 전문 강사를 초청하여 상·하반기 총 16개의 강좌를 진행한다. 각 강좌마다 주제와 세부 내용이 다르며, 강사 또한 매번 다르게 초빙된다. 2014년도 하반기 인문학강좌 주제는 "문화 속에 길을 찾다"이며, 9월부터 11월까지 주 1회씩, 총 8번의 일정으로 진행된다. 전문 해설사 1명과 보조 진행자 2명이 함께 매 강좌를 진행한다. 참여 대상은 일반 시민이며 예상 인원은 상·하반기 각각 100명이다. 역사, 문화, 예술 관련 현장 답사도 함께 기획하는데, 2014년도에는 10월과 11월에 파주와 서울로 문화답사가 계획되었다. 현장 답사의 평균 인원은 이론 강의 수강생 중 신청자 160여 명이다.

3) 빛뫼 인문학(2014)

전남대학교 철학연구교육센터는 광주광역시 광산구, 광주시교육청과 함께 '인문도시 광산, 빛뫼 인문학과 함께 세계시민을 향한 물꼬를 트다'(이하 '빛뫼 인문학')를 추진하고 있다. '2014 인문도시 공모사업'에 선정되어 2017년 8월까지 진행되는 이 사업은 고봉 기대승, 국창 임방울 등 지역 인문학 자원을 활용해 광산구를 '인문도시'로 만들자는 취지의 프로그램이다. '빛뫼 인문학'은 크게 인문강좌, 인문체험, 인문주간 등 세 트랙으로 진행된다.

4. 세부 기획안

1) 프로그램 전체 테마 및 주제

〈꼼지락 인문학〉의 주제는 인문학을 통해 광주의 공동체를 그려나가는 것이다. 광주를 이해하고 마주치는 작은 움직임을 '꼼지락거리는 행위'에 비유하여 새로운 시작과 확장된 열림의 의미를 담고자 하였다. 인문강좌의 주제를 다각적으로 발전시키기 위해 프로그램 제목에 따라 세부 프로그램을 '꼼(comme)', '지(知)', '락(樂)' 세 개의 섹션으로 구분하였으며 각기 포럼, 강의, 축제 형식을 띠고 독립적 성격의 하위 기획안을 갖는다.

'섹션1. 꼼'에서는 현재 광주에서 살아가고 있는 사람들의 소통과 균형을 이야기하고, 더불어 살아가는 방법을 함께 고민하고 실현시키는 자리를 마련한다. 이를 위해 배려하는 문화, 존중하는 역사, 연대하는 철학의 인문 가치를 공감하는 광주를 말한다. '섹션2. 지'에서는 광주의 시간과 공간이 지닌 의미와 가치를 탐색하고 광주 시민들의 삶에 내재된 공통의 기억과 감각을 일깨운다. 광주의 과거를 조명하고 현재를 점검하며 미래의 가능성을 탐색하는 과정을 통해 광주를 새롭게 이해하고 마주칠 수 있다. '섹션3. 락'은 시민들이 상생의 즐거움을 경험할 수 있는 과정의 일환으로 마련된 축제의 장이다.

2) 섹션1. 꼼(comme) 〈마주침에서 희망을 말하다: 우리, 지금 만나!〉

가. 주제 및 목적

'꼼(comme)'은 불어로 '함께'라는 뜻을 지닌 단어이다. '꼼(comme) 인문학'은 '함께 하는 삶'을 꿈꾼다. 광주의 옛것과 오늘의 균형을 지켜 새로운 감각의 공간을 마련하고, 마주쳐오는 다른 세계와의 소통과 합류를 위한 인문학적 기반을 다진다. 이를 위해 지금 광주에서 살고 있는 다양한 사람들이 함께 모여 그들이 직면한 삶의 문제들, 그들의 바람과 희망을 나눌 수 있는 자리를 마련하고자 하였다. 이처럼 '함께함'의 명제를 토대로 마련한 포럼을 통해서 더불어 살아가는 방법을 고민하고 실천 의지를 함양할 수 있을 것이다.

〈꼼지락 인문학〉의 첫 번째 섹션은 포럼 형식으로 진행된다. 인종·계층·세대를 넘어선 열린 공론의 장을 통해 개인의 문제를 지역사회가 함께 고민하고 해결해야 할 공적 담론의 영역으로 끌어들이고자 하였다. '교육', '노동', '정치', '소수자', '외국인' 등의 주제 아래 진행될 이번 포럼은 광주의 현재를 점검하는 자리가 될 것이다.

나. 진행 방법

① 포럼 형식: 포럼 및 시민 참여형

② 포럼 방법

▶ 총 여섯 차례의 포럼으로 구성 (각 포럼 120분 진행)

▶ 포럼마다 포럼 진행자 1명과 포럼 참여자 4~5명, 다수의 청중 참여

▶ 포럼 진행자의 기조 발표 (40분)

▶ 패널 주제 토론 (60분)

▶ 청중과 패널의 질의응답 (20분)

③ 포럼 진행자 및 패널

▶ 포럼 주제에 부합하는 진행자 섭외

▶ 패널 섭외(포럼 내용과 관련된 기관 및 단체 등과 협의 후 패널 선정)

다. 포럼 1차 기획안

	포럼명	포럼 내용	패널 참여 기관
1강 다문화 외국인	우리 광주가 달라졌어요~ 나도 광주 사람이랑께	외국인 노동자, 외국인 대학생, 이주여성과 다문화가정 등 현재 광주에서 살고 있는 다양한 외국인들을 한자리에서 만난다. 그들이 가진 경험들, 삶의 문제와 희망을 소통하는 시간을 통해 다양한 문화적 존재들의 가치와 공존 가능성을 점검하고자 한다.	광주새날학교, 광주북구다문화지원센터, 광주교대다문화교육원, 광주국제교류센터
2강 광주의 교육	창가의 토토는 스마트폰 속으로	교육행정가, 교사와 학생, 자사고 학부모, 학교 밖 아이들, 사교육 관계자들이 모여서 광주의 교육 문화와 현실에 대해서 허심탄회하게 토로하는 시간을 갖는다. '교육'에 임하는 서로 다른 입장과 가치를 이해하여 참된 교육의 길을 모색해본다.	광주광역시교육감, 대안학교 학생, 자사고 학부모, 청소년활동가, 사교육 선생님
3강 마이너리티	마이너리티의 눈과 귀	장애, 성소수자, 노숙 등 비주류라 불리는 사람들이 둘러앉아 그들이 원하는 세상에 대해서 이야기한다. 그들의 목소리에 마음을 열고 귀를 기울여 함께한다는 것의 의미가 무엇인지 고민한다.	광주무등노숙인쉼터, 광주트라우마센터, 광주장애인부모연대, 광주여성재단

4강 노동과 삶	노동과 긍정적인 밥	노동자, 참살이를 위해 애쓰는 일꾼, 공동체 적 삶을 실천하기 위해 노력하는 마을기업가 들이 만나서 노동의 가치와 노동 인권을 이 해하고, 함께 일하는 즐거움을 실천할 수 있 는 바람직한 삶의 행태를 설계해본다.	광주노동자노래패, 기 아차노조, 빛고을아이 쿱생협, 광주NGO센터, 마을기업 관계자
5강 예술과 문화	빛고을의 광장은 탐나는 도(圖)다!	광주비엔날레 참여인, 대인예술시장 디자이 너, 예술의 거리를 누비는 버스커, 광주의 영 상문화를 굳건히 지키고 있는 광주극장, 아 시아문화전당을 일구는 사람들이 모여서 광 주의 예술문화지도를 그려본다. 이를 통해 '예향 광주'의 시공간적 의미와 가치를 지속 적으로 부여하고자 한다.	광주문화예술교육지원 센터, 광주청소년문화의 집, 전남대문화전문대학 원, 광주인디, 광주극장
6강 휴먼 라이브 러리[1]	모여라, 빛고을! 말하라, 광주!	광주의 문화를 형성하고 있는 다문화, 교육 환경, 문화예술 등의 주제로 다섯 번의 포럼 이 진행되었다. 각 포럼의 주제 토론에 관심 이 있었던 다양한 광주 시민을 초대하여 '사 람책'을 빌려주는 자리를 마련한다. '사람책' 과의 만남과 대화로 자유롭고 솔직한 소통의 길을 열 수 있을 것이다.	

---

1 휴먼라이브러리(Human Library)란 관련 지식을 가진 사람(사람책Human Book)이 독
자와 일대일로 만나 정보를 전해주는 도서관이다. 독자들은 사람책 목록을 살펴보고 읽
고 싶은 사람책을 선정한 후, 사람책과 마주앉아 주제에 대해 자유롭게 대화할 수 있다.
덴마크 사회운동가 로니 에버겔(Ronni Abergel)이 2000년 덴마크에서 열린 한 뮤직
페스티벌에서 선보인 이후 빠른 속도로 확산되고 있는 이 사업은, 특히 사회적 소수자들
이 사회적 편견으로부터 벗어나 자유롭게 삶을 영위하는 데에 용기와 힘을 주었다. 삶의
경험을 직접적으로 나누고 지혜를 배울 수 있는 휴먼라이브러리는 2010년 국회도서관이
휴먼라이브러리 행사를 개최하면서 한국에 알려졌다. 휴먼라이브러리에 관한 위의 정보
는 네이버 트렌드 지식사전2(https://terms.naver.com/entry.nhn?docId=2718728&
cid=55571&categoryId=55571)를 참고(검색일: 2020.01.20.)하였다.

라. 포럼 2차 기획안

	포럼명	포럼 내용	진행자
1강	우리가 있으므로 내가 있다	'우분투' 정신과 관계의 중요성	이슬람 학자
2강	디아스포라와의 눈	'흩어져 사는 자, 마이너리티, 소수자, 비주류'의 눈으로 본 광주	미얀마 인권운동가
3강	새 터에 꿈을 심다	다문화 가정의 현 주소	새날학교
4강	닮은 영혼, 닮은 꼴 신화	원형이 닮은 신화에 흐르는 기억들	인문학자
5강	빛고을의 광장은 탐나는 도(道)다: 접속하는 도시들	공통된 역사적 경험을 가진 도시들의 과거와 현재	근현대사학자
6강	생명, 평화, 연대 바라기	경험, 만남, 진실을 마주하는 여행	공정여행가
7강	공감 속 리메이크 문화	리메이크 문화의 진정성(meme)	영화 평론가
8강	한류, 배움과 버림의 미학	한류의 민낯을 보다	전남대학교 문화전문대학원
9강	사람이 만들고 마을이 꿈꾸는 공간	마을 공동체 문화 속에서 광주의 옛이야기와 꿈을 찾는다.	마을공동체
10강	나눔과 사랑이 있는 곳에서 너를 만나다	해외 봉사를 다녀온 사람들의 이야기	대학생 해외봉사단
11강	말이 사람이다	이문화간 의사소통에 대하여	전남대학교 독어독문학과
12강	나도 광주 사람이다	국적이 다른 여성들의 수다	

3) 섹션2. 지(知) 〈광주의 시공(時空)을 톺다: 광주, 어디까지 가봤니?〉

가. 주제 및 목적

'톺다'는 "틈이 있는 곳마다 모조리 더듬어 살피다"라는 뜻을 지닌 우리말이다. 〈꼼지락 인문학〉의 두 번째 섹션에서는 광주의 시간과 공간, 그 곳곳에 숨겨진 이야기들을 발견하고 이를 통해 광주가 지닌 인문학적 가치에 주목한다. 이 강좌는 광주라는 공간에 쌓인 삶의 궤적들을 인문학적 시각에서 다시 조명함으로써, 광주가 지닌 '의'와 '에'의 경험적 전통을 되살리고 이를 '현재화'(감각화)하는 데 목적이 있다. 광주의 과거를 더듬어가는 일련의 과정을 통해 광주 시민들의 삶에 내재된 공통의 기억과 감각을 일깨울 것이다.

나. 1차 강좌 기획안: 아시아의 광주

강좌 테마	강좌 제목
1강 꿈틀	아시아와 마주치는 꿈틀이 빛돌이
2강 인문	소요의 바다에 노닐다
3강 신화	아시아의 신화 지도
4강 문학	동아시아 속 한국 문학의 길
5강 철학	리케이온의 길은 서당으로 합류한다
6강 역사	동아시아 세력 전이와 역사 갈등
7강 문화	아시아 박물관 기행, 아시안을 보다
8강 연대	빛고을의 광장은 탐나는 도(道)다: 접속하는 도시들
9강 마을	사람이 만드는 마을, 마을이 꿈꾸는 사람들
10강 자기 찾기	우리도 몰랐던 광주 이야기

다. 2차 강좌 기획안: 광주를 찾아서

강좌 테마	강좌 제목
1강 철학	광주 월봉서원, 고봉 기대승의 철학을 만나다
2강 철학	현암을 통해 읽는 다산
3강 철학	철학자 황광우의 외침, 철학하라! 사랑하라!
4강 역사	광주의 오월, 공동체를 사랑한다는 것은 무엇인가?
5강 역사	오월의 예(藝), 우리는 역사를 어떻게 기억하는가?
6강 자연	산에서 배우는 평등: 무등산 이야기
7강 자연	유위와 무위의 사이에서: 영산강, 잘 흐르고 있니?
8강 연대	골목에 숨겨진 이야기, 길에서 마주치는 사람
9강 문화	광주의 공공 예술을 찾아서

4) 섹션3 락(樂). 〈통감(痛感)의 공동체를 꿈꾸다: 함께하니, 즐겁지 아니한가!〉

가. 주제 및 목적

신자유주의 질서가 전지구적 차원에서 행해지는 오늘날, 도시는 자본주의의 투명한 산물이다. 그러나 도시는 이러한 흐름에 맞서 다양한 사회문화적 실천들이 초국가적 차원에서 실험되는 장소이기도 하다. 〈꼼지락 인문학〉의 세 번째 섹션에서는 서울을 비롯한 세계의 여러 도시에서 벌어지고 있는 다양한 사회문화적 연대의 사례들을 소개하고, 이를 시민들과 함께 경험할 수 있는 축제의 장을 마련했다. 이때 주목할 것은 '통감', 즉 감각이 통한다는 것 또는 함께 느낀다는 것이다. '락(樂) 인문학'은 '상생의 즐거움'을 찾아가는 길이다. 섹션1과 2에 만난 시민들과 함께 목적 없이 나누고 그 가치를 몸으로 체험함으로써, '즐거운 연대'의 가능성을 탐색해보고자 한다.

나. 진행 방법: 인문버스 '후마니(humany)'를 활용한 홍보 및 마중

① 노선1 빛돌이 버스

> 광주광역시청 → 5·18기념문화센터 → 선사문화의 거리 → 광주향교
> → 광주근대역사문화탐방(양림동 거리)

② 노선2 난장과 향연 버스

> 광주벽화마을 문화동 시화문화마을 → 예술의 거리 → 대인문화예술장터
> → 아시아문화전당

다. 기획안

축제명	세부 프로그램	프로그램 요지
식사하셨어요?	주 전통 음식을 함께 만들고 서로 나누는 프로그램	음식을 나누고 즐기는 행위를 통해 아무런 목적 없이 '우리'가 되는 경험을 제공한다.
2018년 3월 1일자 광주신문	광주 시민들 각자가 현실이 되기를 희망하는 사건을 기사화하여 미래의 신문을 제작하는 프로그램	광주 시민들의 희망을 기록하고, 하나로 모으는 작업을 통해 미래 광주의 모습을 그려본다.
'나'의 장소, '우리'의 길	광주 대중교통 전체 노선표를 판넬로 제시하고, 광주 시민들에게 가치 있는 공간들을 하나의 '길'로 연결시키는 프로그램	개인적인 '나만의 장소'를 함께 가는 '우리의 길'로 만드는 작업을 통해 광주가 지닌 공간의 가치를 발견하고 소개한다.
당신의 이야기를 들려주세요.	광주 지역 작가들과 시민들이 문학을 통해 다양한 삶의 지향점과 태도를 성찰하고 위로하는 프로그램	언어 콜라주, 초성놀이, 단어 퀼트 등의 놀이를 통해 자신만의 서사를 언어로 구성하고 서로 소통함으로써 개인적 행위인 독서와 글쓰기를 공동체 행위로 확장한다.

'오월'을 노래하라!	광주의 오월을 노래하는 가수와 인디밴드들을 초대하여 시민들과 함께 오월을 기억하는 프로그램	역사를 기억하는 지금 우리의 자세를 반성적으로 성찰하고, 오월이 지닌 현재적 의미를 되새겨본다.
사뿐히 즈려밟고	시민들과 함께 광주의 과거, 현재, 미래의 이미지가 스케치 된 거리를 꽃으로 채우는 프로그램	광주의 문화와 역사를 간직하고 있는 거리들을 기억하고, 새롭게 공간적 가치를 꽃피울 거리들을 발견함으로써 광주와 광주 공동체의 희망을 말한다.

5) 인문버스, 후마니(humany)[2] 운영

가. 운영 목적

인문버스 후마니는 순천에서 운영하는 남도 관광지 순환 버스, 광주에서 운영하는 5·18 ART 버스를 본받고자 하였다. 인문버스 후마니를 운영하는 것은 〈꼼지락 인문학〉의 기획 주제와 목적에 맞추어 시민들에게 인문학이 생활에서 접할 수 있는 학문임을 알리는 데에 목적이 있다. 〈꼼지락 인문학〉의 접근성을 높일 뿐만 아니라, 버스 노선을 고려한 지역 맞춤 강좌를 독자적으로 기획하여 광주 지역민이 광주의 역사와 문화, 예술을 더 쉽게 접하고 즐길 수 있도록 도움을 주고자 한다.

나. 운행 시간 및 노선

① 운행 일정 및 시간

5월 북구: 둘째 주 화요일 오후 2시 / 넷째 주 화요일 오후 8시

6월 남구: 첫째 주 수요일 오후 2시 / 셋째 주 수요일 오후 8시

---

2 후마니(humany) 명칭은, 인문학(人文學, humanites)에서 아이디어를 얻었다.

7월 동구: 둘째 주 목요일 오후 2시 / 넷째 주 화요일 오후 8시

8월 서구: 첫째 주 금요일 오후 2시 / 셋째 주 금요일 오후 8시

② 운행 노선

▶ 기존의 버스를 이용하는 것이 아닌, 후마니만의 새로운 버스 노선을 계획하여 운영한다. 운영 노선은 〈꼼지락 인문학〉 프로그램 진행 과정과 지역 내 역사 문화적 가치를 지닌 장소들의 위치를 고려하여 정한다. 매 주마다 노선을 다르게 기획하여 미리 공지한다. 버스 운행 시, 승하차 시간을 충분하게 확보하여 시민들이 보다 자유롭게 이용할 수 있도록 한다.

다. 강좌 내용

〈꼼지락 인문학〉이 진행되지 않을 경우 버스 이동 시간을 이용하여 버스 안에서 인문강좌를 진행한다.

강좌 개요	세부 내용
새 주소의 명칭 유래	각 구마다 인문학적으로(역사, 철학, 국어학) 강의할 필요성이 있는 몇 가지 주소를 골라 강의한다.
각 구의 유명 인사 초청	문화적으로 유명한 각 구의 인사들을 초빙하여 버스 안에서 강연을 진행한다.
책 속의 한 줄	고문서부터 현대 소설에 이르기까지, 유명한 책들 속에서 광주가 어떻게 등장하고 있는지 강연한다.
오늘은 나도 강사	한 달에 한 번, 시민들이 자기 주제에 대해 자유롭게 강연한다.
외국인 이야기	광주에 거주하는 외국인들을 초청하여 그들의 이야기를 듣는다.

5. 기대 효과

〈꼼지락 인문학〉의 주제와 목적이 '인문학', '광주', '지역민', '공동체'의 상호결합에 있는 만큼 '즐거운 연대'의 가능성을 제시하고 그것을 꿈꾸는 장이 마련될 것임을 기대할 수 있다. 포럼, 강의, 축제를 통한 다각적 접근을 통해 우리가 '함께'라는 것을 알아가는 즐거움을 경험할 수 있을 것이며, 그러한 과정 속에서 차이를 극복하고 상생하는 지역 공동체를 만들어나갈 수 있다. 무엇보다 이러한 행위의 주체가 지역민이라는 점에서 광주 시민의 인문학 향유를 높일 수 있으며, 이를 통해 시민들이 문화 시민으로서의 삶의 행복을 추구하는 데에도 기여할 수 있다.

나아가 문화를 즐기는 것은 소비자뿐만 아니라 생산자가 되는 것을 의미하기 때문에 다양하고 의미 있는 시민 문화의 창출 또한 기대할 수 있다. 특히 인문학적 성찰을 통해 광주의 현재를 점검하고 이해하는 과정은 광주를 보다 발전된 문화예술 도시로 성장시킬 것이다. 나아가 광주라는 공간이 지닌 역사적, 문화적 의미와 그 가치를 불러일으키고 기억하며, 그 의미와 가치들과 접속 가능한 아시아의 역사와 문화를 불러옴으로써 미래에 새롭게 구성될 광주의 공공장의 가능성 또한 탐색해 볼 수 있을 것이다.

6. 제언

〈꼼지락 인문학〉은 인문학적 시각을 통해 광주의 과거를 조명하고, 현재와 미래를 새롭게 탐색하여 지역민이 서로 소통할 수 있는 공론장 형성을 그 목적으로 하고 있다. 포럼과 강의, 축제의 형식에 따라 꼼, 지, 락, 세 개의 섹션으로 크게 구분시켜 진행함으로써 프로그램의 주제와 목적에 보다 다각적으로 접근하면서도 포괄적이고 통일적인 기획안을 마련했다는 점에서 의의가 있다. 지역에 대한 이해뿐만 아니라 지역민의 주체적 참여와 적극적인 성장을 그 기반으로 하고 있다는 점에서도 프로그램의 필요성과 의의가 설명된다.

나만 구체적인 기획 내용과 더불어 실제 프로그램 추진을 위한 단계에서 재고해야 할 부분들이 있는 것으로 판단된다. 먼저 각 섹션의 세부적인 진행 방법에 대한 계획이 미진하다. 또한 프로그램 추진 기간 및 시간과 장소에 대한 대략적인 계획이 마련되어 있지 않다. 나아가 세 가지 섹션이 각기 독립적인 기획안을 갖고 있는 만큼 다양한 주제와 내용을 다루는 것으로 기획되어 있지만 협력 단체 및 기관에 대한 설명과 이과 관련된 추진 기획도 생략되어 있다. 그 외에도 마케팅 전략과 전체 예산이 고려되지 않았다는 점에서 프로그램의 실질적 추진을 위한 계획으로는 부족하다는 것이 증명된다. 위 부분을 추가적으로 살펴 추진 전략의 실제성을 높일 수 있다면 프로그램이 지닌 의의와 가치를 현실에서 실현시킬 수 있을 것이며, 일시적 프로그램이 아닌 발전 가능성이 있는 지역 맞춤형 인문강좌 프로그램으로 인정받을 수 있을 것이다.

블로그를 활용한 지역 문화 수업[*]

《아따왐마 사투리 정거장》기획과 실제

이지성

1. 사업 개요

《아따왐마 사투리 정거장》은 전남대학교 대학원 국어국문학과 BK21 플러스 지역어 기반 문화가치 창출 인재 양성 사업단이 지역어를 알리고 교육하기 위해 만든 네이버 블로그로 2015년 1학기부터 전남대학교 국어국문학과의 대학원생들이 직접 운영하고 있다.

지역어는 흔히 '방언'이나 '사투리'로 불리며 '표준어'와는 반대되는 개념으로 사용되어 왔다. 게다가 1980년대부터 방송이나 사회 분위기 상, 표준어를 사용하는 사람은 교양 있고 지식있는 사람으로 여겨졌고 사투리를 사용하는 사람은 촌스럽고 때로는 무섭거나 거친 사람으로 인식되어 왔다. 그러나 흔히 촌스럽다고 인식되는 '사투리'는 그 지방의 문화와 역사를 가지고 있는 하나의 언어로 국어사를 연구하는 데에 있어서 중요한 연구 자료가 된다. 일제 강점기, 조선어 말살 정책으로 우

---

* 본 기획서는 2015년 1학기 〈인문형 LAB〉 '지역어와 문화기획' 랩의 기획안(구성원: 김현승, 왕묘페이, 이서희, 정회원, 조혜화, 최윤경, 학지, 황희우)을 이지성 연구자가 수정·보완하여 정리한 것이다.

리의 말과 소리를 잃을 뻔했을 때도 각 지역에 남아 있는 지역어는 조선어와 소리를 찾는 데에 중요한 역할을 했다. 그래서 《아따왐마 사투리 정거장》은 평가절하되어 있고 사라져가는 지역어를 재조명하고 일상생활 곳곳에서 볼 수 있는 지역어를 소개하여 지역어에 대한 이미지를 보다 긍정적이고 친근하게 만들기 위해 기획되었다.

이를 위해 《아따왐마 사투리 정거장》은 지역어와 관련된 서적과 지역어로 쓰인 문학 작품 등을 소개하였고 지역어로 가사를 쓴 노래나 지역어를 소재로 한 잡지, 동영상 등, 쉽게 접할 수 있는 매체를 소개해 놓았다. 그 뿐만 아니라 결혼이나 이민으로 한국에서 살지만 지역어를 모르는 사람들을 위해 지역어 교육 방안과 수업 자료를 제시해 놓았다.[1]

보통 대학 기관 등에서 한국어를 배울 때는 지역어보다 표준어를 기준으로 배우며 한국어 교재에서 교수언어도 표준어이다. 그러나 유학이나 영주가 목적이지 않은 경우에는 당장 한국어 교육 기관에서 한국어를 배울 수도 없고 배우더라도 정작 생활에서 주로 듣고 쓰는 지역어와 차이를 보인다. 특히, 결혼이민자와 같은 경우에는 주로 함께 생활하는 배우자의 부모님 등이 그 지역의 언어를 많이 사용하기 때문에 아무리 한국어를 많이 배웠더라도 표준어만 배워서는 가족 간 의사소통에 문제가 생긴다. 또한 외국인 노동자는 근로 현장에서 자주 사용하는 용어와 더불어 억양이나 표현을 먼저 배워야 한다. 근로 장소가 위험한 곳이라면 위험한 물건이나 상황을 피하기 위해서이고 그렇지 않더라고 일이

---

1 블로그 《아따왐마 사투리 정거장》 기획 당시에는 '지역어'와 '사투리', '방언' 등의 용어를 통일하지 못하여 블로그 내에 있는 자료는 이 용어들이 혼합되어 사용되고 있다. 따라서 블로그 내에 있는 자료의 제목이나 이름 등은 그대로 사용할 것이며 그 외의 설명 부분에서는 '지역어'로 통일하여 사용하도록 하겠다.

효율적으로 진행되기 위해서 간단한 지역어 어휘나 표현은 필수이다.

〈표 1〉 2018년 한국어 학습 경험 유무 및 학습기관 조사

(단위: %, 소수점 둘째자리 반올림)

	취업			결혼 이민
	비전문 취업	방문 취업	전문 인력	
한국어를 배운 적 있음	80.5	58.3	66.1	81.1
한국 대학의 한국어 교육 기관(대학 부설 어학원 등)	4.3	0.4	26.4	10.6
법무부 사회통합프로그램(대학, 다문화가족지원센터, 이민자지원센터 등)	5.0	1.0	9.8	22.9
외국인력지원센터의 외국인 근로자 한국어 교육	17.3	2.9	10.6	2.2
본국 또는 한국 이외 국가에서 한국어 교육	64.2	64.2	27.2	24.2
그 외 지방자치단체, 학원, 종교단체, 민간단체, 인터넷 학습, 개인지도, 독학 등	21.6	34.5	43.9	25.9
한국어를 배운 적 없음	19.5	41.8	33.9	19.0
합계	100	100	100	100

2018년 통계청의 조사[2]에 따르면 비자를 가지고 입국한 결혼이민자와 외국인 노동자 중 한국어 교육을 받은 사람이 각각 81.1%와 68.3%인 것으로 나타났다. 하지만 이중에서 대부분은 한국 외의 지역에서 한국어를 배웠거나 독학으로 공부했으며 이는 곧, 이들이 한국에서 한국 사람들과 본격적으로 생활하기 전에는 지역어를 교육받거나 지역어에

---

2 2018년 이민자의 한국어 학습 경험 유무 및 학습기관 통계조사는 통계청·법무부의 『2018년 이민자 체류실태 및 고용조사』 자료의 41쪽을 활용했다(『2018년 이민자 체류실태 및 고용조사』는 통계청 홈페이지의 배포본 http://kostat.go.kr/portal/korea/kor_nw/1/3/4/index.board?bmode=read&bSeq=&aSeq=372125&pageNo=1&rowNum=10&navCount=10&currPg=&searchInfo=&sTarget=title&sTxt= (검색일: 2020.01.20.)을 참고).

노출되지 못했다는 의미가 된다. 따라서 《아따왐마 사투리 정거장》은 지역어와 관련된 내용과 교육을 위한 자료를 제공해 외국인에게는 한국 생활에서 필요한 지역어를 교육하고 한국인에게는 지역어의 특징과 가치를 알리고자 했다.

2. 블로그의 내용

1) 〈아따왐마 – 방언 정거장〉

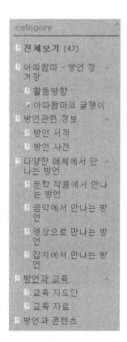

블로그는 크게 다섯 가지 카테고리로 분류가 된다. 그 중, 네 번째와 다섯 번째는 교육과 관련된 부분이기 때문에 3장에서 지역 문화 교육과 함께 설명하고자 한다. 블로그의 첫 번째 부분은 블로그와 운영자를 소개한 부분이다. 이 부분은 《아따왐마 사투리 정거장》의 정체성을 보여주고 소개하는 부분이다.

2) 〈방언관련 정보〉

두 번째는 〈방언 관련 정보〉라는 카테고리로 지역어에 관련된 서적을 올리고 소개하는 부분이다. 현재 블로그에 소개되어 있는 지역어 관련 서적은 5권으로 『의주(심양)지역어텍스트』, 『안확의 국어연구』, 『함경북도 육진방언의 종결어미』, 『안동지역어의 음운연구』, 『국어방언문법』

이 있다.

3) 〈다양한 매체에서 만나는 방언〉

세 번째는 〈다양한 매체에서 만나는 방언〉이라는 카테고리로 지역어와 관련되거나 지역어를 사용하여 제작된 동영상이나 음악, 문학 작품을 소개하는 부분이다.

(1) 문학으로 만나는 방언

여기에서 소개하고 있는 문학 작품은 백석의 「마을은 맨천 구신이 돼서」와 함경도 지역어가 사용된 이용악의 「우라지오 가까운 항구에서」, 경상도 지역어가 사용된 박재삼의 「추억에서」가 있다.

백석의 시인 「마을은 맨천 구신이 돼서」는 향토적인 시어를 사용하여 독자가 고향에 대한 이미지를 쉽게 떠올릴 수 있게 하였다.

> 나는 이 마을에 태어나기가 잘못이다
> 마을은 맨천 구신이 돼서
> 나는 무서워 오력을 펼수 없다
> 자 방안에는 성주님
> 나는 성주님이 무서워 토방으로 나오면 토방에는 디운구신
> 나는 무서워 부엌으로 들어가면 부엌에는 부뜨막에 조앙님
>
> 나는 뛰쳐나와 얼른 고방으로 숨어버리면 고방에는 또 시렁에 데석님
> 나는 이번에는 굴통 모통이로 달아가는데 굴통에는 굴대장군
> 얼혼이 나서 뒤울안으로 가면 뒤울안에는 곱새녕 아래 털능구신

　　나는 이제는 할수 없이 대문을 열고 나가려는데 대문간에는 근력 세인
수문장

　　나는 겨우 대문을 삐쳐나 밖앝으로 나와서
　　밭 마당귀 연자간 앞을 지나가는데 연자간에는 또 연자망구신
　　나는 고만 디겁을 하여 큰 행길로 나서서 마음 놓고 화리서리 걸어가다
보니
　　이아 말 마라 내 발뒤축에는 오나가나 묻어 다니는 달걀구신
　　마을은 온데간데 구신이 돼서 나는 아무 데도 갈수 없다.

백석, 「마을은 맨천 구신이 돼서」 부분[3]

　　우리는 이 시를 통해 과거 농업경제 사회의 가옥의 구조를 가늠해 볼
수 있을 뿐만 아니라 과거 민속사회의 가택신앙까지 살펴 볼 수 있다.
방안에는 집을 지켜주는 성주신을 모시고 토방에는 땅의 운을 다스리는
지운귀신을 모신다. 부엌에는 조왕신이, 고방에는 제석신이 있다. 굴뚝
에는 굴뚝을 다스리는 굴대장군이 있고 뒤뜰에는 장독을 관리하는 터릉
귀신이 있다. 대문에는 수문장이 있고 밭 마당에는 연자만귀신이 있으며
항상 내 뒤에는 달걀귀신이 따라다닌다고 한다.
　　백석은 시에서 평안북도 지역어를 사용하여 토속적인 감성과 시상을
그대로 드러낸다. 이는 독자들이 자신들이 가지고 있는 고향에 대한
기억, 가족과 만났을 때의 따뜻함 등을 시에 대입할 수 있게 해 준다.
이것은 백석의 시의 특징이며 동시에 지역어가 가진 큰 장점이다.

3　백석, 「마을은 맨천 구신이 돼서」, 『정본 백석시집』, 문학동네, 2007, 286쪽.

(2) 노래로 만나는 방언

블로그에서는 문학 뿐만 아니라 지역어로 쓰인 음악도 소개하고 있는
데 MC메타의 「무까기하이」와 제주 밴드 South Carnival의 「몬딱도르
라」가 올라가 있다. MC메타는 힙합 뮤지션이자 래퍼인데 그가 부른
「무까기하이」는 노래 가사 전체가 경상도 지역어로 쓰였다.

> 고마 됐으요
> 뭐가 문젠교? 고마 그냥 놔 두이소
> 모하며 열지 말고 그마 꾹 닫아 두이소
> 엄한 다리 잡지 말고 혼자 말아 무이소
> 그래도 할라마 차라리 날 잡아 무이소
> 내가 캤지요? 되도 안한기 뭣도 안하이
> 말아무이마이 말이 마이 나오이
> 고마 가 옆에 가가 뭐 가갈 기 있나
> 디비 바바도 없단 거 알아 무이소!
>
> MC메타, 「무까기하이」 中[4]

억양의 변화가 심한 경상도 지역어가 라임이 되고 노래의 리듬과 만
나면서 경상도 지역어 특유의 매력을 느낄 수 있게 된다.

South Carnival은 제주도에서 결성된 9인조 밴드로 주로 스카(ska)[5]
음악을 하고 제주도 지역어를 사용하여 음악을 만든다.

---

4 가사 정보는 유튜브(http://www.youtube.com/watch?v=xHh9Nglj56M)를 참조(검색
　　일: 2020.01.20.)하였다.
5 자메이카의 민속음악인 멘토(mento)와 카리브해 지역 음악인 칼립소(calypso)를 바탕으
　　로 블루스와 재즈가 결합된 음악이다.

두렁청이 어드레 가젠 햄시냐
(뜬금없이 어디로 갈려고 하나요)
곱들락 허게 촐려입어그네 이드레 와그네
(멋있게 입고 여기로 오세요)
느영나영 모다들어그네 터졍 도르게
(당신이랑 저랑 모여서 신나게 달려요)
빙삭허게 몬딱 베리난 보녀 감시네
(웃으면서 모두 보고 있으니 더욱 친해진듯 하잖아요)
도르라 조들지마랑
(달려요 걱정하지말고)
도르라 몬딱 도르라
(달려요 모두 달려요)
도드라 조들지마랑
(달려요 걱정하지말고)
도르라 몬딱 도르라
(달려요 모두 달려요)

South Carnival, 「몬딱 도르라」[6] 中

　「몬딱 도르라」는 제주 지역어로 '모두 달려요'라는 뜻이다. 제주도 지역어에 활기차고 밝은 반주까지 더해져 표준어 해석이 없으면 마치 외국 노래를 듣는 것 같다. 어느 정도 이해 가능하고 많이 들어서 익숙해진 내륙의 지역어들과 달리, 제주도 지역어는 오랜 세월 제주도라는

6　가사 정보는 바이브 뮤직(https://vibe.naver.com/track/3278081)를 참조(검색일: 2020. 01.20.)하였고 표준어 해석은 네이버 블로그(https://blog.naver.com/hyungwoo83/221185017689)에서 인용(검색일: 2020.01.20.)했다.

지형때문에 그들만이 사용해 왔고 그들만이 이해할 수 있는 언어가 되었다. 그러나 점점 제주도로 이사가는 사람들도, 제주도에서 나와서 내륙으로 이동하는 사람들도 많아지면서 제주도 지역어를 사용하는 사람들도 많이 줄어들게 되었다. 그런 의미에서 제주도 지역어로 노래를 만들고 널리 알리는 South Carnival의 노래는 예술에서 뿐만 아니라 방언학에도 큰 가치가 있다.

(3) 영상으로 만나는 방언

응답하라1994-여수VS전라도 사투리 대결
(https://www.youtube.com/watch?v=p
kjwROO7VJg&feature=emb_logo 검색일:
2020.01.20.)

푸른거탑 – Ep.4 : 선임사투리에 멘붕
온 서울토박이신병!
(https://www.youtube.com/watch?v=
IHQB6RrhAEg&feature=emb_logo 검
색일: 2020.01.20.)

"거시기"가 표준어일까요 방언일까요?
(http://blog.naver.com/honamblog/22
0411553123 검색일: 2020.01.20.)

우리말 토박이 – 마닐마닐하다
(http://blog.naver.com/honamblog/22
0411565233 검색일: 2020.01.20.)

도희가 전하는 사투리 오늘의 날씨
(https://www.youtube.com/watch?v=Yo1p
6rgGQp8&feature=emb_logo 검색일: 2020.
01.20.)

스펀지2.0-지역별 통화시간 차이
(https://www.youtube.com/watch
?time_continue=2&v-hUTcXCKfo4
E&feature=emb_logo 검색일: 2020.
01.20.)

'영상으로 만나는 방언'에는 드라마, 영화, 다큐멘터리 등, 지역어를
사용하여 촬영한 영상물이나 지역어를 소개하는 영상물이 게시되어 있
다. 대표적으로는 지역어 드라마의 시초나 다름없는 드라마 '응답하라'
시리즈 중 하나인 '응답하라 1994'의 장면이 소개되어 있다. 해당 영상
은 순천이 고향인 해태가 여수가 고향인 대학 친구와 어느 도시가 더
큰지를 두고 싸우는 장면이다. 그러다 보니 싸우는 내내 전라도 지역어
가 빠지지 않고 나온다. 전라도가 고향인 사람이 이 영상을 본다면 고향
생각에 입꼬리가 올라갈지도 모르겠다.

'응답하라 1994'의 영상이 전라도 지역어 위주라면 함께 게시되어 있
는 예능드라마 '푸른거탑'은 모든 지역어를 담고 있다. '푸른거탑'의 배
경은 군대이다. 군대는 상관의 명령을 빨리 이해해야 하고 서열관계가
확실한 곳이다. 그러나 해당 에피소드에서는 서울 사람인 이병이 전라
도, 경상도, 강원도, 제주도 등에서 온 선임의 지역어를 이해하지 못해
결국 혼나는 장면을 담고 있다. 극적인 상황을 위해 젊은 사람들보다는

나이 드신 지역 토박이가 쓸 법한 지역어를 사용하고 있지만 전라도 지역어 대사만 봐도 현실에 없을 만큼 지나친 설정은 아니다. 해당 에피소드만 봐도 각 지역어들이 얼마나 다른지를 알 수 있다.

그래서 '영상으로 만나는 방언'에서는 각 지역의 지역어의 뜻을 소개하는 영상도 있다. 그리고 '지역별 통화시간 차이'라는 주제로 게시된 동영상도 있다. 주제만 봤을 때는 통화시간이 지역어와 무슨 차이가 있을까 싶겠지만 해당 영상은 그 지역의 사람들의 통화 모습과 습관을 보여준다. 지역어의 특징이라기보다는 그 지역과 지역 사람들의 특징이 드러난 영상이다. 이 외에도 라디오 방송, 기내 방송 등, 지역어를 사용하거나 지역어가 소재인 영상물들이 게시되어 있다.

3. 콘텐츠 활용 방안

지금까지 지역어를 활용한 콘텐츠를 제시했다면 3장은 이 콘텐츠들을 어떻게 교육에 활용할 수 있는지를 소개한다.

교육 대상은 세 집단이다. 첫 번째는 지역어 교육이 필요한 외국인이고 두 번째는 지역어에 익숙하지만 학교에서 문학작품 등을 통해 지역어를 배운 청소년들이다. 그리고 마지막은 지역어 교육이 반드시 필요한 사람들은 아니지만 지역어에 대한 흥미와 관심을 가진 성인들이다.

1) 외국인 대상 지역 문화 수업

외국인을 대상으로 하는 지역 문화 수업에서는 전라도 지역에서 많이 사용하는 '-(으)시요잉/쇼잉', '-(으)ㅇ께/니께'를 학습 내용으로 삼고 수업 자료와 교안을 제시해 보았다. 수업 대상은 기본적인 일상대화는 가능한 수준으로 TOPIK 기준 1급 이상을 가진 외국인이며 수업 대상의 한국 거주 기간, 실력에 따라 교사의 발화는 통제될 수 있다.

(1) 수업 자료

〈그림 1〉 '-(으)시요잉/쇼잉', '-(으)ㅇ께/니께' PPT

◆ '-(으)ㅇ께/-(으)니께'와 '-(으)시요잉/-(으)쇼잉'을 사용하여 문장을 완성해 보세요.

-(으)ㅇ께 / -(으)니께			-(으)시요잉/-(으)쇼잉		
받침X	-ㅇ께 / -니께	가다 ⇒ 강께 가니께 아프다 ⇒ 아픙께 아프니께	받침X	-시요잉 / -쇼잉	가다 ⇒ 가시요잉 가쇼잉 보다 ⇒ 보시요잉 보쇼잉
받침O	-웅께 / -으니께	먹다 ⇒ 먹웅께 먹으니께 걷다 ⇒ 걸웅께 걸으니께	받침O	-으시요잉 / -으쇼잉	읽다 ⇒ 읽으시요잉 읽으쇼잉 듣다 ⇒ 들으시요잉 들으쇼잉

〈보기〉

(길이 막히다, 지하철을 타다)

→ 길이 막히께 지하철을 타쇼잉.
1)

(1)

(늦다, 빨리 가다)

→ _____.
2)

(2)

(춥다, 두꺼운 옷을 입다)

→ _____.
3)

(3)

(내일이 시험이다. 공부하다)

→ _____.
4)

(4)

(전화를 못 받다, 문자를 보내다)

→ _____.
5)

---

1),4),5) 서울대학교 언어교육원, 『서울대 한국어2A WORKBOOK』, TWO PONDS, 2013, 108쪽.
2) 서울대학교 언어교육원, 『서울대 한국어1B WORKBOOK』, TWO PONDS, 2013, 86쪽.
3) 서울대학교 언어교육원, 『서울대 한국어1B WORKBOOK』, TWO PONDS, 2013, 79쪽.

〈그림 2〉 '-(으)시요잉/쇼잉', '-(으)ㅇ께/니께' 활동지

(2) 수업 지도안

학습 대상	외국인	일시			
학습 목표	전남 지역에서 사용하는 연결어미 '-(으)시요잉/-(으)쇼잉', '-(으)니께/-(으)ㅇ께'를 표준어 문법과 비교하여 이해하고 말할 수 있다.				
학습 내용	'-(으)시요잉/-(으)쇼잉', '-(으)니께/-(으)ㅇ께'				
준비물	학습 내용 ppt, 연습지, 문장카드, 지역어 녹음 파일				

과정	학습내용	교수-학습 활동	학습 자료	시간	유의 사항
도입	흥미유발	T: 안녕하시요잉 S: ? T: (인사하는 제스쳐를 취한다.) 안녕하시요잉. S: 안녕하세요. T: 안녕하시요잉.		5'	'-(으)시 요잉'을 반복하여 사용한다.
제시	표준어와 함께 제시	T: (한국 전도를 보여준다.) 서울이 어디예요? S: 저기예요. T: (한국 전도에 서울을 표시한다) 우리는 어디에 있어요? S: 광주에 있어요. T: (한국 전도에 광주를 표시한다) 맞아요. 우리는 광주에 있어요. T: 서울에서 인사는 어떻게 해요? S: 안녕하세요. T: (한국 전도에 '안녕하세요' 카드를 붙인다) 맞아요. 안녕하세요. 그런데 광주에서 어떻게 인사해요? S: 안녕하세요? T: 정말요? 잘 생각해 보세요. S: 안녕하시용? T: 광주에서 인사해요.(한국 전도에 '안녕하쇼 잉' 카드를 붙인다) '안녕하쇼잉' T: 서울에서 인사해요. (한국 전도에 카드를 붙인다) '안녕히 가세요'	한국 전도 (지도) 문장 카드 (자석)	15'	

		T: 광주는 어떻게 인사해요? S: 안녕히 가세요? T: 진짜요? 여러분 할머니는 어떻게 인사해요? S: ? T: 광주에서는 (한국 전도에 카드를 붙이며) '안녕히 가쇼잉' T: 뭐가 달라요? 뭐가 없어요? S: 쇼잉? / '세요' 없어요. T: 맞아요. 광주에서는 '세요' 없어요. '쇼잉'이라고 말해요. 안녕하세요 ⇒ 안녕하쇼잉 안녕히 가세요 ⇒ 안녕히 가쇼잉 맛있게 드세요 ⇒ 맛있게 드쇼잉 어서 오세요 ⇒ 어서 오쇼잉 뭐 하세요? ⇒ 뭐 하쇼잉?			
연습	카드로 연습	T: (표준어 문장이 쓰인 카드를 보여주며) 그럼 이건 어떻게 이야기 해요? S: 잘 가쇼잉 / 책 보쇼잉... T: 잘했어요.	문장 카드	10′	카드 반복 연습하며 억양을 고쳐준다.
도입	'-(으) ㅇ께' 노출	T: 여러분은 수업이 끝나면 어디에 가요? S: 집에 가요. T: 왜 집에 가요? S: 아이가 집에 있어요. T: 아, 아이가 있어요? 그럼 00씨는 아이가 집에 있응께 빨리 집에 가쇼잉. S: ? T: 아이가 집에 있어요. 그러니까 빨리 집에 가세요. S: 아, 네. T: 아이가 집에 있응께 빨리 집에 가쇼잉. 선생님은 배가 고픙께 빨리 식당에 갈 거 예요. S: ? T: 선생님 왜 식당에 가요? S: 배가 고파요? T: 네, 배가 고픙께.		5′	

제시	문형 제시	T: (칠판에 도입에서 말한 문장을 표준어로 쓴다) ○○ 씨는 아이가 집에 있으니까 집에 빨리 가세요. S: 네 T: ('있으니까' 밑에 '있응께'를 쓴다) ○○ 씨는 아이가 집에 있응께 집에 빨리 가쇼잉. T: 서울에서 '(으)니까' 말해요. 광주에서 '(으)ㅇ께' 말해요. 아이가 집에 있응께 배가 고픙께		5′	
연습	'-(으)ㅇ 께'연습 활동지로 써보기	T: (문장이 써 있는 PPT나 문장 카드를 보여 준다.) T: (활동지를 나눠준다) 여기 그림을 보세요. 청소를 해요. 왜 청소를 해요? S: 손님이 와요. T: 맞아요. 그래서 선생님이 여러분에게 말해 요. ○○씨, 손님이? S: 손님이 옹께 청소를 하세요. T: 하세요? S: 하쇼잉. T: 네, 손님이 옹께 청소를 하쇼잉. 그러면 2번은 어떻게 말해요? 한번 써 보세요. (활동할 시간을 준다) T: (학생들과 같이 답을 맞춰본다)	문장 카드 연습 활동지	15′	
활동	게임	(학생들을 3~4팀으로 나눈다) T: 선생님이 광주말해요. 들으세요. 그리고 아는 사람은 서울말로 말하세요. (녹음된 전라도 지역어를 들려준다. "더웅께 창문 좀 열어주쇼잉) S: 더우니까 창문을 열어주세요. T: 맞아요. 이거 연습이에요. 이제 시작이에요. (문제를 몇 번 내고 이긴 팀에게 선물을 준다.)	사투리 녹음 파일	10′	잘하는 사람과 못하는 사람을 섞어서 팀을 나눈다

정리	복습	T: 우리 오늘 꽝주말 배웠어요. 이거는 지역어 예요. 여기. 전라도예요. 그래서 전라도 지 역어예요. 안녕하세요. 는 뭐예요? S: 안녕하쇼잉 T: 안녕히 가세요? S: 안녕히 가쇼잉 T: 잘했어요. 집에서 할머니말도 잘 들어보세 요. 내일 만나요.	5'

3.2. 청소년 대상 지역 문화 수업

(1) 수업 자료

이별가[7]

박목월

뭐락카노, 저 편 강기슭에서
니 뭐락카노, 바람에 불려서

이승 아니믄 저승으로 떠나는 뱃머리에서
나의 목소리도 바람에 날려서

뭐락카노 뭐락카노
썩어서 동아밧줄은 삭아내리는데

하직을 말자 하직을 말자
인연은 갈밭을 건너는 바람

뭐락카노 뭐락카노 뭐락카노
니 흰 옷자라기만 펄럭거리고……

오냐. 오냐. 오냐.
이승 아니믄 저승에서라도 ……

이승 아니믄 저승에서라도
인연은 갈밭을 건너는 바람

뭐락카노, 저 편 강기슭에서
니 음성은 바람에 불려서

오냐. 오냐. 오냐.
나의 목소리도 바람에 날려서.

(2) 수업 방안

학습 대상	청소년	일시	
학습 목표	지역어를 활용한 텍스트를 해석함으로써 지역어의 문화적 가치와 화자의 감정 을 이해할 수 있다.		
학습 내용	박목월 「이별가」		
준비물	PPT		

한국에서 살면서 의사소통을 하기 위해 지역어 교육이 필요한 외국인
과 달리 의사소통을 하는 데에 있어서 지역어의 간섭이 크지 않은 한국
인은 지역어 교육 목적부터 외국인과 다를 수밖에 없다. 한국인에게
지역어는 의사소통을 위한 것이 아니라 그 지역의 문화를 이해하고 지
역어에 담겨 있는 감정을 이해하기 위함이다. 그렇기 때문에 지역어로

---

7 박목월, 「이별가」, 『박목월시전집』, 믿음사, 2003, 403쪽.

쓰인 시는 지역어에 담긴 문화와 감정을 이해하는 데에 적절한 교육 자료가 된다.

박목월이나 백석, 현대 시인 중에서는 김용택이나 박근수 시인이 지역어를 사용하여 시를 쓰는 대표적인 시인들이다. 이들의 시에는 정감 어린 단어나 표현이 시어로 많이 사용되고 있다. 박목월의「이별가」에서는 '뭐락카노'가 많이 사용된다. 표준어로는 '뭐라고 하니'정도로 해석될 수 있지만 그 표현만으로는 전달할 수 있는 감정에 한계가 있다. 경상도 지역어의 '뭐락카노'에는 화가 나거나 신경질적인 느낌이 담겨 있다.「이별가」는 서로 이별하는 상황, 떨어져 있는 상황에서 나의 목소리도 전해지지 않고 상대의 목소리도 들리지 않는, 안타깝고 슬픈 상황을 묘사하고 있다.

청소년을 대상으로 하는 교육에서는 이런 시어에 담긴 화자의 감정이나 상황을 이해해 보고 설명해보는 수업을 진행한다. 그리고 왜 이런 표현을 사용했는지 추측함으로써 시인이 시를 통해 말하고 하는 주제를 생각해 볼 수 있다. 이를 통해 다양한 감정에 이입해 볼 수도 있고 같은 상황에서 다른 사람은 어떻게 느끼고 받아들이는지 토론해 봄으로써 '다름'을 인정하고 이해해 볼 수 있는 과정이 될 것이다. 이 수업은 지역어에 담긴 지역의 색채를 우열이 아닌, 하나의 문화로 받아들이고 직접적으로 겪어 보지 못한 상황과 사람에 대해 간접적으로 경험해보고 서로 다른 관점에서 상황을 이해할 수 있는, 청소년을 위한 인문학 수업이 될 것이다.

3) 성인 대상 지역 문화 수업

(1) 수업 자료

진달래꽃[8]

김소월

나 보기가 역겨워

가실 때에는

말없이 고히 보내드리우리다

영변에 약산

진달래꽃

아름 따다 가실 길에 뿌리우리다

가시는 걸음걸음

놓인 그 꽃을

사뿐히 즈려 밟고 가시옵소서

나 보기가 역겨워

가실 때에는

죽어도 아니 눈물 흘리우리다

8 김소월, 「진달래꽃」, 『김소월 시전집』, 문학사상, 2007, 289쪽.

(2) 수업 방안

학습 대상	성인	일시	
학습 목표	각 지역어의 특징을 이해하고 문학 작품을 각 지역어로 바꿔볼 수 있다.		
학습 내용	김소월 「진달래꽃」		
준비물	PPT, 활동지		

한국인 성인을 대상으로 하는 지역어 수업은 문학 작품을 읽고 그 문학 작품을 각 지역어의 특색에 맞게 바꾸거나 패러디를 하며 지역어에 대한 흥미를 유발시키는 데에 목적이 있다.

예시로 제시한 김소월의 「진달래꽃」은 표준어로 쓰였다. 그러나 이것을 전라도 지역어로 바꾸면 다음과 같아진다.

진달래꽃 〈전라도버전〉

김소월

나 싫다고야 다들 가불더랑께

워메~~나가 속상하겨 주딩 딱 다물고 있을랑께

거시기 약산에 참꽃 허벌라게 따다가 마리시롱 가는 질가상에 뿌려줄라니께

가불라고 흘때마다 꼼치는 그 꽃을 살살 밟고 가시랑께요

나가 꼴베기 시러서 간다 혼담서

주딩이 꽉 물고 밥 못 처묵을때까지 안 올랑께

신경쓰덜말고 가불더랑께 겁나게 괜찬응께 워메~~

참말로 괜찬아부러

뭣땜시 고로코롬 허야 쓰것쏘이~~

나가 시방 거시기가 허벌나게 거시기 허요잉....

님을 보내기 싫은 마음을 삭히고 내색하지 않으려는 김소월의 「진달래꽃」은 전반적으로 차분한 느낌을 준다. '고이', '사뿐히' 등의 시어는 화자가 최대한 감정을 숨기는 모습을 떠올리게 해준다. 이에 비해 전라도 지역어 버전의 「진달래꽃」은 님을 보내기는 하지만 보내기 싫은 마음을 '허벌라게', '겁나게', '참말로' 등의 강조 표현을 사용하여 님을 보낼 수 있고 자신은 괜찮음을 알리고 있지만 역설적으로 화자가 괜찮지 않음을 강조 표현을 통해 알 수 있다.

전라도 지역어나 경상도 지역어, 강원도 지역어 등 지역어로 시를 바꾸는 데에는 정답이 있는 것은 아니다. 무엇이 맞다고 할 수도 없다. 같은 전라도 지역어 버전으로 시를 바꾸거나 패러디해도 사람마다 느낌이나 표현이 다를 수 있다. 그렇기 때문에 성인을 위한 지역어 수업은 각 지역어의 특징을 구별해 보고 지역어를 사용하여 자신만의 시를 만들어 보는 데에 의의가 있다.

4. 기대 효과

전남대학교 대학원 국어국문학과 BK21플러스 지역어 기반 문화가치 창출 인재 양성 사업단은《아따왐마 사투리 정거장》을 통해 두 가지의 효과를 기대한다.

첫 번째, 지역어에 대한 인식을 바꿀 수 있다. 앞서 말했듯이 현재 지역어는 '사투리'라는 용어와 일맥상통하게 쓰이며 사투리는 촌스럽거나 무서운 이미지를 갖고 있다. 그러다 보니 다른 지역으로 진학을 하거나 취직을 할 때, 지역어를 고치려고 하는 사람이 많고 지역어 때문에 마음 상한 일을 겪는 사람도 많다. 2010년 이후, 「응답하라 1997」등의 드라마에서 주인공으로 사투리를 사용하는 캐릭터를 만들면서 사투리나 사투리를 사용하는 사람들에 대해 친근하고 긍정적인 이미지가 만들어 졌지만 여전히 인터넷 등에서 사투리로 인한 차별을 겪었다는 이야기를 보면 여전히 사투리에 대한 부정적인 시선이 남아있는 듯하다. 따라서《아따왐마 사투리 정거장》은 다양한 매체와 문학 작품들을 통해 사투리가 단지 하나의 지역어였음을 인식시키고 지역어의 필요성을 알리고자 하였다. 이를 통해 지역어의 이미지가 개선되고 지역어에 대한 관심이 증가될 것이다.

두 번째는 문화 수업 효과에 대한 것이다. 이미 다문화 사회인 한국에서 외국인을 보는 것은 어렵지 않으며 각 학교마다 소수의 다문화가정의 자녀들이 학업을 이어가고 있다. 그러나 다문화가정의 자녀들이 학업을 포기하는 확률 또한 높은데 그 이유 중에 하나가 언어 때문이다. 초등학교에 입학하기 전까지 아이들이 한국어를 들을 수 있는 환경은 가정밖에 없으나 부모님 중 한 분, 특히 어머니가 외국인일 경우는 학교에 입학하여 학업을 따라갈 만한 어휘력과 문해력을 갖추기 어렵다. 그 이유는 가정에서 한국어에 노출될 기회가 적기 때문이다. 특히 거주하는 지역이 표준어와 다른 지역어를 사용할 경우, 외국인 부모와 자녀가 듣는 한국어는 일정하지 않으며 한국어 공부에도 더욱 혼란만 가중시킬 뿐이다. 게다가 외국인 부모는 한국에 오자마자 한국 생활에 적응해 가야하며 스스로 살림을 하거나 노동을 해야 한다. 그렇기 때문에 학문 목적으로 유학 온 외국인들과는 한국어를 배우는 시간이나 배경이 다를 수밖에 없다. 그들에게 당장 필요한 한국어는 표준어가 아니라 실생활에서 듣고 이해해야 하는 지역어이다. 따라서 결혼이주자나 외국인 노동자에게는 지역어 수업이 반드시 필요하다.《아따왐마 사투리 정거장》은 결혼이주자와 외국인 노동자에게 필요한 수업의 자료와 지도안을 제시하고자 한다.《아따왐마 사투리 정거장》에서 제시한 수업 방안이 결혼이주자와 외국인 노동자 등, 지역어에 노출되어 있으나 지역어 때문에 어려움을 겪는 사람들에게 도움이 되기를 바라며 또한 이들에게 지역어를 가르치는 교사들에게도 수업에 대한 고민을 덜 수 있는 계기가 될 것이다.

5. 나가며

　대한민국의 인구가 5천만 명이라고 한다. 이들을 한민족이라고 하는 이유는 공통의 역사를 공유하고 있다는 점도 있지만 공통의 언어를 사용하여 서로가 하는 말을 이해할 수 있기 때문일 것이다. 고조선 이후 이 땅에는 많은 나라가 건국되었다가 패망하는 과정을 반복하였고 나라 명도 여러번 바뀌었지만 그럼에도 같은 언어를 사용했다는 것으로 우리는 같은 민족이라고 한다.

일제강점기 '표준어'라는 개념이 생기기 전까지 우리는 서로가 하는 말과 단어를 우열로 나누지 않았다. 단지 살아온 세월과 지역이 다른 만큼 표현 방법이 달랐을 뿐이었다. 그래서 어쩌면 지역어에는 그 지역의 특징이 남아 있는 지도 모른다. 배를 타는 어촌에서는 힘들고 위험한 바닷일을 해야 하기 때문에 소리가 크고 성격이 빠르다. 그것을 거칠다고 말하는 사람들도 있지만 지역의 특징이 남아 있을 뿐이다. 내륙에 있는 충청도는 무언가를 빨리 해야 할 이유가 없다. 게다가 과거 충청도가 속한 나라가 어느 나라였든 충청도는 수도와 가까운 편이었다. 자연히 급할 것이 없는 곳에서는 말도 빠를 필요가 없었다. 제주도는 섬이었다. 유배의 끝이라고 할 만큼 제주도에서 무슨 일이 일어났는지 모를 만큼 1900년대 중반까지도 제주도는 우리나라 땅이었지만 우리나라가 아닌 듯한 곳이었다. 그 곳에서는 자연히 제주도 사람들끼리만 이해하면 되는 말이 생겼다. 내륙 사람들과 만날 일도 없었고 소통할 일도 없었던 만큼 그들은 그들만의 언어를 만들면 되었다. 그래서 제주도 지역어가 가장 표준어에서 멀지도 모른다.

이렇듯 지역어는 단순히 단어의 뜻만 있는 것이 아니라 그 지역의 생활과 역사가 담겨 있다. 근대 시기의 문학에는 그 모습이 잘 남아있다. 특히 백석의 시는 대부분 함경도와 평안도 지역어가 빠지지 않고 쓰인다. 백석은 지역어를 통해 고향에 대한 그리움을 남기기도 하고 고향의 따뜻함을 묘사하기도 한다. 백석뿐만 아니라 우리의 삶을 볼 때도 지역어는 언어 이상의 의미를 가지고 있다. 고향을 떠난 곳에서 고향 사람을 만난 반가움을 표현할 때 가장 먼저 하는 것은 고향의 지역어를 사용하여 의사소통을 하는 것이다. 이렇듯 지역어의 가치는 절대

폄하되어서는 안 되며 지역어는 그 자체로 우리의 역사이다.

　3장을 통해 지역어를 가르쳐야 하는 이유와 방안을 제시하였다. 이 외에도 박경리의 '토지'나 조정래의 '태백산맥', '아리랑' 등은 전라도와 경상도의 지역어를 실감나게 표현한 작품들이다. 이 작품들은 지역어에 익숙하지 않은 사람은 읽거나 이해할 수도 없을 만큼 인물들의 대사 하나하나가 맞춤법과 상관없이 지역어를 들은 대로 적어 표현했다. 그 래서 국내에서 손꼽히는 스테디셀러지만 정작 이 소설들을 읽기에는 어려움이 너무 많다.

　그러나 시와 노래를 시작으로 지역어의 특징을 알고 익숙해진다면 이 소설을 읽는 데에도 큰 무리를 없을 것이다. 이 소설들이야 말로 그 지역이 어떻게 생활하였는지를 제대로 드러내 주고 있는 작품들이기 때문이다. 소설을 읽음으로써 그림이나 연극으로 확장하여 소설의 상황 을 그림으로 그리거나 연극으로 표현해 볼 수도 있다. 그 뿐만 아니라 40~50년 전의 영화를 통해서는 서울·경기 지역어의 특징을 확인해 볼 수도 있으니 문학작품과 미디어 모두 지역어를 알아보고 관찰하는 데에 좋은 교육 자료가 될 것이다.

　외국인을 위한 지역어 교육에서는 어미뿐만 아니라 같이 시장을 다니 면서 각종 채소나 물건들이 어떻게 발음되는지, 그리고 그 지역어의 발음의 특징이 무엇인지 배우는 활동도 할 수 있다. 전라도에서는 '상추' 가 '상치'로, '베개'가 '비개'로 발음되지만 사실은 그것이 자신들이 알고 있는 '상추'와 '베개'라는 것을 알아야 하기 때문이다. 이를 수업 자료로 활용한다면 외국어로서 한국어 수업에서 사용하는 모든 놀이나 수업 방법이 지역어 수업에서도 적용될 수 있다.

　지역어를 활용한 문학, 미디어, 수업 자료는 계속 생산되고 있고 지역

어에 대한 이미지를 만들고 있다. 이를 받아들이는 입장에서 지역과
지역어에 대한 선입견을 버리고 우리가 지켜야 하는 하나의 문화라고
생각한다면 지역어의 가치는 더 높아질 것이다.

'미디어로 읽는 5·18 광주' 교육 프로그램 기획[*]

심미소

1. 기획 의도

미디어는 역사를 새롭게 환기시켜준다. 구석기 시대에 일어난 일도 현재화 할 수 있고 화가들의 작품을 새로운 방식으로 감상할 수 있으며 미래의 상상했던 일들을 현실처럼 볼 수 있다. 그래서 미디어를 통하여 다시 5·18광주민주화운동을 알아간다는 것은 대중에게 역사를 재해석 하는 일이다.

현재 5·18광주민주화운동과 관련하여 운영되고 있는 프로그램으로 는 다음과 같은 사례들이 있다. 먼저 5·18 아카데미에서는 5월 정신의 이해를 기반으로 하여 국내·외 연수 활동가들이 사회적 의제에 대한 각자의 경험을 나누고 연대하는 기회를 제공하고 있다. 또한 5·18 교사 양성 과정에서는 학교 현장에서의 5·18광주민주화운동 교육을 장려하

---

[*] 본 기획서는 2014년 2학기 〈인문형 LAB〉 '지역어와 텍스트' 중 미디어 속 5·18 광주 랩의 기획안(구성원: 이서희, 이홍란, 정미선, 최옥정, 최윤경)을 심미소 연구자가 수정·보완하여 정리한 것이다.

기 위해 매년 5·18 전국 교사 연수 및 타지역 연수를 통한 교사 육성 프로그램을 진행하고 있다. 5·18 교육 활동 지원으로는 교사들의 자발적인 연구모임과 5·18광주민주화운동 교육 활동, 청소년 사회 참여 활동(학교 동아리, 청소년단체) 지원 뿐 아니라 5·18 문학상, 5·18 전국고등학생 토론대회, 5·18 청소년 연극캠프 등이 있다.

이후 시와 연극, 소설, 영화 등 다양한 장르들도 지속적으로 5·18광주민주화운동 관련 작품들이 양산되고 있어서 대중에게 소비되고 있다. 이러한 다양한 미디어를 통해 대중은 5·18광주민주화운동을 자연스럽게 접하고 있다.

시, 소설, 신문기사, 연극, 영화 중 5·18광주민주화운동 당시나 이후 가장 먼저 5·18광주민주화운동을 담론화 했던 미디어는 신문기사였다. 언론의 왜곡보도 문제가 있었지만 어떤 형태로든 5·18광주민주화운동을 알린 초기의 대중 미디어란 점에서 언론기사를 해당 미디어로 선정하였다.

5·18광주민주화운동은 고작 30여 년이 지난 사건이지만 지금 세대들에게 먼 이야기처럼 느껴질 수 있다. 때문에 미디어를 통하여 1980년대에 일어난 일을 지금의 일처럼 느낄 수 있게 현재진행형으로 그 때의 현장을 구체적이고 새롭게 장르별로 재역사화 해보자는 것이다. 따라서 대중에게 편하게 다가갈 수 있는 미디어를 통하여 5·18광주민주화운동을 현재적 의미로 되새기게 하는 게 본 기획의 의도이다.

2. 프로그램 목적

▶ 대상: 5·18을 알고자 하는 대학생 및 일반인

▶ 프로그램 일정: 매년 3월~6월(12주)

▶ 수강 인원: 20명

▶ 수강료: 15만원(수강 후 수료증 증서)

〈표 1〉 프로그램 구성 계획안

일시	구분	제목	비고
3.2~3.6	오리엔테이션 - 미디어 속 5·18 기획 의도, 프로그램 진행 일정 소개	미디어 속 5·18	
3.9~3.13	강연1-신문기사	신문기사를 통해 만나는 5·18	
3.16~3.20	강연2-시	시로 다가오는 오월의 광주	
3.23~3.27		시로 다가오는 오월의 광주	
3.30~4.3	강연3-연극	연극을 통한 5·18의 재현	
4.6~4.10		연극을 통한 5·18의 재현	
4.13~4.17	강연4-소설	소설 속의 5·18-두 목소리	
4.20~4.24		소설 속의 5·18-두 목소리	
4.27~5.1	강연5-영화	영화로 본 오월: 이념에서 체험으로	
5.4~5.8		영화로 본 오월: 이념에서 체험으로	
5.11~5.15	체험-관련체험	5·18 관련 단체 및 기념관 방문	
5·18~5.22	마무리-후기	강좌 수강 감상	

3. 미디어별 프로그램 기획안

1) 신문기사 〈신문기사를 통해 만나는 5·18〉

– 기획의도

1980년 5월 18일의 신문기사에는 5·18광주민주화운동에 관한 이야기가 거의 없다. 그리고 3일 뒤인 5월 21일부터 본격적으로 '광주사태', '광주데모' 등의 명칭으로 언급되기 시작한다. 이 시기의 신문 기사들이 많이 왜곡된 형태로 5·18을 다루고 있기는 하나 최초로 5·18을 다룬 미디어라는 점에서 신문 기사를 통해 5·18의 위상 변화를 알아보는 것은 의미 있을 것이다. 따라서 본 프로그램은 1980년대부터 현재까지의 5·18과 관련된 주요 기사를 살피며, 미디어에 의한 왜곡과 그에 숨겨진 이데올로기의 의미를 찾고, 5·18의 참다운 의미를 재조명해보는 데에 있다.

● 내용

5·18과 관련한 신문기사를 80년대, 90년대, 2000년대 이후로 나누어 각각의 기사들을 검색해보고 이를 토대로 작성한 질문지를 바탕으로 (1)언론의 왜곡된 보도에 의한 5·18의 양상, (2)시간의 흐름에 따라 재조명되는 5·18, (3)언론의 태도 변화에 숨겨진 이데올로기, (4)현재의 우리에게 5·18이 갖는 의미 등에 대하여 토론해본다.

〈질문지 예시〉

① 기사문에서 '5·18'을 지칭하는 표현의 변화를 파악해 본다.

② 각각의 기사문에서 서술의 초점이 어떤 대상에 있는지 파악해 본다.

● 활동

(1) 5·18 당시의 현장을 담은 사진 및 영상 자료 제시

(2) 5·18의 발생과정, 경위, 현재의 의미 등을 간단히 자료집으로
    설명

(3) 본격적인 신문 기사 검색 및 질문지 작성

(4) 1980년 당시 5·18과 관련한 신문기사 3편 선택하기(특정한 신문기
    사를 프로그램 진행자가 제시하기보다는 신문기사 모음집을 살펴보고 프로
    그램 참여자가 스스로 기사를 선정해 보도록 한다.)

(5) 1990년대 중반부터 5·18의 위상이 변화되기 시작하는 기사 검색
    해보기

(6) 5·18과 관련된 가장 최근의 기사 검색해보기

(7) 발표 및 질의응답

2) 시 〈시로 다가오는 오월의 광주〉

－기획의도

대중은 TV, 영화, 소설 등 각종 미디어를 통해 5·18을 쉽게 접할
수 있다. 그러나 시간을 거슬러 30여 년 전으로 돌아가면 당시는 정치적
환경 속에서 발설조차 금기의 영역이었다. 신문과 방송 등 공용 매체가
침묵을 지키고 있을 때, 소설가들이 원고를 서랍에 넣어두고 눈치만

보고 있을 때, 5·18을 가장 먼저 세상에 알린 것은 시인들의 처절한 목소리다. 시인들은 학살의 현실을 세상에 전하고, 광주의 참상을 추상적인 세계로 승화하여 슬픔 속에 처한 대중들을 위로하였다. 진정한 문학은 역사를 넘어서서 존재할 수 없듯이, 5·18이란 거대한 역사 사건을 배경으로 한 문학의 최전선에는 시가 있었다. 따라서 5·18에 진지한 접근을 이루려면 5·18을 소재로 한 시에 대한 이해가 더없이 필요하다.

5·18광주민주화운동은 흔히 열흘 동안 광주에서 일어났던 역사적 사건으로만 설명되고 있다. 이처럼 사실 관계에만 초점을 맞춘다면 5·18은 단지 과거의 역사사실로만 사람들에게 인지되고 현실적인 감동과 효과를 주지 못하게 된다. 그러나 5월시는 5·18의 실체를, 아픔을 알리고 있을 뿐만 아니라, 5·18이 전하는 진정한 의미도 내재하고 있다. 5월시의 진정한 의미를 삶과 연관시키면서 현실세계의 문제를 재해석할 수 있는 시각을 제공하는 것 또한 본 기획의 목적이다.

- 프로그램 구성

〈1차시〉: 시로 쓰는 오월의 광주

● 내용

(1) 아름다운 시인들: 5월시의 문학사적 전개와 함께 대표적인 시인 (김준태, 김남주, 황지우 등) 및 대표시를 선정하여 감상함

(2) 폭력의 정체와 투쟁의 실상: 시적으로 형상화된 폭력의 정체와 투쟁의 실상을 사진, 동영상 등 자료와 함께 제시함

● 활동

(1) 「아아, 광주여! 우리나라의 십자가여」(5·18을 다룬 최초의 시)를 가

사로 한 노래 배우기

(2) 「화엄광주(華嚴光州)」 → 오월길 다시 걷기 → '오월의 광주와 오늘
의 광주' 주제 토론

〈2차시〉: 시로 읽는 오월의 광주

● 내용

(1) 추모와 찬송: 무고하게 희생당한 시민과 장렬하게 전사한 투사의
영혼을 위무하는 추모시와 5·18의 정신을 찬송하는 시를 몇 편
선정하여 논의함

(2) 5월시의 재해석: 5월시를 통해 5·18의 의미를 되새기며 현재의
자신들이 처해있는 삶을 통찰할 수 있는 시각을 제공함

● 활동

(1) 가장 다가오는 5월시를 선정하고 감상문 발표

(2) 짧은 오월시 창작

3) 연극 〈연극을 통한 5·18의 재현〉

- 기획의도

연극이 시, 소설, 신문, 영화 등의 매체와 구분되는 지점은 바로 관객
과의 '소통'에 있다. 그렇기에 연극은 커뮤니케이션의 장르에 속하며,
관객의 몰입도를 가장 높게 이끌어낼 수 있다는 점에서 장점이 있다.
본 '미디어 속 5·18 광주' 프로그램에서 다룰 연극 작품은 〈금희의 오
월〉과 〈푸르른 날에〉이며, 두 작품의 공통점은 다소 심각하고 무거운

실제 사건을 다루면서도 아이러니하게 웃음을 자아내고 있다는 것이다. 따라서 각 작품에서 구현하고 있는 주제의식과 그를 위해 활용된 장치를 개괄적으로 살핀 후, 대본을 바탕으로 직접 연극에 참여해 봄으로써 연극을 통한 5·18의 재현이 어떤 의미를 갖는지 파악하는 데 기획 목적을 둔다.

- 프로그램 구성

● 내용

1차시: 각 작품의 줄거리, 주제, 사용 장치에 대한 강의식 수업으로 5·18을 재현한 연극 작품의 개괄적인 이해를 도모한다.

> 〈금희의 오월〉 (박효선 작, 극단: 토박이, 1988)
> ◎ 줄거리: 5·18민주화운동 당시 마지막까지 도청을 사수하다 사망한 이정연 열사의 항쟁 모습을 극화시킨 작품
> ◎ 특징: 서사극과 사실주의극, 마당극이 결합된 역동적 무대극으로 호평 받았고, 전국 연극협회가 한국연극 80년사를 맞아 선정한 40개 대표작에 선정
>
> 〈푸르른 날에〉 (정경진 작, 고선웅 연출, 극단: 신시컴퍼니, 2011)
> ◎ 줄거리: 역사적 비극의 실체를 30여 년간 이루어지지 못한 남녀의 사랑으로 은유함으로써 5·18의 역사적 사실과 정신은 과거의 것이 아니라 동시대의 역사로 이어지고 있다는 것을 보여줌
> ◎ 특징: 브레히트적 소외효과 기법 사용
> 도청 장면에서 춤이나 팝음악을 사용, 배우들의 밀어치기 화법 등의 다양한 장치를 활용하여 흥미 제공 → 관객과의 소통을 위해 수용자를

염두에 둔 장치 활용, 2014년까지 연속 4회 공연

● 활동

1차시 과제: 〈금희의 오월〉 대본을 읽고, 조별로 배정된 장면 각색하기

2차시: 〈금희의 오월〉 재각색 및 연출을 통한 새로운 관점 제시 → 희곡은 고정되어 있지만, 공연을 위한 공연본은 가변적이다. 이것이 다른 매체와의 또 다른 차이점이기도 하다. 따라서 직접 공연을 위한 공연본을 각색 및 연출하고 실제 연기함으로써 5·18을 새롭게 조명할 수 있는 가능성을 제시한다.

4) 소설 〈소설 속의 5·18 – 두 목소리〉

– 기획의도

'1980년 5월 광주'는 명백하게, 자명하게 존재했던 역사적 사건이다. 그런데 지금의 우리에게 그것은 더 이상 명백하지 않고 자명하지 않다. 우리에게 5·18은 직접적이 아닌 영화나 연극, 시나 소설 같은 미디어-텍스트의 형식을 통해서 간접적으로 접근할 수 있는 사건이 된 것이다. 그렇듯 미디어에서 5·18을 계속 다루어지고 있다는 사실은 5·18이 지나간 과거로 끝난 문제가 아니라 오늘을 사는 우리와 연결되어 있음을 반영한다. 5·18을 직·간접적으로 경험한 사람들의 트라우마, 5·18을 역사적인 사건으로서 자리매김해야 한다는 동시대인들의 시대의식, 얼마 지나지 않는 '세월호'의 익명의 죽음들이 '5·18 열흘'의 죽음과 다르지 않다는 동시대인들의 비탄이 5·18을 호명하는 것이다. 소설 속의 5·18은 어떠한 형식과 내용을 취하고 있는가.

5·18이라는 역사의 질료가 소설 속에서 어떻게 다루어지는가. 랑시에르는 역사와 문학과 역학의 자료들을 대비시킨다. 역사의 자료들은 위인들의 권력을 보증하고 이를 지속시키기 위해 만들어진 허구이며 문학의 자료들은 역사의 허구에 맞서 역사가 은폐시킨 '익명의 진리'라는 것이다. 그러한 랑시에르의 언급은 5·18을 소재로 한 대부분의 소설들에 대한 보증인 바 소설 속의 5·18은 1980년 5월 '권력'이 짓이기고 산 익명의 목숨들을 향해 있는 것으로 보인다. 다만 소설마다 그 형식이 다를 뿐이다. 5·18을 소재로 한 소설들에서 다루어지고 있는 5·18에 대한, '기억'과 '재현'에 대한 문제에 대해 토론을 한다. 이를 바탕으로 '소설 속의 5·18이 우리에게 던지는 질문이 무엇인가'하는 문제를 중심으로 각각 한 편의 글을 완성하게 하고 소책자로 발간한다.

- 프로그램 구성

● 내용

5·18을 소재로 한 소설들 가운데 비교적 최근에 발간된 『5월문학총서 2-소설』(문학들, 2012)과 한강의 『소년이 온다』(창비, 2014)에서 표현되고 있는 5·18에 대한 '기억'과 '재현'에 대한 문제에 대해 토론을 2차시로 나누어 진행한다. 『5월문학총서2-소설』 가운데 임철우의 「봄날」(『실천문학사』, 1984), 홍희담의 「깃발」(『창작과 비평』, 1988 봄), 최윤의 「저기 소리 없이 한 점 꽃잎이 지고」(『문학과 사회』, 1988 여름)의 세 단편과 한강의 『소년이 온다』에서 5·18이 질문되고 있는 방식이 차이가 있는 것으로 보인다. 이에 어떠한 방식이 '5·18의 현재성'에 대한 문제에 대해 유효한 질문이 될 것인지에 대한 논의가 진행될 수 있도록 토론을 이끌고 그러한 과정을 한 편의 글로 완성하게 한다.

● 활동

※ 1차시 토론

『5월문학총서2−소설』 가운데 임철우의 「봄날」(『실천문학사, 1984), 홍
희담의 「깃발」(『창작과 비평』, 1988 봄), 최윤의 「저기 소리 없이 한 점 꽃잎
이 지고」(『문학과 사회』, 1988 여름)을 읽어오도록 한다. 세 단편은 5·18
소설로 대표적으로 언급되는 소설들인데 이들 소설 속에서 5·18이 어떻
게 다루어지고 있는지, 역사가 아닌 문학의 자료로서 5·18이 형상화가
잘 이루어지에 대한 문제를 중심으로 토론을 이끈다. 세 단편은 5·18
당시의 폭력적인 상황을 목격한, 살아남은 자들의, 이후의 파괴된 삶이
나 분열증이 시달리는 이야기가 주요하다. 세 단편에서 5·18이라는 역사
적 사건은 뒤로 물러나 있고 그 폭력적인 경험 이후 파괴된 개인들의
삶이 부각된다. 이에 5·18은 사람들에게 상처를 준 사건으로 머물게
될 가능성이 있다. 그렇게 볼 때 5·18의 의미가 탈각되는 것이다.

※ 2차시 토론

한강의 『소년이 온다』는 1차시의 세 단편과 다른 각도에서 5·18의
문제를 제기한다. 『소년이 온다』는 화자가 여럿인데 그들 역시 1980년
5월 '열흘'을 지나 살아남은 자들이다. 살아남은 자들이 그 '열흘'에 죽은
자들을 '너', '당신'으로 칭하며 그들을 기억한다. 그렇듯 살아남은 자들
의 입에서 전해지는 것은 죽은 자들의 말을 대신하는 것이며 거기에서
강조되는 것은 죽은 자들이 자신이 왜 죽어야 했는지 모른다는 사실,
죽은 자들이 살고 싶어했던 세상에 대한 꿈이다. 「봄날」·「깃발」·「저기
소리 없이 한 점 꽃잎이 지고」와 다르게 『소년이 온다』에서 표현되고
있는 5·18의 문제, 그것의 현재성에 대한 토론을 이끈다. 2차시 토론이

끝난 후 정리된 글을 쓰도록 해서 소책자로 발간한다.

5) 영화 〈영화로 본 오월 – 이념에서 체험으로〉

- 기획의도

영화는 가장 친숙하게 접할 수 있고 또한 일상적으로 향유하는 서사 양식이다. 기실 5·18의 영화화는 1987년 〈칸트씨의 발표회〉로부터 2012년 〈26년〉 및 2017년 〈택시운전사〉와 2018년 다큐멘터리 〈김군〉에 이르기까지 지속적으로 시도되어왔다. 또한 서사 양식 중에서 특히 영화는 몰입을 용이하게 하는 매체적 특성을 갖고 있는 만큼, 5·18의 기억과 원상을 함께 나누고 간접 체험하기에 적합한 장르로 여겨진다. 따라서 미디어 속 5·18 광주 교육 프로그램이 오월의 의미에 대한 지속적인 관심을 촉구하기 위해 설계된 만큼, 영화 매체를 통한 교육 프로그램은 이에 적실하다.

- 프로그램 구성

● 내용

영화로 본 오월은 전체 기획의 본 프로그램 중 가장 마지막에 배치된 만큼, '오늘날 오월을 이야기한다는 것'의 논제에 초점을 맞추어 표현 방식과 의미에 대한 것을 중심 논제로 삼는다. 1차시에서 전체적으로 오월을 다룬 영화의 맥락들을 전체적으로 짚어주고, 본 구성에서는 1990년대 이후 작품들을 중심으로 영화로 본 오월의 양상을 짚어본다. 특히 주목해서 다루는 작품은 〈화려한 휴가〉, 〈26년〉, 〈박하사탕〉, 〈꽃잎〉인데, 그 까닭은 이들 영화가 일반 수강 대상의 근거리에 위치하며,

90년대 이후 대중영화의 맥락에서 오월을 형상화하는 주요한 접근으로 평가되고 있으며, 또한 가장 활발히 이야기되고 있는 작품들이기도 하다는 데서 비롯된다. 그리하여 영화 매체를 통해 오월의 서사화를 둘러싼 과거와 현재를 조망함으로써 오월을 이야기한다는 것의 '미래' 또한 함께 가늠·고민해보는 것을 프로그램의 목표로 둔다.

● 활동

※ 1차시

(1) 오월의 서사화, 이념에서 체험으로

5·18을 다루는 전체 영화의 맥락들을 슬라이드쇼로 살펴보고 점검/강의

작품 〈칸트씨의 발표회〉, 〈황무지〉, 〈오! 꿈의 나라〉, 〈부활의 노래〉 (~1990)

〈꽃잎〉, 〈박하사탕〉, 〈스카우트〉, 〈화려한 휴가〉, 〈순지〉, 〈26년〉, 〈5·18 힌츠페터 스토리〉, 〈택시 운전사〉, 〈김군〉(1990~)

(2) 역사적 사실의 영화적 재현 양상 작품

〈화려한 휴가〉의 장면들, 〈26년〉의 초입 애니메이션 부분을 감상/토론

※ 2차시

(1) 역사의 개인화와 자장의 확대

작품 〈꽃잎〉의 첫 부분과 마지막 부분, 〈박하사탕〉의 장면들을 감상/토론

(2) 오월의 과거와 현재 그리고 미래

국가폭력과 학살을 다룬 국내외 영화들을 소개/감상

〈지슬〉, 〈청야〉(국내), 〈침묵의 벽〉, 〈비정성시〉, 〈바시르와 왈츠를〉 (국외)

오월을 어떻게 이야기할 것인가, 오월 담론의 확장 가능성

4. 예산 및 기대 효과

1) 예산

▶ 3개월 12주 프로그램 운영

〈표 2〉 프로그램 세부 예산안

비목	금액
강연자 섭외 비용	강의료10만원*2시간=20만원 20만원*6닝=120민원
강연 및 활동 다과 비용	5만원*12회=60만원
시설 대관료	10만원*12회=120만원
수료증 제작비	1만원*30=30만원
홍보비	포스터, 유인물 제작 30만원
합계	360만원+별도 비용

* 5·18기념재단 지원: 200만원, 수강료: 300만원

2) 기대 효과

역사를 안다는 것은 단순히 과거를 이해하는 것이 아니다. 역사적 가치와 사실을 깨닫는 동시에 현재의 소중함을 느낄 수 있으며 자신이 처해있는 상황의 문제의식을 더욱 현명하게 진단할 수 있는 능력을 기르는 것이다.

그래서 신문기사, 시, 연극, 소설 각각 미디어별 프로그램을 통하여 사실만을 강조하는 딱딱한 역사교육방식에서 벗어나 보다 흥미롭게 역사를 이해하며 세대를 아울러 역사를 알아갈 수 있을 것이다. 때문에 역사를 단순히 알아가는 것에서만 그치지 않고 현재적 의미를 다시 되

새겨 보며 자신의 삶을 통찰 할 수 있는 방향성도 제시할 수도 있을 것이다. 또한 역사에 박제되어 있는 5·18광주민주화운동을 신문기사, 시, 연극, 소설로 재의미화 함으로써 새로운 담론화를 예비하고자 한다.

이러한 활동은 미디어별 프로그램마다 다르게 표현되어서 어떻게 다루어지는지 개인마다 느낄 수 있는 지점도 다양할 것이고, 과거의 역사를 현재처럼 재의미화 하는 것에 목적이 있기 때문에 잠들어 있는 역사를 깨고 항상 상영 중인 신문기사, 시, 연극, 소설처럼 다시 역사를 의식할 수 있는 것은 분명하다. 때문에 슬픈 역사지만 효과적인 미디어로 읽는 5·18 프로그램으로 발전해야 할 것이다.

강진시문학파기념관 문화 프로그램 기획안[*]

문은혜

1. 사업 개요

강진시문학파기념관의 '시문학파'는 1930년대 순수문학을 지지하던 문학 동인회의 명칭으로 동인회를 구성하는 9명의 동인이 오랜 시간을 넘어서 강진시문학파기념관에서 다시 만나게 된 것이다. 1930년대는 순수문학의 열정과 의지로 충만한 시대였다. 동인회를 이끌어 간 대표 문인들로는 영랑 김윤식, 용아 박용철, 정지용, 위당 정인보, 연포 이하윤, 수주 변영로, 김현구, 신석정, 허보 등 당대를 대표하는 시인들이 있다. 현재 전국적으로 다수의 문학관들이 운영되고 있지만, 그 중 강진시문학파기념관은 특정 문인이 아닌 '시문학파'인 문인들의 업적과 그들이 걸어온 길을 보여주고 있는 것이다.

이처럼 강진시문학기념관[1]을 포함하여 다른 문학관들도 지역맞춤형

---

[*] 본 기획서는 2015년 2학기 〈인문형 LAB〉 '지역어와 텍스트' 중 지역어와 문학 랩의 기획 안(구성원: 고성혜, 김미미, 김민지, 왕묘페이, 진주)을 문은혜 연구자가 수정·보완하여 정리한 것이다.

[1] 강진시문학파기념관 관련 사항은 홈페이지(http://www.gangjin.go.kr/simunhak/)

문화산업에 대한 관심이 점차 크게 확대되고 있으며, 국·공립과 사립 문학관 건립 이후로 지역문화의 발전을 위해 홍보를 연계한 프로그램들로 문화와 정서를 확립하려는 각 지자체의 노력이 기울여지고 있다. 이러한 이유로 90년대 초반을 시작으로, 오늘날에는 수많은 문학관들이 운영되고 있다. 그렇게 각 지역 지방자치단체 및 기관에서는 지역의 특성과 역사적 의식을 고려하여 하나의 공간으로 재구현하였고, 이로 인해 현대인들은 지역의 문학관을 통해 억압된 시대 안에서도 굳건히 자신의 글을 써내려간 문인들의 발자취를 고스란히 느낄 수 있다.

이것이 바로 과거와 현재가 융합된 문화산업이다. 문화산업의 정의는 지금까지도 많은 학자들로 그 정의가 굳혀져 있지는 않지만, 대체적으로 문화산업의 정의는 엔터테인먼트의 요소가 상품의 부가가치에 핵심적인 역할을 가져다는 산업이라고 지칭하고 있다.[2] 또한 문화산업의 정의의 범위도 사회와 경제를 포함한 많은 분야가 문화산업으로 분류가 될 수 있다. 한편 광의적 개념으로, 문화산업은 전통적 가치과 현대적 가치를 동시적으로 바라보며, 문화와 예술 분야에서 창작되고 상품화하여 유통되는 모든 단계의 산물들을 가리킨다.[3]

문화산업에는 주로 문학, 음악, 건축, 연극, 춤, 사진, 영화, 산업디자인, 미디어 예술, 출판, 도서관, 박물관, 문학관, 라디오 및 TV 프로그램 등이 포함된다. 상품화된 문화와 예술영역을 복합적으로 보는 것이 문화산업이라고 할 수 있으며, 분명 문화산업에는 모호성을 내재하고 있

참조.

2 양혜경·이윤정, 「부산지역 문학관 운영현황과 전망」, 『부산연구』 8(2)호, 신라대학교 부산학센터, 2010, 52쪽.

3 위의 글, 같은 곳.

다.[4] 다른 정의로는 이윤 추구를 목적으로 문화와 예술상품을 생산하고 유통하는 분야를 문화산업으로 정의하는 주장도 있다.[5]

이처럼 문화산업의 개념에 대해 다양한 주장과 생각을 가지고 있다는 것은 지역경제의 신속한 변화와 문화는 밀접한 관계를 가지고 있으며, 문화에 대한 인식이 더욱 강화되고 있는 것이다. 또한 문화산업화가 지속적으로 가속화되면서 각 시·도는 문학관 유치와 건립을 위해 경쟁적으로 나서고 있다. 이는 문화를 예술 분야를 넘어서서 지역경제 발전에 필요한 중요한 관광자원으로 바라보고 있다. 하지만 문학관 건립 이후에 문학관의 관리현황과 보존 등 실제적으로 운영시 예기치 못한 문제들을 보이고 있다.[6]

여기서 우리나라 문학관 운영실태를 비교하자면 그 비교의 대상으로 프랑스 문학관의 운영현황을 살펴볼 수 있다.[7] 김종우의 연구는 프랑스의 문학관 운영 현황과의 비교를 통해 우리나라에 문학관이 정착하여 운영되는 현황과 프로그램 등을 고찰하고 있어서 이를 참고할 수 있다. 김종우(2008)에 따르면, 프랑스의 문학관은 역사가 오래 되었을 뿐만 아니라 문학에 대한 관심도 높은 편이다. 하지만 우리나라의 다수의 문학관은 지방자치단체가 주도하여 설립하고 운영되어 실질적인 운영에 있어서 시설관리 이상을 넘어서지 못하고 있는 상황이다. 물론 우리나라의 문학관이 정착하게 된 시기가 길지 않아서 나타날 수 있는 문제

---

4 위의 글, 53쪽.
5 위의 글, 같은 곳.
6 위의 글, 52~55쪽.
7 김종우, 「채만식문학관의 운영 활성화 방안 연구」, 『현대문학이론연구』 35호, 현대문학이론학회, 2008 참조.

일 수도 있다.[8]

프랑스 문학관의 특징은 '문학을 대중화시킨다'는 문학에서 시작한 깊은 관심과 신뢰를 바탕으로 이루어졌다. 작가를 존중하고 작품 보존에 집중한 프랑스에서는 작품을 위한 공간을 직접적으로 표현하고자 여러 노력을 기울이고, 최근 프랑스에서도 문학관은 활동영역을 확장하고 지역문화행사를 활발하게 운영하여 지역의 하나의 문화로 재구현하고 있다. 우리는 프랑스 문학관 운영형태를 보고 가장 중요한 의미를 잃지 말아야 할 것이다. 그것은 바로 문학과 예술 활동을 기본 형태로 포함하고 있어야 하는 것이다. 하지만 프랑스도 마찬가지로 모든 문학관이 뚜렷한 목적을 가지고 설립된 것이 아니며, 다양한 프로그램을 보유하고 있는 것도 아니다. 그러나 문학관 중에서도 문학에 대한 전문지식을 가진 각 전문가들이 업무를 분담하여 운영을 하고 있고 다른 곳의 모범이 되면서 다양한 운영 프로그램을 제시하는 다수의 문학관들도 있다.[9]

이와 같이 위 논문에서 김종우가 지적한 것처럼 우리나라의 문학관 운영 현실은 프랑스의 문학관에 비교하면 여러 문제와 한계점을 보여주고 있는 것이 사실이다. 이에 따라 우리나라 문학관을 거점으로 지역 문화 발전을 위해 문학을 연계한 참여 형태의 프로그램을 개발하고 그 방안을 모색하는 고민들이 요청되는 것이다. 여기에서는 강진시문학파 기념관의 문화 프로그램 기획을 중심으로 문학관의 향유와 참여 대상 범위를 넓혀 활발한 문화적 소통의 공간을 만들 수 있는 방안을 모색해 보고자 한다. 이는 비단 문인이나 문학 전공자와 같은 계통에서 활동하

---

8 위의 글, 350쪽.
9 위의 글, 351쪽.

는 사람들을 넘어 문학관이 위치하고 있는 지역민들에게 지역어문학에
대한 인식을 변화시키고 문화예술에 대한 거리를 좁혀 복합적인 향유
및 교육공간을 마련해주고자 하는 취지에서이다. 이는 전남대학교 대학
원 국어국문학과 BK21플러스 지역어 기반 문화가치 창출 인재 양성
사업단의 제언 중 하나인 '지역어 공동체'에 대한 주제이기도 하며, 인문
학의 새로운 과제이기도 할 것이다.

2. 사업 의도 및 목적

1) 강진시문학파기념관 선정 이유

강진시문학파기념관은 2012년 3월 5일(시문학창간호 1930년 3월 5일)에
개관을 시작으로 그 이후 2017년 한국문학관협회로부터 최우수문학관
으로 선정되면서 다른 문학관의 비해 매우 우수한 기관임을 보여주고
있다.[10] 이는 분명 다른 문학관과 차이점을 두고 있으며, 그 운영 방식에
대해서 긍정적인 평가임을 말해주고 있다. 일반적인 문학관은 기본적으
로 특정 문인으로 대상 주제가 제한되기 때문에 문화 프로그램 또한
한정적으로 운영될 수 밖에 없다. 하지만 시문학파 기념관은 1930년대
의 문학의 역사를 재구현하여 9명의 시문학파 시인을 중심으로 당시의
배경 및 역사적 사건 등 우리나라의 문학의 방향성을 구체화시키고 있
어서, 문학관의 다양성과 변화를 가져왔다고 할 수 있다.

---

10 심향진, 「외국인 학습자를 위한 문화 체험 학습 방안 연구」, 호남대학교 석사학위논문,
   2019, 1~63쪽.

시문학관전시실에는 당시 시인들이 사용한 육필원고와 유물, 저서 등이 전시되면서 시문학파기념관을 찾는 방문인들의 문화공간으로 제공되고 있다.[11] 이는 시문학의 글의 형태나 저서를 직접 눈으로 보고 지금의 현대문학과 비교를 통해 다양한 해석이 가능하며 현대시의 성장 배경과 역사 등 전반적인 문학의 변화와 발전사를 알아 갈 수 있다.

2) 강진군 소개[12]

강진시문학파기념관이 위치적으로 강진에 자리잡고 있으므로 강진의 자연적·문화적 환경에 대해서 먼저 설명하고자 한다. 강진은 서남부 전남에 위치하고 있으며 특히 해로가 발달하고, 무역이 활발함에 따라 고려시대에 국제적인 청자문화가 형성된 지역이다. 또 전남 3대 강인 탐진강이 흐르며 그 주변을 중심으로 넓은 평야와 강진만에서는 어패류가 많이 서식하고 있다. 또한 선사시대 강진은 자연적으로 강과 바다, 산에서 수렵이 가능할 정도로 풍부한 자원을 보유하고 있다.

강진의 위치는 지리적으로 다른 나라와 교류가 가능할 정도로 해로가 발달돼 있었으며 양질의 자원을 섭렵하고 있어 당시 다른 지역에 비해 윤택한 생활이 가능한 지역이었다. 강진의 대표적인 인물인 조선후기 정약용(丁若鏞)은 강진에서 유배생활을 하며 지역의 학문의 위상을 드높이고 발전에 큰 영향을 끼쳤다. 이처럼 강진은 문화의 고장이며 인간과 자연의 조화가 잘 융화된 지역이라고 할 수 있다. 강진은 풍부한 문화관

---

11 위의 글, 30쪽.
12 강진군에 대한 이하 소개 전체는 모두 강민희, 「동인지 문학의 스토리텔링 방안 연구」, 단국대학교 박사학위논문, 2012, 95~98쪽의 내용을 인용한 것이다.

광자원과 역사문화자원을 활용한 지역경제 발전에 필요한 요소를 많이
보유하고 있다. 강진을 기반으로 한 시문학파 또한 그 중 하나이다.

3) 강진시문학파기념관 소개

국내 문학관 몇 군데를 제외하고 많은 문학관 운영에 있어서 어려움
과 지역자치단체의 행정적인 제약을 받고 있는 상황이다. 또한 지역의
작가를 추모하거나 기리는 문학관의 형태로 유지되고 있다.

전국의 문학관은 그 형태가 다양하다. 우선 설립주체가 개인이나 문
학 관련단체, 지방자치단체 등으로 보여지며, 공간의 형태는 문인의 소
장자료를 전시 및 특정 문인을 기념하거나 문화 예술인들의 대여공간으
로 나누어진다. 대체적으로 그 형태는 작가형 문학관, 테마형 문학관,
기타적인 문학관으로 나눌 수 있다.[13] 그 중 강진시문학파기념관은 작가
형 문학관에 속한다. 작가형은 우리나라의 다수의 문학관이 가지고 있
는 형태로 기념공간적 특성이 강하다. 전시 소장물은 주로 작가의 유품
이나 작품 설명 등이며, 특정문인을 기념하는 공간으로 그 이름으로
문화 프로그램을 기획하고 있는 특징이다.[14] 작가형 문학관의 현황과
구성을 제시한 〈표 1〉[15]은 다음과 같다.

---

13 정경운, 「한국문화콘텐츠의 활성화 방안 연구 – 국내 문학관 프로그램 운영방식을 중심
　으로」, 『현대문학이론연구』 25호, 현대문학이론학회, 2005, 27쪽.
14 위의 글, 27쪽·29쪽.
15 〈표 1〉은 위의 글의 28쪽에서 가져온 것이다.

〈표 1〉 작가형 문학관 현황 및 구성

명칭 및 개관 연도	지역	특징	프로그램
이효석문학관(2003)	강원 평창	이효석의 생애사, 작품, 유품, 영상물 전시	효석문화제, 답사
김유정문학촌(2003)	강원 춘천	김유정의 생애, 작품, 작품배경지 도 전시	김유정문화제, 문학캠프, 백일장
난고문학관(2003)	강원 영월	김삿갓의 생애, 문학자료, 영상, 음반류 전시	김삿갓 문화큰잔치
강진시문학파기념관 (2012)[16]	전남 강진	시문학파 시인의 생애, 문학자료 전시	문화예술토크, 영랑감성 아카데미, 영랑생가사랑 방이야기, 영랑시낭송대 회, 백일장
구상문학관(2003)	경북 칠곡	구상의 사진, 작품, 기증도서 2만 2천 여권 소장/전시	없음
청마문학관(2000)	경남 통영	유치환의 생애, 작품, 관련자료 소 장/전시	없음
소영박화성문학기념관 (1991)	전남 목포	작가의 육필원고, 저서 등 1800여 점의 유물 전시	없음
채만식문학관(2001)	전북 군산	채만식 유품, 작품, 연구서 소장/ 정시	없음
서정주문학관(2001)	전북 고창	서정주 작품, 유품, 연구서 소장/ 전시	없음
이육사문학관(2004)	경북 안동	육사의 시를 새긴 조각품, 육필원 고, 독립운동 자료 등 전시	문학의 밤, 육사백일장
만해기념관(1997)	강원 인제	만해 유물과 『님의 침묵』 초간본 등 시판본, 연구자료 소장/전시	만해축전
정지용문학관(2005)	충북 옥천	정지용의 시 원본 자료 소장/전시	지용제
아리랑문학관(2003)	전북 김제	조정래 소설『아리랑』과 관련된 문 헌·영상자료, 작가 육필원고, 집필 도구 등 전시	없음

---

16 전남 강진에 위치한 시문학파기념관의 경우 2012년 설립되었으므로, 정경운(2005)의

| 혼불문학관(2004) | 전북 남원 | 최명희의 유품, 작품 주요내용 디오라마 전시 | 독후감·시·마을답사 쓰기대회, 『혼불』 학술세미나, 『혼불』 시집 발간 |
| 조태일문학관(2003) | 전남 곡성 | 조태일의 유품 소장 전시, 집필실 재현 | 없음 |

〈표 1〉을 보면, 총 15개의 문학관 중에서 이효석문학관, 김유정문학관, 채만식문학관, 강진시문학파기념관을 포함하여 8개의 문학관만이 문화 프로그램을 운영하고 있는 것으로 보인다. 강진시문학파기념관은 현재 분기별 체험형 프로그램으로 '영랑 감성 아카데미', '영랑 생가 사랑방 이야기'와 문학 행사로는 제7회를 맞이한 '전국 영랑 시낭송 대회'와 제15회를 맞이한 '전국 영랑 백일장'이 있으며, 문화예술토크 형식인 '화요일 밤의 초대손님'으로 다양한 분야의 문화예술인들과 일반인들의 공감 프로젝트로 진행 중이다. 또 2017년에는 '현구 문학의 향연'도 제1회를 시작으로 새로운 문화 프로그램으로 추가된 상황이다. 이처럼 강진시문학파 기념관은 2017년 3월 17일에 전국 최우수 문학관에 선정될 만큼 문학관 운영에 있어서 높은 평가와 지역의 특성을 고려한 프로그램으로 문화예술의 입지를 다졌다. 당시의 기사 내용은 다음과 같다.

강진군 시문학파기념관이 2017 대한민국 최우수 문학관에 선정됐다.
19일 강진군에 따르면 최근 서울에서 열린 한국문학관협회 2017년 1차 정기이사회에서 한국문학 발전과 문학관 운영의 롤모델을 제시한 강진군 시문학파기념관과 이육사문학관이 2017 대한민국 최우수 문학관으로 선

표에 임의로 추가한 것이다.

정됐다.

한국 문학 사상 첫 유파문학관으로 지난 2012년 3월 5일 개관한 시문학파 기념관은 개관과 더불어 한국문학관협회 회원자격을 부여받았다. 이어 2013 년 6월 문학관으로선 드물게 제1종 문학전문박물관 등재와 호남권 거점문 학관에 선정되는 등 전국 문학관으로서의 위상을 튼튼히 다져 나갔다.

특히 2014년 '시가 꽃피는 마을, 강진' 프로젝트가 창조지역사업에 선정 돼 국비 15억 원을 확보한 것을 시작으로 2013년부터 2017년까지 5년 연 속 '생생문화재 공모사업'(3억 6,000만원)에 선정돼 문화재청 '명예의 전 당'에 오르기도 했다.

지난 5년간 강진군 시문학파기념관이 12건의 공모사업에 선정돼 총 19억 7,200만원의 국·도비를 확보한 것은 예산은 물론 강진군을 전국적으로 널리 알리는 성과를 거뒀다는 분석이다.

이 같은 시문학파기념관의 성공적 배경에는 강진군의 행정적 뒷받침이 컸던 것으로 풀이된다. 강진군은 문학관 설계단계에서부터 박사급 문학 콘텐츠 전문가를 관장으로 임용해 2년여 동안 전국 문학관의 사례조사 결과를 꼼꼼히 분석해 '맞춤형 모델'을 구축했다. 이 가운데 토크 쇼 형식 으로 진행하는 '화요일 밤의 초대 손님'은 매년 전국 단위 행사에서 발표돼 성공사례의 롤모델로 부상했다. (중략)

2017 대한민국 최우수 문학관 시상식은 오는 4월 28일부터 29일 강진 에서 개최되는 2017 한국 문학관 전국대회 행사장에서 열린다.[17]

위 내용은 《전남매일》에 게재된 기사로 강진과 강진시문학파기념관 의 그동안의 성과를 알리고, 전국의 문학관의 운영자들의 목적 의식과 정체성을 재탐색하는 계기를 만들어 준 것이라 할 수 있다. 시문학파

---

17 한태선, 〈강진시문학파기념관 '최우수문학관'〉, 《전남매일》, 2017.03.20. http://jndn. com/article.php?aid=1489935600232867002 (검색일: 2020.01.20.)

기념관은 앞으로도 문학관의 역할과 기능을 수행하기 위한 지침이 될 것이다. 문학관은 우선적으로 특정 문인의 기념을 하는 공간의 목적이 크기 때문에 기본적으로 소장된 자료 정리와 보존은 요구되지만, 소장된 자료를 전시하는 것에만 몰두하는 것이 아닌 그 자료의 재해석하고 연구하여 현대문학의 발전에 기여해야 한다. 문학관 내에서 이루어지는 운영은 높은 평가를 받을 만큼의 준비가 돼 있어야하며 문학관을 방문하는 이들의 발걸음을 헛되지 않게 다양한 프로그램들로 제공해야 한다. 이는 지속적으로 문학관의 유용한 기능과 역할을 찾아내기 위한 노력을 촉구하는 일이기도 하다.

4) 문화 프로그램 기획 제안 이유

문화 프로그램의 기획 제안의 목적은 기존의 문학관의 운영에 대해 부실한 부분을 보완하여 양질의 문화 프로그램을 구성하고 문학의 중요성과 인식을 변화시키고 알리는 데 그 의미가 있다. 우선 특정 문인을 기념하는 문학관의 목적의식을 방문객 개인이 깨우치는 것이 첫 번째라고 할 수 있다. 문학관의 전시를 보고자 온 방문객들이 문학에 대해서 깊게 생각해보지 못한 부분도 전시관을 둘러 본 후에는 각자의 일반화된 생각에서 벗어나 잠재된 내면의 성찰을 통해 문학을 바라보는 성숙한 눈을 가지게 되는 것이다. 여태까지 문화예술 분야 중 문학에 대해서 저조한 관심을 보였더라도 직접 문인들의 생애가 얽힌 저서와 소장자료를 세심하게 바라보는 경험을 한다면 자신만의 문학에 대한 견해를 가질 수가 있을 것이다. 문학에 대한 통찰은 새로운 문화를 형성하고 시대를 변화시키는 힘을 가지고 있다.

두 번째는 문화 프로그램을 직접 참여하면서 문인의 역사적 시간을 현대의 시간에 대입하여 문인에 대한 작품의 가치를 인식하는 것이다. 특정 작가의 문학 작품은 그 자체가 문화산업의 요소이며 새로운 가능성을 창출하는 계기를 마련해준다. 기존의 문화 프로그램을 재정비하여 지역사회의 문화산업 기반을 다지는 기회가 될 수 있다. 문인의 문화적 가치를 향상시키기 위한 수단은 문화 프로그램이며 이를 통해 문화 중심 공간으로 변모할 수 있는 방안을 모색히여 문학관의 역할에 제한을 두지 않고 문화산업의 기류를 상승 곡선으로 이끌어 현대 문인과 지역 주민의 직접적인 활발한 교류를 기대해본다.

세 번째는 문학관이 자리잡고 있는 지역의 특성을 활용하여 주민과 학생의 교육기관으로의 역할을 수행하는 것이 가장 큰 과제이며 이를 통해 문학의 입지를 다지고 전반적인 문학 발전에 긍정적인 방향으로 나아가는 것이 이번 기획안의 의도이자 목적이라고 할 수 있다. 따라서 '강진시문학파'의 문학을 받아들이는 분위기가 조성되는 공간을 마련하고, 강진 지역의 특정 문화콘텐츠를 모색하고 현대시점에서 이상적인 문학 소통 공간을 형성해야 한다. 문화 프로그램의 계획과 방법은 문학관 방문객을 대상으로 적극적인 체험프로그램을 경험하는 기회를 주고 직접 선택하는 방식으로 문학에 대한 친근감을 형성하여, 문학관 설립의 목적의식에 도달하는 것이다.

3. 강진시문학파기념관 실태[18]

강진시문학파기념관은 시문학에 대한 문화적 공간으로 공간의 활용을 확장하여 다양한 문화행사를 운영하여 적극적으로 공간을 지역주민을 위해 내어주고 있다. 예를 들어 세미나실과 북카페를 활용한 시낭송교실, 인문학 강좌, 전국 규모의 학술심포지엄 개최, 영랑문학제 등의 행사는 청소년 통기타 교실, 다문화 가정을 대상으로 운영 되는 멘토·멘터링 교실 등 문학관의 지역을 대변하는 문화공간으로 지역주민의 문화인식을 도출하였다.[19]

그 중 대표적으로 운영되고 있는 '화요일 밤의 초대 손님'은 문학과 문학 이외의 장르를 통합한 문학콘텐츠로 외부에서 문학을 계승하는 프로그램으로 평가 받으며, 이 프로그램은 문학관의 일반적인 공간의 틀을 벗어나서 다양한 문화예술인을 무대로 이끌어내며 문화예술의 발전에 기여하고 정체성을 확립하였다고 할 수 있다.[20]

전남 강진군 강진읍 탑동마을 영랑 김윤식 생가 입구에 자리한 시문학파기념관이 전국 문학관 운영의 롤 모델로 부상하고 있어 화제다. 강진시문학파기념관은 지난 3월 개관 이래 참신한 기획력과 다양한 프로그램으로 지역민은 물론 문단과 학계를 폭넓게 수용하면서 복합문화 공간으로 자리매김했다는 평가를 받고 있다.

---

18 강진시문학파기념관의 실태에 대한 아래 전체 내용은 김선기, 「문학관 운영의 실천적 방안에 관한 연구」, 『용봉인문논총』 43호, 전남대학교 인문학연구소, 2013, 114~117쪽을 인용한 것이다.

19 위의 글, 116~117쪽.

20 위의 글, 114~115쪽.

(중략)

특히 시문학파기념관이 기획한 〈이달의 시문학파 동인〉과 〈화요일 밤의 초대 손님〉은 참신한 기획력으로 높은 평가를 받고 있다. 〈이달의 시문학파 동인〉은 9인의 시문학파 동인 중 매월 한 명을 선정 시인의 삶과 예술세계는 물론 유가족들로 하여금 문단에 알려지지 않은 시인에 얽힌 일화를 소개하는 프로그램으로 지금까지 박용철, 김영랑, 정지용, 신석정, 정인보, 김현구 시인을 조명했다.

그리고 〈화요일 밤의 초대 손님〉은 지역 문화계에서 처음 시도한 문학 토크 프로그램으로 매월 마지막 주 화요일 밤 7시에 진행되고 있다. 작가 선정기준은 강진군에 주소를 둔 현지 거주자를 원칙으로 해 문단의 변방에 있는 지역작가들에게 자긍심과 창작의욕을 고취시키는 데 한몫을 하고 있다.[21]

이처럼 시문학파기념관은 지역주민들이 직접적으로 체험하고 참여하면서 지역에 대한 애착과 소중함으로 다시 한번 일깨워 주고, 문화예술인의 활동 공간임을 확실히 보여주고 있다. 일반인들도 문화예술인과 문학 공감성을 형성하여 문학을 통한 지역문화성의 결속력으로 지역간의 유대감이 깊어진 계기를 마련하였다. 또한 시문학파기념관의 공간 활용 방안은 타 지역의 본보기이며 문화예술의 지속성과 발전을 뚜렷하게 보여주고 있다.[22]

---

21 위의 글, 같은 곳. 원 기사는 〈강진시문학파기념관 '벤치마킹 롤 모델' 부상〉, 《연합뉴스》, 2012.09.20. https://www.yna.co.kr/view/RPR20120920013400353 (검색일: 2020. 01.20.)

22 같은 글, 113~117쪽.

4. 강진시문학파기념관 시설 활용을 통한 지역 맞춤형 상시 프로그램

1) 문학창작교실

문학창작교실은 시 장르 외 다른 장르까지 배움의 장을 넓혀 지역의 문학을 번창하고 다른 지역축제와 연계하여 시나리오 창작 과정을 향후에 추가하여 문화의 입지를 넓히고 문화산업을 주도하는 새로운 문화콘텐츠로 자리매김을 할 것이다. 또한 보조교육 기관으로 문학관은 학교 이외의 교육기관으로 수행 할 수 있는 기능적 역할을 한다. 이러한 교육기관의 목적으로 발전해나간다면 문학관의 공간 활용성에 대한 가치가 높아지고 연령 제한 없는 교육의 기회가 확대될 것으로 보인다. 문학창작교실은 '시문학파' 작품 분석, 당대 작가의 문학의 삶을 간접적으로 경험할 수 있는 과거 사회의 분위기를 파악하고 이해하는 과정, '시문학파' 작가의 작품과 현대 작가 작품 비교를 통한 한국 문학의 흐름을 인지하는 과정 등도 겸함으로써 문학의 시간은 과거부터 현재까지 계속해서 흐르고 있지만 문학을 중심으로 시간과 배경이 어우러져 우리나라만의 문학의 역사를 보존하고 있다는 것을 이해할 수 있도록 하는 것도 필요해보인다.

'강진시문학파기념관' 공간을 지역주민과 학생들의 문학을 창작하는 문화교육프로그램으로 운영할 때, 이 교육과정에는 김영랑의 시 〈동백잎이 빛나는 마음〉, 〈언덕에 바로 누워〉, 〈4 행소곡 7수〉, 〈모란이 피기까지는〉 등 김영랑 시인의 대표작과 정지용의 시 〈향수〉, 〈압천〉, 〈이른봄 아침〉, 〈바다〉 등 대표작을 포함한 다른 시문학파 시인의 대표작의 간단한 이론 수업과 문학창작교실 참여자들이 작가의 시적 사상을 주제로 삼아 직접 당일 작가의 세계를 담은 시를 창작해보는 수업을 진행하기로 한다. 참여자의 연령층에 제한을 두지 않는 것이 문학창작 교실을 운영하는 하나의 목적이기 때문에 운영 기간은 방학기간인 6월, 7월, 8월, 12월, 1월, 2월, 총 6개월 동안 4주 중 한 주를 정해 2박 3일간의 기간으로 일정을 진행하기로 한다. 참가신청서를 미리 한달 전부터 홈페이지에 공지하여 참가신청서를 취합하고 교육커리큘럼을 구성한다. 문학창작교실의 시 창작반은 총 3반으로 비슷한 연령층의 참여자들을 분반하여 진행하기로 한다. 시 창작반 외 소설 창작반 1반과 희곡 창작반 1반으로, 총 5반을 편성하여 2박 3일간의 일정 동안 문학창작교실을 운영하기로 한다. 문단에 활동 중인 기성작가를 섭외하여 참여인들의 문학 창작 발전 위해 실제적으로 일반인들의 창작활동의 방향에 가담하여 전문화된 문학창작 시간을 가지기로 한다. 상반기, 하반기 기간 중 문학 활동을 고스란히 드러나있는 참여인들의 작품을 수록한 자료집을 발간하고 강진시문학파 작가의 작품 이해를 위한 문학강의도 구성하기로 한다.

이처럼 문학창작교실을 통해서 일반 참여인들의 문학에 대한 관심을 창작으로 표출하여 개개인의 감정과 생각을 도출해내고 창작의 단계를 지속적으로 변화시킬 수 계기를 마련한다.

2) 문학치료교실[23]

문화산업은 현재에 안주하는 것이 아닌 현대 사회의 틀에 맞추어 다양한 형태로 끊임없이 변화하고 새로운 문화콘텐츠를 재구성한다. 문학에 대한 변화도 그러하다. 문화콘텐츠 요소 중 문학은 사회과학, 인문

학, 철학 등 다수의 분야로 구성이 된다. 그만큼 문화 프로그램도 일반
적인 프로그램에서 벗어나 새롭게 문학을 활용할 수 있다는 것이다.
문학관의 역할과 기능 중 문학교육의 기능 이 외에 문화 프로그램 수준
이 향상되고 있는 현실이다. 두 번째 문화 프로그램인 문학치료의 커리
큘럼은 '강진시문학파기념관'의 넓은 내부 공간에서 참여인들의 활발한
소통과 단합을 통해서 '강진시문학파'와 연관된 연극 창작 작업이다.
문학치료는 문화를 활용한 치료기술이며, 이를 활용할 시 타 문학관과
달리 독특한 문화 프로그램을 보유할 수 있는 까닭에 문학관 홍보에
매우 적절하다고 할 수 있다.

문학치료의 연극 창작은 현대인들의 극심한 외상 스트레스와 정신적
인 피로를 치료하기 위한 목적을 가지고 있다. 참여인의 대상은 일반인으
로 두고 있으며 직접 참여하기 원하는 일반인의 정신과 마음을 개선해주
고 삶의 안식을 주기 위한 문화 프로그램이다. 그러므로 참여자의 조건은
실제 심리적 치료가 요구되는 대상이 된다. 참가서에는 참여인의 사연을
작성하면 되고 문학관의 관계자들이 사연을 검토하고 선별하여 적합한
참가자 최종 인원을 구성한다. 문학창작교실에서 소설창작반이나 희곡
창작반의 구성원이 작성한 작품을 고려하고 추려내어 연극 창작에 적합
한 작품을 선정하고 작품의 시놉시스에 따라 연극의 형식과 구성을 진행
하기로 한다. 기간은 3월부터 6월까지 상반기와 9월부터 12월까지 하반
기 총 2번의 연극을 실시한다. 연극을 준비하는 기간 동안 연극 구성원들

---

23 문학치료교실 관련 아이디어와 내용은 김윤환(2006)과 이봉희(2006)를 참고하여 구성한
것이다. 김윤환, 「지역 문학관 활성화를 위한 문학치료실 및 자료실 운영 방안 모색」, 『한국
문화기술』 2호, 단국대학교 한국문화기술연구소, 2006; 이봉희, 「시/문학치료와 문학수
업, 그 만남의 가능성 모색」, 『한국문예비평연구』 20호, 한국현대문예비평학회, 2006.

의 심리적 치료가 동시적으로 진행되며 문학치료사가 멘토가 돼서 적극적으로 상담 활동을 실시하기로 한다.

3) 시문학파 시 낭송교실

우리나라의 현대 시문학이 존재하기까지 1930년대의 시문학 활동은 중요한 의미가 있다. '시문학파'의 의미와 방향성은 1930년대를 시작으로 1935년까지의 기간이 문학사의 역사를 잘 보여주고 있는 대표적인 시대 중 하나라는 데서 온다. 시문학파의 동인 중 대표 시인의 활동을 예로 설명하기로 한다. 가령 정지용은 창작시 18편과, 번역시 2편을 발표하였으며, '시문학파' 활동 중 대체적으로 창작시 분야에 활동을 보여주고 있다. 또한 김영랑은 창작시 37편과 번역시 2편을 발표하였으며 가장 창작시에 대표적인 활동을 보여준 작가라고 할 수가 있다.[24]

이때, 대표적인 시인과 그 작품을 통해서 문화사적 의미와 시의 맥락을 파악하고자 김영랑 시인의 작품인 『영랑시집』으로 작가의 정서를 확인해 보고자한다. 『영랑시집』 중 서정적 인간의 내면의 '슬픔'과 '눈물'이라는 시어가 계속하여 반복성을 가지고 있지만 오히려 시어에 내포된 의미를 깨닫기 위해 더욱 집중하여 경청하게 되고 감정을 이입할 수 있어 시의 정적인 부분을 표현했다고 할 수가 있다. 이처럼 '시문학파'의 작품에서 표현된 순수성과 서정성은 바로 현대문학의 원초적인 의미라고 할 수가 있다. 그렇기 때문에 문학프로그램 중 시낭송 교실을 통해서 지역주민과 학생들이 '시문학파'의 작품성을 논의하고 생각을

---

24 유윤식, 「시문학파연구」, 『한국언어문화』 6호, 한국언어문화학회, 1988, 9쪽.

공유하면서 진정한 문학의 세계를 경험해 볼 수 있는 것이다. 시낭송
교실은 참여서를 작성하여 개인의 참여 의도를 밝히고 참여 인원이 충
족되면 매주 금요일에 실시할 것이다. 수업은 '시문학파' 작가 중 작품을
문예지도전문가가 낭송해주면 이를 듣고 참여인들은 시에 표현된 의미
를 파악하여 작가의 사상과 감정선을 지도안에 작성해주어야 한다. 지
도안의 형식을 제시하면 다음과 같다.

〈표 2〉 시문학파 시 낭송교실 지도안

장르		작가		제목	
내용					
특징					
감상					

5. 기대 효과

우리나라 문학관의 가장 두드러진 특징은 바로 특정 문인 작가 중심으
로 운영을 시행하고 있다는 것이다. 여기서 문제점은 일반적인 문학관의
운영 형태가 독립성과 창의력이 부족하고 문학관 자체의 가치를 생산하
지 못하고 있다는 점이다. 지자체 기관의 지원이 재정적으로 풍족하지
못하기 때문에 작가의 소장품 전시와 자료가 미비하며 전문성을 갖춘
인력을 충족하지 못하고 있는 실태이다. 우리나라 문학관을 통한 공간

활용도를 높이고 문화산업으로 연계하여 특화된 문화 프로그램을 구성하는 것이 이번 기획안의 목적이라고 할 수가 있다. 먼저 〈강진시문학파기념관〉은 현재 타 문학관에 비해 문화 프로그램 비율과 지역 홍보가 활발하게 진행 되고 있는 상황이다. 지방자치단체와 지역 민간단체의 평가와 매스컴에서 보도되는 기사 또한 긍정적인 평가를 받고 있는 것은 확실하다고 할 수 있다. 하지만 이러한 현실에 안주하지 않고 더욱 문학관 운영에 열징을 가지고 다채로운 문화 프로그램을 구성하여 독창적이고 창의적인 문화 프로그램으로 평가 받기를 바란다. 그렇기 때문에 '시문학파' 작가의 삶을 현대시대에서 몸소 체험하기 위해서는 공간의 효율성을 확대하고, '시문학파' 중심의 프로그램을 추가하는 것이 가장 이상적이라고 생각한다. 그러므로 '강진시문학파기념관'의 공간의 의미가 중요하는 것이 아니라 공간의 개념을 넘어서서 적극적으로 운영 문제의 한계점을 극복하고 문화 프로그램 연구를 통해 지역시민들이 체험할 수 있는 문화 범위를 확장시키는 것이 중요하다고 생각한다.

따라서 그 대안으로 문학창작교실, 문학치료교실, 시문학파 시낭송교실 총 3가지의 문화 프로그램을 제안하였다. 문학창작교실은 '시문학파' 시사적 측면과 역사적 측면이 요구되는 이론 수업과 문학창작이라는 창의적 활동으로 개인의 감정을 마주하고 표출하는 방식을 배울 수가 있을 것이다. 이러한 창작수업을 통해서 순수시와 현대시가 융화되고 또다른 문학의 장르의 탄생을 기대해 볼 수가 있다. 또 문학치료교실은 문학관 자체의 브랜드를 형성하고 문학적 가치를 향상하여 문화산업과 지역경제 발전에 영향을 미치는 이색적인 문학프로그램으로 참여자의 자아실현과 문학적 자긍심을 고취시킨다. 이는 심리적인 문제를 안고 있던 문학치료교실 참여자들이 이러한 시간을 통해서 삶을 재구현하고

절망과 고통이 아닌 새로운 희망과 계획을 고안하고 실천하는 계기가 될 것이다. 마지막으로 시문학파 시낭송 교실은 '시문학파' 작품을 통해 문학을 향한 작가들의 강인한 의지와 애환을 정신과 마음으로 공유하고 시의 내면적 의미를 파악하면 우리나라 시사를 정확하게 인지하고 성찰하는 견고한 문학의 세계를 구현할 수 있다.

참고문헌

강민희, 「동인지 문학의 스토리텔링 방안 연구」, 단국대학교 박사학위논문, 2012.

강진시문학파기념관 홈페이지(http://www.gangjin.go.kr/simunhak/ 검색일: 2020.01.20.)

김선기, 「문학관 운영의 실천적 방안에 관한 연구」, 『용봉인문논총』 43호, 전남대학교 인문학연구소, 2013.

김윤환, 「지역 문학관 활성화를 위한 문학치료실 및 자료실 운영 방안 모색」, 『한국문화기술』 2호, 단국대학교 한국문화기술연구소, 2006.

김종우, 「채만식문학관의 운영 활성화 방안 연구」, 『현대문학이론연구』 35호, 현대문학이론학회, 2008.

심향진, 「외국인 학습자를 위한 문화 체험 학습 방안 연구」, 호남대학교 석사학위논문, 2019.

양혜경·이윤정, 「부산지역 문학관 운영현황과 전망」, 『부산연구』 8(2)호, 신라대학교 부산학센터, 2010.

유윤식, 「시문학파연구」, 『한국언어문화』 6호, 한국언어문화학회, 1988.

이봉희, 「시/문학치료와 문학수업, 그 만남의 가능성 모색」, 『한국문예비평연구』 20호, 한국현대문예비평학회, 2006.

정경운, 「한국문화콘텐츠의 활성화 방안 연구 – 국내 문학관 프로그램 운영방식을 중심으로」, 『현대문학이론연구』 25호, 현대문학이론학회, 2005.

한태선, 〈강진시문학파기념관 '최우수문학관'〉, 《전남매일》, 2017.03.20. http://jndn.com/article.php?aid=1489935600232867002 (검색일: 2020.01.20.)

스토리마스터 교육과정 개발 기획[*]

염승한

1. '스토리마스터'의 정의 및 필요성

전남대학교 대학원 국어국문학과 BK21플러스 지역어 기반 문화가치 창출 인재 양성 사업단은 지역어에 대한 학문적인 연구 역량, 원천 자료에 대한 아카이빙 능력, 언어 자원화의 전 과정을 체계적으로 이행할 수 있는 능력을 갖춘 '스토리마스터' 인재를 양성하고자 한다. 스토리마스터 프로그램은 사업단의 지역 인재 양성 프로그램의 일환으로 지역어 원천 자료를 언어로 수렴하고, 다채로운 방식으로 방법으로 언어 자원화 할 수 있는 능력을 갖춘 인재를 양성하는 것을 말한다.

스토리마스터 프로그램은 문화콘텐츠를 인문학적으로 접근하면서,

---

[*] 본 기획서는 2016년 1학기부터 2017년 1학기까지 〈인문형 LAB〉의 총 4개의 랩에서 진행된 스토리마스터 교육과정 개발 기획 관련 기획안들을 염승한 연구자가 수정·보완하여 정리한 것이다. 2016년 1학기에는 '스토리마스터' 랩의 기획안(구성원: 강영훈, 염승한, 이상민, 황희우), 2016년 2학기에는 '스토리마스터 과정 개발' 랩의 기획안(구성원: 강영훈, 염승한, 진주), 2017년 1학기에는 '스토리마스터 1팀' 랩의 기획안(구성원: 김다솔, 박은빈, 정미선, 하현정)과 '스토리마스터 2팀' 랩의 기획안(구성원: 나웅, 염승한, 정도미, 주만만, 진주)을 취합하여 정돈하였다.

특히 지역어에 주목한다. 이는 지역어 자체가 하나의 문화라는 전제에서 출발하며, 스토리마스터가 하는 작업은 언어 자원을 말해진 혹은 쓰여진 것을 단순히 수집하는 것이 아닌, 언어 자원 저변에 깔려 있는 지역 문화 저층을 발굴하는 것이다. 따라서 스토리마스터는 언어로 된 자료를 수집하는 것을 넘어 스토리를 통해 지역 문화를 습득하고 더 나아가 지역 문화 자체를 통달한, 이른바 '마스터'한 인재이다.

이야기, 즉 스토리는 인간 사이를 연결하는 커뮤니케이션 수단이자 세상을 이해하는 매개이자 정보를 보존하고 전달하는 매개체로 이해됐다. 그러나 2000년대 이후 문화 사업이 발전하고 그 규모가 커지기 시작하면서 문화콘텐츠에 대한 관심이 높아졌고, 스토리는 단순히 인간의 커뮤니케이션 수단이 아닌 문화콘텐츠의 원천 자료로 주목받기 시작했다. 또한 기술이 발전하면서 문화콘텐츠에 대한 수요가 늘어났고 동시에 도처에 있는 스토리들을 쉽게 마주할 수 있는 장이 마련이 되면서 이것을 채집하는 능력도 중요하게 됐다. 그래서 문화콘텐츠의 원천 자료인 스토리는 이제 어떻게 말해질 것인가 그리고 어떻게 채집을 할 것인가가 중요하게 됐다.

이렇게 언어가 자원화가 되면서 수집과 가공의 문제가 중요시 됐다. 그렇기 때문에 이것과 관련된 이론에 대한 심층적인 통찰과 그에 대한 실천적 영역의 다양한 층위를 탐색할 필요가 생기기 시작했다. 전남대학교 대학원 국어국문학과 BK21플러스 지역어 기반 문화가치 창출 인재 양성 사업단은 지역어에 기반한 스토리마스터를 통해 지역어 더 나아가 지역 문화의 심도 있는 이해를 하고, 이를 바탕으로 지역어의 위상과 역할을 새롭게 모색한다.

본 사업단은 스토리마스터 프로그램을 통해 우수 학생을 유치하고 배출함과 동시에 횡단형 인재들의 허브로서의 역할을 수행하고자 한다. 이러한 인재 양성을 위한 첫 단계로 프로그램 개발 방안과 전체적인 교육 방향을 제시하여 구체적인 교육 모델과 추진 계획을 통해 스토리마스터가 어떠한 기대 효과를 가져오는지 살펴보도록 하겠다.

2. '스토리마스터' 개발 방향

스토리마스터는 세 가지 방향으로 개발한다. 첫 번째는 지역어 기반 **아카이빙**으로 아카이빙 방법론, 박물관학 등과 스토리텔링(문화콘텐츠학)을 연계하여 "지역어기반 아카이빙" 관련 프로그램을 개발한다. 두 번째는 스토리마스터 **글쓰기**로 문화가치 창출을 위한 창의적, 실용적, 교육적 글쓰기 과정으로 프로그램을 개발한다. 마지막으로 **디지털** 휴머니즘은 디지털 환경에 아카이빙과 글쓰기 영역을 접목해 문화가치를 창출 할 수 있는 방안을 모색하는 프로그램을 개발한다.

〈그림 1〉 스토리마스터 프로그램 개발 방향

스토리마스터 인재는 아카이빙, 글쓰기, 디지털 영역을 교육받고, 이를 통해 세 영역을 활용할 수 있는 인재이다. 그래서 스토리마스터 교육 모델은 지역어 기반 **아카이빙**, 스토리마스터 **글쓰기**, **디지털** 휴머니즘 세 가지 영역이 선순환 되도록 개발한다. 이러한 선순환 모델은 지역의 언어적 원천 자료를 수집하고, 글쓰기를 통해 언어 자원으로 개발하고, 디지털 영역에서 새로운 매체로 전환할 수 있는 인재, 다시 말하면 횡단형 인재를 양성할 수 있다.

3. '스토리마스터' 교육 방안

1) 지역어 기반 아카이빙론

(1) 프로그램 개요

한국어문학에 대한 심도 깊은 이해를 바탕으로 지역어의 위상과 역할을 새롭게 모색하고, 지역의 언어적 원천 자료를 수집·정리할 수 있는 아카이빙 능력을 개발한다. 이를 활용하여 다채로운 문화적 효과를 발산하고 언어로 수렴할 수 있는 능력을 갖춘 횡단형 인재를 양성한다. 지역어 기반 아카이빙은 '지역어(지역문학, 지역문화) 기반 문화가치 창출'이라는 전남대학교 대학원 국어국문학과 BK21플러스 사업단의 아젠다를 기본 바탕으로 한 원천 자료 수집-정리 능력 개발을 목표로 한다. 스토리마스터 활동의 기본이 될 자료 수집과 정리, 그리고 스토리텔링 능력을 배양하는 단계이다. 즉 스토리마스터가 될 수 있는 기본 소양과 방법론을 습득하는 단계라 할 수 있다. "아카이빙" 능력에 초점을 맞추지만 "지역어 기반"이라는 사업단의 아젠다에 부합하는 프로그램을 개발·실행함으로써 스토리마스터로서의 기틀을 다지는 단계라 할 수 있다. '이론과 방법론의 숙지'라는 차원에서 **강연·강의 형식을 중심**으로 진행한다.

① 지역 기반 문화자료 발굴 → 지역 기반 문화자료 수집 → 지역 기반 문화자료 정리 → 지역 기반 문화자료 가공 (지역어 기반 아카이빙 방법론)
② 수집된 자료를 정리하고 분류하고 선정하는 안목을 키움
③ 선정된 자료를 가공하는 능력 배양

(2) 세부프로그램(안)

스토리마스터의 기본 역량을 배양하기 위해서는 선행적으로 방법론 학습이 이루어져야 한다. 아카이빙 이론, 스토리텔링 이론, 콘텐츠이론, 창작 이론 등의 강좌가 먼저 실행되어야 하는 이유가 여기에 있다. 고전, 공연, 도시문화, 만화, 방송 등의 콘텐츠는 지역의 독특한 문화적 자원과 결합할 때 독창적이고 구체적인 성과를 얻을 수 있다. 또한 지역의 문화 원형은 문학, 역사, 철학, 민속 분야 전반에서 추출되며, 디지털 복원과 재창조의 근원이 된다는 점을 고려해 보았을 때, 지역어를 수집·정리할 수 있는 아카이빙 이론에서부터 스토리텔링, 콘텐츠이론, 창작 이론 등이 순차적으로 학습되어야 할 것으로 판단된다. 다음 다섯 가지의 세부강의안을 제안하는 바이다.

① 문화 아카이빙 방법론 연구

문화가 경쟁력인 시대적 배경과 기록학의 영역 확장으로 문화 아카이

빙은 최근 많은 관심을 받고 있다. 실제로 일상 아키이빙과 마을 아카이빙과 같은 다양한 시도들이 전개되고 있으며, 관련 연구 또한 수위를 높이고 있다. 그러나 실제 사례들을 나열하는 연구에 치중되어 있고 문화 아카이빙에 대한 이론적 연구는 상대적으로 미흡한 것이 사실이다. 본 강의는 문화재현 매개로서의 기록과 아카이빙의 근본적 문제인 '무엇을 어떻게 수집할 것인가'를 고민하고, 문화 아카이빙을 위한 새로운 이론체계와 개별 방법론 수립을 목적으로 한다.

② 지역 아카이빙과 기록화방안 연구

지역어 기반 문화가치 창출이라는 본 사업단의 아젠다와 기존의 아카이빙 이론을 융합하여 지역 아카이빙이라는 새로운 이론을 설립한다. 지역성을 기반으로 한 지역 아카이빙을 통해 특정한 장소나 공간의 상황 혹은 자연적 환경 및 사회 문화적 환경의 차이를 유추할 수 있을 것이다. 이를 위해 지역과 지역성의 이론적 체계를 확고히 하고 지역 아카이빙의 개념과 필요성을 규정한다. 지역기록의 유형과 범위, 지역 아카이빙의 실제 사례를 분석하고 지역 기록의 수집절차를 설계한다. 최종적으로 지역 아카이빙의 목적과 범위를 설정하고 현재 지역기록의 현황을 분석하여 수집전략을 설계함으로써 지역 아키이빙의 지속화 방안을 연구한다.

③ 인문학과 문화콘텐츠 – 문화콘텐츠의 등장과 인문학의 역할

문화의 시대를 맞아 문화콘텐츠에 대한 수요가 급증하고 있지만, 이에 대한 학문적 연구와 교육은 매우 미흡한 상황이다. 문화콘텐츠의 체계적 연구를 통해 고급 전문 인력을 양성함으로써 문화콘텐츠의 장기적 발전을 위한 기반을 마련하는 것이 국가적 과제가 되고 있다. 이에

따라 다양한 모색이 이루어지고 있는데, 문화콘텐츠에 대한 학문적 접근의 바탕은 '인문학'이 되어야 한다는 것이 최근의 논의 추세다. 인문학적 기반과 문화산업적 감각을 함께 접목함으로써 문화콘텐츠의 학문적 동력을 찾을 수 있다는 것이다. 본 강의는 콘텐츠라는 공동의 관심사를 축으로 하여 인문학 전공간의 벽을 허무는 미래지향적 교육을 추구함으로써 인문학의 새로운 패러다임을 창출하고, 21세기 문화 인프라 구축을 위한 문화연구와 교육의 새 장을 여는 계기를 마련하게 될 것이다.

④ 지역어와 스토리텔링 – 지역어 자원의 스토리텔링을 위한 방안
　인터넷시대의 전개, IT 기술의 발달 등으로 서사를 전달할 매체도 지속적으로 늘어나고 있다. 스토리텔링은 이러한 시대적인 상황 속에서 탄생한 첨단 인문학으로 소설, 영화, 애니메이션, 방송, 광고, 캐릭터, 모바일, 게임은 물론 공연과 축제, 여행도 스토리텔링의 대상이다. 주지하듯이 스토리텔링은 어떤 분야와도 통섭 가능한 학문으로 문화의 모든 분야를 포괄하고 있다. 이러한 스토리텔링의 성격을 지역어와 결합시켜 새로운 문화가치를 창출하는 것이 본 강의의 목적이다. 스토리텔링의 일반론과 지역(어)학의 결합을 통해 사업단이 지향하는 아젠다를 충족시키는 동시에, 새로운 방식의 스토리텔링의 실험까지 나아갈 수 있을 것이라 기대하는 바이다.

⑤ 지역문화와 문화콘텐츠 – 지역문화의 정체성화를 통한 장소성 확보 전략
　문화콘텐츠 개발은 지역의 문화적 자원을 소재로 할 때, 새로운 가치 창출로 이어질 수 있다. 지역의 문화원형은 문학, 역사, 철학, 건축,

민속 분야 전반에서 추출될 수 있다. 이러한 지역문화의 원형을 추출하고 새로운 문화콘텐츠의 개발까지 나아가는 것을 목표로 한다. 이때 지역문화는 원천 자료가 될 수도 있지만, 현재 진행되고 있는 지역문화산업과 연계될 수도 있다. 이를 위하여 지역 문화 현장을 파악하고 콘텐츠를 개발할 수 있는 능력까지 배양한다.

(3) 프로그램 실행방안

강의명	강의 일시	강의 방식	강사	비고
① 문화 아카이빙 방법론 연구	2학기	대학원 강의		
② 지역 아카이빙과 기록화방안 연구	1학기	대학원 강의		
③ 인문학과 문화콘텐츠 – 문화콘텐츠의 등장과 인문학의 역할	학기중	전문가 초청 특강		
④ 지역어와 스토리텔링 – 지역어 자원의 스토리텔링을 위한 방안		전문가 초청 특강		
⑤ 지역문화와 문화콘텐츠 – 지역문화의 정체성화를 통한 장소성 확보 전략		전문가 초청 특강		

①, ②는 국어국문학과 대학원과 연계하여 BK특화과목으로 개설한다. "국어학–고전문학–현대문학"이라는 기존의 분류체계와는 달리, BK 참여 인력이라면 모두 수강할 수 있는 '개론' 수준의 강의 개설한다. 나머지 ③, ④, ⑤는 전문가 초청 특강 형식으로 진행한다. 강연회는 BK 참여 인력뿐만 아니라 외부 사람에게도 개방된 강연회 형식으로 진행한다.

그래서 스토리마스터 인재 양성 프로그램은 지역어, 혹은 지역문화를 기반으로 한 문화콘텐츠를 연구하는 전문가를 초청하여, 현 단계에서 인문학과 문화콘텐츠와의 관계, 지역어 자원의 문화콘텐츠화를 위한 방안, 지역문화의 정체성화를 통한 지역만의 장소성 확보 등의 문제를 사업단 인재들과 공유한다. 이론과 방법론의 숙지와 함께 현장의 목소리를 들어 볼 수 있는 좋은 기회가 될 것이라 판단된다. 또한 '지역어 아카이빙 – 스토리텔링이론'이라는 두 가지 성격을 감안하여 볼 때, 현장·답사프로그램 역시 고려할만한 대상이라 판단된다. '지역어 수집·정리'를 실행하고 있는 기관을 방문하여 현장의 작업을 체험하고 "어디서" "무엇을" 배울 수 있는 가의 문제에 대한 세부적인 고민의 가능성을 제시한다.

2) 스토리마스터 글쓰기

(1) 프로그램 개요

지역어 기반 인재 양성을 위한 스토리마스터 프로그램은 지역어 기반으로 한 지적 양식을 스토리마스터 글쓰기 교육을 통하여 새로운 지식 창출 프로세스를 제시한다. 정보의 과잉 상태에 따른 현대에서 단순한 정보보다 경험을 통해 걸러진 담화인 스토리를 수단으로 하여 최적화된 형태의 정보를 재창조하는 "글쓰기"를 통하여 스토리마스터과정의 결과물들을 창출하려 한다.

(2) 세부 프로그램(안)

① '지역어' 기반 스토리 공모전

'지역어'를 기반으로 한 사업단의 설립 취지에 걸맞도록 '지역어'라는 큰 주제를 바탕으로 매 년마다 하위 주제를 정하여, 관련된 스토리를 공모한다. 그 주제의 예시로는 '무등산 스토리텔링', '오월길' 등이 있으며, 다양한 주제가 '지역어'라는 범위 하에서 정해질 수 있다. 이러한 '지역어' 기반 스토리 공모전은 한국 문화콘텐츠 산업의 바람직한 발전에도 기여할 것이라 생각된다.

② 스토리 워크숍 개최

국립아시아문화전당 아시아스토리텔링 위원회와 함께 스토리 워크숍을 개최하여, 보다 넓은 범위의 스토리 글쓰기에 대한 공유를 통해 궁극적으로 '스토리마스터' 프로그램의 목적을 이룰 수 있도록 한다. 이러한 워크숍은 다른 지역 및 다른 영역의 사람들과의 관계를 맺음으로써 다양한 경험을 얻도록 하는 행사가 될 것이다.

③ 매년 공모전·워크숍 책자 발간

'지역어' 기반 스토리 공모전 및 스토리 워크숍에서 논의되었던 작품 및 학술 논문들을 책자로 발간한다. 책자로 발간하여 의미 있는 자료로 정립함을 목적으로 한다.

④ 공공기관과 연계한 교육 프로그램 참여

국립기관 및 지방자치단체 관련 기관들과의 연계를 통하여 그러한 국립 및 지역 기관들에서 이루어지고 있는 프로그램에 BK인재들의 참여를 독려하여 필요한 프로그램을 적절히 활용할 수 있도록 지원한다. 공공기관에서 이루어지는 문화콘텐츠 창출 관련 프로그램을 중심으로 운영한다.

⑤ 스토리마스터 멀티북 제작

디지털 분야와 연계하여 스토리마스터 사이트를 개발하여 글쓰기 결과물들을 공유하고, 쌍방향적인 소통을 통하여 새로운 문화콘텐츠를 창출하는 것을 목적으로 한다. 또한 공동의 글쓰기를 통하여 궁극적으로 창의적인 지역어 콘텐츠를 창출할 수 있을 것이라 생각된다.

(3) 프로그램 실행 방안

① '지역어' 기반 스토리 공모전

　가. 시기별 운영 방법

　　- 매년 초(1-2월) = '지역어' 관련 공모전 주제 발표

　　- 9월 = 공모전 작품 출품

　　- 11월 = 공모전 선정 작품 발표

　나. 참가자

　　: 전남대학교 대학원생을 주축으로 하여 대학생, 일반인 등으로 한다. (광주, 전남 지역민한정)

　다. 심사방법

　　: 전남대학교 교직원들을 주축, BK사업단 연구원들이 중심으로 주제에 타당한 작품을 영역별로 2-3작품 선정

② 스토리 워크숍 개최

　가. 시기

　　- 매년 초(3월) = 공공 기관(국립)과의 연계를 통하여 스토리 워크숍의 일정을 결정하고 일정을 공고한다.

　　- 7-8월 = 스토리 워크숍 참여 인원 결정

　　- 12월 = 스토리 워크숍 개최

나. 참가자

: '지역어' 기반 스토리 공모전의 참여 범위보다 넓은 범위로 한다.
(타지역 포함)

③ 공모전·워크숍 책자 매년 발간

가. 시기

: 공모전·워크숍 자료를 모아 12월 이후에 책자로 발간한다.

④ 공공기관과 연계한 교육 프로그램 참여

가. 시기

: 공공기관의 프로그램이 선정되는 1-2월, 7-8월 해당 공공기관의
프로그램을 살펴보고, "글쓰기" 및 "문화콘텐츠"와 관련되는 프
로그램은 연계하도록 한다.

나. 참여자

: 전남대학교 국어국문학과 BK21플러스사업단 지원·참여대학원생

⑤ 스토리마스터 멀티북 제작

가. 시기

: 1-12월

나. 방법

– 책자에 발간되는 작품을 "스토리마스터" 사이트에 개제한다.
– 공동으로 창작하는 작품 및 학술적 과정물을 논의한다.

다. 참여자

: 전남대학교 국어국문학과 BK21플러스사업단 지원·참여대학원
생을 주축으로 한다.

3) 디지털 휴머니즘

(1) 프로그램 개요

디지털 휴머니즘이란 인문학적인 지역 언어와 문화자원을 디지털화하는 것으로, 디지털이 가지는 상호 매체성을 통해 지역 언어 및 문화자원을 새로운 매체로 변환하는 작업을 일컫는다. 발굴한 지역 언어 및 문화자원을 디지털 영역으로 확장시켜 다양한 매체와 접목시켜 새로운 형태로 만든다. 그리고 그 결과물을 홈페이지에서 디지털 형식으로 아카이빙 및 전시를 통해 확장하는 것을 목적으로 한다.

따라서 디지털 휴머니즘은 자료를 디지털화 하는 작업을 위해 컴퓨터 응용 기술(PPT, Move Maker, Premiere, 디지털 앨범, Flash 등)의 이해 및 습득과 이야기 디지털 표현 방법론을 교육하는 것을 목표로 한다. 이 교육을 통해 자료를 디지털화 하여 새로운 매체를 변환하고 그것을 통해 글쓰기로 작품 창출한 가운데, 디지털 수단으로 재창작하여 자료의 활용을 확장하는 효과를 기대한다.

(2) 세부 프로그램(안)

① 디지털 정보화 강좌 및 워크숍

디지털 정보화 디지털 수단을 이용하여 지역 언어와 문화 원천 자원을 보관하고 세부 분류하여 2차 창작하는 곳에 도움을 주도록 하는 데에 목적을 둔다. 즉, 1차 원천 자료를 디지털화하는 것을 말하며, 원천 자료를 분석하여 텍스트, 이미지, 사운드, 그래픽, 비디오, 애니메이션 등 다양한 형태로 디지털 기술로 저장한다.

따라서 기초적인 관련 컴퓨터 응용기술 프로그램 이해와 사용법을

전문 강좌를 진행한다. 그리고 이와 관련한 심화 학습 측면으로써 전문
가 초청해서 워크숍도 진행할 예정이다.

　② 디지털 휴머니즘의 이해

　디지털 시대의 지역 언어와 문화 원천 자원의 역할과 위상을 고민한
다. 이는 새로운 환경에서 새로운 시각을 필요로 하기 때문이다. 그래서
디지털 시대의 특징을 고찰하는데, 그 중에서 상호매체성에 주목한다.
이것을 통해 지역문화와 문화 원천 자원이 디지털 환경에서 다양한 방
향으로 변주되고 확장할 수 있게 하기 때문이다. 따라서 디지털 시대의
상호매체성과 그 실례들을 확인한다.

　③ 디지털 휴머니즘 콘텐츠 개발 방법론

　디지털화된 다양한 지역 문화자원들을 새로운 콘텐츠로 개발하는 방
법론에 대해 고찰한다. 디지털 환경이 가지는 상호매체성으로 인해 콘텐
츠는 닫힌 구조가 아닌 열린 구조로 개발이 되어야 한다. 다시 말하면
하나의 지역 문화자원이 다양한 장르로 확장하는, OSMU(one source
multi use)로 개발할 수 있어야 한다. 그래서 우선 디지털 휴머니즘 콘텐
츠 개방 방법론 시간은 기존 OSMU된 콘텐츠들을 살펴보면서 그것이
어떻게 활용되는지 살펴본다. 그리고 이후 어떻게 새로운 방향으로 나아
갈 수 있는지 그 방법을 모색한다.

(3) 프로그램 실행 방안

① 디지털 정보화 강좌 및 워크숍

가. 강좌
- 시기: 학기별로 매년 3월초, 9월초
- 시간: 1주일, 매일 90분 정도
- 장소: 컴퓨터가 배치된 전문 강의실
- 강사: 전남대학교 관련 학과 강사나 교수
- 내용: 디지털 정보화에 관련 컴퓨터 응용 기술 프로그램의 기초적인 입문 강의
- 참여자: BK지원대학원생은 의무 참여, 스토리마스터 수강생은 의무 참여

나. 워크숍
- 시기: 학기별로 매년 3월말, 9월말
- 시간: 3시간 정도
- 장소: 대강의실
- 강사: 이론 전문가 1명, 실무 전문가 1명
- 내용: 디지털 정보화에 관련 컴퓨터 응용 기술 프로그램 심화, 실무 측면에서 주제를 정함. 그리고 주제는 지난 학기 간담회에서 반영된 제안을 통해서 검토 가능
- 참여자: BK지원대학원생은 의무 참여, 스토리마스터 수강생은 의무 참여, 국어국문학과 및 외부인은 참여 자원

② 디지털 휴머니즘의 이해

- 시기: 학기별로 매년 4월초, 10월초 (또는 정규 대학원 수업과 연계 가능)
- 시간: 4주, 매일 90분

- 장소: 일반 강의실
- 강사: 학과 참여교수 또는 전남대 교수
- 내용: 인문학과 디지털의 관계, 디지털 휴머니즘의 이론, 디지털 콘텐츠 등 지도
- 참여자: 스토리마스터 수강생은 의무 참여, 참여 대학원생은 참여 자원

③ 디지털 휴머니즘 콘텐츠 개발 방법론
- 시기: 학기별로 매년 5월초, 11월초 (또는 정규 대학원 수업과 연계 가능)
- 시간: 4주, 매일 90분
- 장소: 일반 강의실
- 강사: 전남대 관련 학과 교수나 외부 전문가
- 내용: 원천 자료나 글쓰기 창작물을 디지털 스토리텔링으로 제작하는 방법론
- 참여자: 스토리마스터 수강생은 의무 참여, 참여대학원생은 참여 자원

4. '스토리마스터'의 기대 효과

스토리마스터 인재 양성 프로그램은 지역 언어와 문화 원천 자원을 다양한 영역에서 활용할 수 있는 인재를 양성한다. 스토리마스터는 아카이빙 영역, 글쓰기 영역, 디지털 영역에서 활동하며 이것을 자유자재로 활용할 수 있다. 이것은 한 영역에만 머물지 않는 횡단형 인재이며, 지역 문화의 거점이 되는 인재이다.

먼저 아카이빙 능력을 키우면서 주변에 깔려 있는 지역어 자료를 발굴

할 수 있는 능력과 이것을 수집, 저장하면서 지역 문화를 저변을 탄탄하고 풍부하게 할 수 있을 것이다. 이는 몇 개의 소재가 콘텐츠화 되고 지역 전체를 대변하다가 빠르게 소비되다 사라지는 현 세태에서 필요한 것이다. 왜냐하면 다양한 아카이빙 작업을 통해 풍부하고 튼실하게 마련된 지역 문화 자료들을 마련할 수 있기 때문이다. 따라서 이 작업은 지역 문화의 내실을 다지는, 지역 문화의 기초 체력을 탄탄하게 한다.

또한 새로운 글쓰기를 통해 기존 자료를 다양하게 활용하는, 다시 말하면 새롭게 변형, 확장시킬 수 있을 것이다. 이것은 새로운 지식 창출 프로세스로 지역 원천 자료를 다양한 방향으로 글을 쓰면서 기존 자료를 새롭게 변형 확장시키면서 지역 문화의 저변을 넓힐 수 있을 것이다.

마지막으로 디지털 시대에 맞춰 그 기술을 습득하고 거기에 알맞은 콘텐츠를 제시하는 미래형 인재를 양성할 수 있을 것이다. 이것은 상호 매체성에 기반하여 하나의 자료를 다양한 콘텐츠로 확산시킬 수 있는 것으로서, 지역 문화를 콘텐츠 시장에 다양한 장르로 내놓을 수 있을 것이다.

끝으로 스토리마스터 인재 양성 프로그램은 '횡단형'이라는 그 특성상 다양한 학과들과 제휴할 필요성이 있다. 이것은 수업에서 요구되는 것으로, 지역어를 다양한 학문적 채널로 교류하면서 심도 있게 연구할 수 있는 장을 마련해야 한다. 또한 학교 이외의 연구소, 시민 단체, 지자체와 제휴할 필요성이 있다. 단순히 학문적으로 남겨두지 않고 많은 그룹들과 제휴하면서 다양하게 실천할 수 있는 장을 마련해야 할 것이다.

5. 부록: '스토리마스터' 세부 강의 계획서

문화아카이빙론 강의 계획서

교과목명	문화아카이빙론	학점(시수)		담당교수	
담당학과		연 구 실		전 화	
				E-mail	

1. 교과요목	문화아카이빙론은 언어를 기반으로 하는 문화자원의 범주와 특성에 대해 이해하고, 자원의 특성에 따라 체계적으로 수집·정리하는 한편, 이를 산업적으로 활용할 수 있도록 언어 자료 형태로 가공하는 능력을 함양하는 교과목이다.
2. 수업유형	이 수업은 이론 강의와 수강생의 발표 및 토론을 중심으로 이루어진다.
3. 수업목표	1. 문화 아카이빙의 개념과 필요성을 인식한다. 2. 문화 아카이빙에 관한 학술적 성과를 익히고, 아카이빙에 관한 자신만의 관점과 이론적 토대를 마련한다. 3. 언어를 기반으로 하는 문화 아카이빙의 범주와 특성을 이해할 수 있다. 4. 언어 기반 문화 아카이빙의 실제적 사례를 탐색하여 아카이빙 방법론의 다면적 기획과 전략을 이해한다. 5. 문화자원을 대상으로 '수집-분석-언어적 가공'의 아카이빙 실습을 통해 효율적 아카이빙 방법론을 익힌다.
4. 강의개요	21세기는 문화의 세기라고들 한다. 따라서 문화는 현재의, 미래의 가장 주목 받는 산업이라고 할 수 있다. 이러한 문화 산업의 토대는 문화자원이며, 문화자원의 발굴·개발·활용이 활발히 이루어질 때 문화산업 또한 융성해질 수 있다. 이와 같은 추세에 따라 문화 산업의 핵이라 할 수 있는 문화자원에 대한 관심이 지대해지고 있다. 다행스럽게도 문화자원은 우리 주위 어디서든 쉽게 찾아볼 수 있다. 그러나 이렇듯 다양한 문화자원이 곧바로 문화산업으로 치환되는 것은 아니다. 문화자원이 제대로 활용되기 위해서는 적절한 가공, 즉 문화적 기획 단계를 반드시 거쳐야 한다. 곧, 문화적 기획을 위해서는 날 것 상태의 문화자원에 대한 체계적·효율적·전문적인 '자료화'가 필요하다. 따라서 수많은 정보가 산재되어 있는 현대 사회의 양상을 비추어볼 때, 문화기획의 근간이 되는 원천 자료를 수집하고 언어화된 형태로 정리할 수 있는 아카이빙 능력은 매우 긴요한 것이라 할 수 있다. 또한 문화기획을 통한 문화콘텐츠화의 실용적 모색이 단지 단말적인 문화자원의 적용으로 귀결되지 않기 위해서는, 문화 아카이빙의 개념, 그 이론적 토대 및 방법론을 탐색하고 원천 자료에 대한 다각적 아카이빙 능력을 함양하는 과정의 선행이 매우 필요하다. 　따라서 본 과목의 목표는 문화 아카이빙의 필요성을 인식하고, 아카이빙에 관한 기존의 이론적 성과들 및 아카이빙의 실제적 사례들을 탐색하여 아카이빙 방법론을 구상해봄으로써, 이러한 문화 아카이빙 자료가 어떻게 문화기획에 활용될 수 있는

| | 지를 확산적으로 이해하는 데 있다. 이를 위해서 본 과목은 우선적으로 적층된 언어 기반 문화자원을 범주화하여 체계적으로 조망할 수 있는 역능을 기르고, 각각의 범주화된 문화자원의 특성에 따라 잘 조율된 아카이빙 방법을 구상할 수 있게 하는 적확한 구성력을 갖추도록 돕는 로드맵에 역점을 둔다.
　'문화아카이빙론'을 통해서 수강생들은 문화자원을 인지하고 체계적으로 구성하는 능력과 방법론을 배우고, 이를 기반으로 문화자원을 문화기획 단계에 효율적·확산적으로 활용할 수 있는 원천적 역량을 기를 수 있을 것이다. |

5. 평가방식	출석	실습	합계
	70	30	100

6. 교재 및 참고도서

박치완 외, 『키워드 100으로 읽는 문화콘텐츠 입문사전』, 꿈꿀권리, 2013.
유제상, 『문화콘텐츠학 강의』, 컨텐츠하우스, 2017.
유제상, 『문화콘텐츠와 원형이론 강의』, 컨텐츠하우스, 2017.
인문콘텐츠학회, 『문화콘텐츠입문』, 북코리아, 2006.
김열규, 『상징으로 말하는 한국인, 한국 문화』, 일조각, 2013.
김열규, 『기호로 읽는 한국 문화』, 서강대학교출판부, 2008.
C. 융, 이윤기 옮김, 『인간과 상징』, 열린책들, 1996.
C. 기어츠, 문옥표 옮김, 『문화의 해석』, 까치, 2009.
G. 뒤랑, 진형준 옮김, 『상상계의 인류학적 구조들』, 문학동네, 2007.
H. 젠킨스, 김정희원 외 옮김, 『컨버전스 컬처』, 비즈앤비즈, 2008.
권순명·이승휘, 「지역 아카이빙을 위한 기록화방안 연구」, 『한국기록학연구』 21호, 한국기록학회, 2009.
김삼철·김일태, 「광주 문화산업클러스터 조성을 위한 평가지표 분석」, 『한국콘텐츠학회논문지』 13(11)호, 한국콘텐츠학회, 2013.
김월덕·장준갑·김건, 「민속 문화 아카이빙의 스토리텔링 방법과 실천」, 『글로벌문화콘텐츠』 24호, 글로벌문화콘텐츠학회, 2016.
김희정, 「웹 아카이빙 인터페이스 유형 및 특성 분석」, 『한국기록관리학회지』 10(2)호, 한국기록관리학회, 2010.
김희정, 「네트워크 분석을 기반으로 한 웹 아카이빙 주제영역 연구」, 『한국비블리아학회지』 22(2)호, 한국비블리아학회, 2011.
류한조, 「문화 아카이빙 정착을 위한 방향 연구」, 『기록학연구』 37호, 한국기록학회, 2013.
신재민·곽승진, 「디지털 컨텐츠 아카이빙 정책수립을 위한 문헌 및 사례 고찰」, 『사회과학연구』 24(1)호, 충남대학교 사회과학연구소, 2013.
전남대학교 산학협력단, 「광주광역시 문화콘텐츠산업 중·장기 종합계획」, 2015.
한국콘텐츠진흥원, 「지역콘텐츠 산업 발전 중장기 로드맵 수립」, 2015.

구분	서명	저자	출판사	출판년
주교재				
참고자료				

주별 강의 계획

주	강의주제 및 내용	시수	수업활동	학습자료 및 과제물
1	문화아카이빙론 총론			
2	문어자료 아카이빙 방법론 1 -'창작텍스트' 아카이빙 기획			
3	문어자료 아카이빙 방법론 2 -'일상텍스트' 아카이빙 기획			
4	공간자료 아카이빙 방법론			
5	구어자료 아카이빙 방법론 1 -'구술자료' 아카이빙 기획			
6	구어자료 아카이빙 방법론 2 -'방언자료' 아카이빙 기획			
7	민속자료 아카이빙 방법론			
8	문화아카이빙의 실제 1 (실습)			
9	문화아카이빙의 실제 2 (실습)			
10	문화아카이빙의 실제 3 (실습)			

주별 세부 강의 계획

제1강 : 문화아카이빙 총론

1. 강의 개요

본 강의는 문화아카이빙 각론을 본격적으로 공부하기 전에 문화아카이빙에 대한 대략적인 이해를 위한 총론적 성격을 갖는다. 문화에 대한 소비가 급격히 확산되고 다양해지면서 문화의 산업적 활용과 그 성취에 대한 관심도 그 어느 때보다 고조되고 있다. 이에 따라 본 강의는 먼저 문화산업의 질료로서 다양한 문화자원에 대해 알아보고, 그것이 발굴과 개발, 가공의 과정을 거친 후 비로소 문화적 형상을 갖춘 문화콘텐츠로 생성되는 과정을 이해할 것이다. 이어 문화콘텐츠의 생성 토대로서 아카이빙의 개념과 필요성을 알아보고자 한다. 특히, 다양한 문화자원 속에서 언어를 기반으로 하는 문화자원의 범주를 특화하여 알아보고, 각각의 범주에 따른 적절한 아카이빙 방법론의 체계적 습득의 필요성을 이해하고자 한다. 아울러 이러한 언어 기반 아카이빙 역량의 습득과 숙련이 한국어문학 연구자로서 각자의 전문성과 실무성을 신장시킴으로써 보다 다양한 사회적 진출을 도모하는 데 많은 기회를 제공할 수 있음을 스스로 인식하게 하고자 한다.

2. 강의 목표(학습 목표)

가. 문화와 관련한 다양한 시대적 추이를 이해할 수 있다.
나. 문화의 산업적 활용과 관련한 제현상을 이해할 수 있다.
다. 아카이빙의 개념과 필요성을 이해할 수 있다.
라. 언어 기반 문화자원의 범주에 대해 이해할 수 있다.
마. 언어 기반 문화자원의 범주에 따라 적절한 아카이빙 방법론이 있음을 인식한다.
바. 아카이빙 능력의 습득과 숙련이 한국어문학 연구자로서 실무적 역량 제고와 긴밀한 연관이 있음을 스스로 깨달을 수 있다.

3. 언어 기반 문화아카이빙 범주〈별지 참조〉

언어 기반 아카이빙 범주의 기준과 대상 영역에 대해 체계적으로 이해한다.

4. 참고문헌

가톨릭대학교 글로컬문화스토리텔링연구소, 『인문 콘텐츠와 대중매체』, 소명, 2016.
강명혜, 『한국 문학, 문화와 문화콘텐츠』, 지식과교양(지교), 2013.
김미형, 『국어국문학도의 대중매체 언어문화콘텐츠 창작』, 역락, 2011.
김상욱, 『4차산업시대의 문화콘텐츠산업』, 크린비디자인, 2017.
김수복, 『한국문학 공간과 문화콘텐츠』, 청동거울, 2005.
신광철 외, 『인문학과 문화콘텐츠』, 다할미디어, 2006.
오장근, 『텍스트와 문화콘텐츠』, 한국문화사, 2006.
우정권, 『한국문학콘텐츠』, 청동거울, 2005.
윤채근, 『콘텐츠 시대의 불안 인문학의 생존전략』, 동아시아, 2013.

이기상·박범준, 『소통과 공감의 문화콘텐츠학』, 한국외국어대학교출판부 지식출판원 (HUINE), 2016.
인하대 문과대학 특화사업단, 『문화이론과 문화콘텐츠의 실제』, 인하대학교출판부, 2005.
임수경, 『디지털인문학과 지식플랫폼』, 청동거울, 2016.
정경운, 『문화서사와 콘텐츠』, 심미안, 2005.
정경일·류철호, 『지역문화와 문화콘텐츠』, 글누림, 2017.
정창권, 『문화콘텐츠학 강의 : 깊이 이해하기』, 커뮤니케이션북스, 2014.
한국문화기술연구소, 『문학관과 문화산업』, 단국대학교출판부, 2007.
홍종열, 『유럽연합(EU)의 문화산업과 문화정책』, 한국외국어대학교출판부 지식출판원 (HUINE), 2012.

문화아카이빙의 범주

언어 문화	유형	문어 자료	창작 텍스트	고전문학 자료	시조, 가사, 향가, 고려가요, 고소설, 고수필, 한시
				현대문학 자료	시, 소설, 수필, 희곡
			일상 텍스트	고전문학 자료	문적류(비문, 서간, 문집, 고서, 고문서, 고지도, 회화 등)
				현대문학 자료	신문, 잡지, 서간, 문학동인회집 (동인지) 등
		공간 자료	생가, 누정, 누각, 마을, 전통건축 등 공간 문화 생산 및 향유 공간		
	무형	구어 자료	구술 자료	고전문학 자료	전통문화 구술 자료
				현대문학 자료	당대문화 구술 자료
			방언 자료	지역방언 자료	지역별 방언
				사회방언 자료	사회방언, 계층방언 등
		민속 자료	의식주 생활, 민속놀이와 놀이문화, 굿문화와 점복문화, 언어민속과 언어생활, 풍물과 사물놀이, 판소리와 창극, 세시풍속 등		

제2강 : 문어자료 아카이빙 방법론1 – '창작텍스트' 아카이빙 기획

1. 강의 개요

문어자료의 갈래에서 창작텍스트는 고전문학과 현대문학으로 나뉜다. 먼저 고전문학 창작텍스트는 옛 사람들의 역사와 철학, 문화가 어울려져 있는 텍스트이므로 이를 문화자원화하는 것은 어려운 일이 아니다. 고전문학 창작텍스트의 유형으로는 시조, 가사, 한시, 소설, 수필, 일기 등을 들 수 있다. 다양한 유형의 고전 창작텍스트는 당대의 문화를 자세히 반영하고 있는 만큼 이를 문화아카이빙의 형태로 활용하도록 한다. 또한 현대문학 창작텍스트 아카이빙은 문화에 대한 관심이 비단 전통문화에 한정되지 않는 오늘날의 확장적 '문화' 개념에서, 당대의 문화적 삶을 이해하기 위해 요청되는 범주다. 따라서 1920년대에서 2010년대의 시대적 범위를 갖는 현대문학 창작텍스트의 범주와 개념을 이해하고, 문학사가 아닌 문화사의 관점에서 현대문학 창작텍스트를 효율적으로 아카이빙할 수 있는 방법론과 사례들을 두루 탐색한다.

2. 강의 목표(학습 목표)

가. 창작텍스트(고전·현대)의 개념을 이해한다.
나. 창작텍스트 아카이빙의 가치와 필요성을 인식한다.
다. 창작텍스트 자료의 하위 범주를 파악한다.
라. 창작텍스트의 하위 범주에 따른 아카이빙 방법을 터득한다.
마. 창작텍스트의 문화자원화 사례들을 통해 주제별, 시대별, 모티프별 아카이빙의 효용성과 활용가능성, 한계를 비판적으로 이해한다.
사. 창작텍스트의 아카이빙을 통한 문화가치 창출 가능성을 인식한다.

3. 아카이빙 대상 범주

문화아카이빙의 범주에서, 창작텍스트는 언어문화의 큰 맥락 중 '유형'의 자료에 속하며 그 중에서도 문자화되어 남아있는 '문어 자료'의 하위 영역에 위치해있다. 창작텍스트 분야는 우리나라의 모든 창작된 텍스트를 다루기 때문에 그 영역이 매우 넓다. 창작텍스트 분야에서 다루는 대상은 크게 고전문학 창작텍스트와 현대문학 창작텍스트 분야로 나눌 수 있다. 창작텍스트 분야에서도 고전문학 분야에서 다루는 영역은 시조, 가사, 향가, 고려가요, 한시, 소설, 수필, 일기 등 매우 다양하다. 고전문학 자료에서 다루는 영역은 이러한 분야의 창작 텍스트를 모두 포함하며, 그 외에 '고전'의 영역에 속하는 자료들 또한 포함할 수 있다. 또한 현대문학자료의 세부 하위 영역에는 시, 소설, 수필, 희곡이 있다. 이러한 고전문학·현대문학 분야의 창작텍스트는 그 영역이 방대하나 학문적 연구대상 위주로만 활용될 뿐, 문화자원화 대상으로 활용되는 부분은 비교적 많지 않다. 그러므로 이를 문화자원으로 활용하기 위해서는 문화아카이빙 과정이 선행되어야 할 것이다. 따라서 본 차시에서는 이러한 창작텍스트의 세부 하위 영역 별로 아카이빙에 접근할 때의 유의점과 방법론, 사례, 유용성을 중심으로 강의를 진행한다.

4. 참고문헌

조규익 외, 『한국문학개론』, 새문사, 2015.
성호경, 『한국고전시가총론』, 태학사, 2016.
김윤식 외, 『우리문학 100년』, 현암사, 2001.
장석주, 『20세기 한국문학탐험1~5』, 2000.
조동일 외, 『한국문학강의』, 길벗, 2002.
김윤식·김현, 『한국문학사』, 민음사, 1998.
권영민, 『한국현대문학사』(1~2), 민음사, 2002.
김학재 외, 『한국현대 생활문화사 1950~1980년대』(1~4), 창비, 2016.
박근갑 외, 『개념사의 지평과 전망』, 소화, 2015.
이재선, 『한국문학 주제론』, 서강대학교출판부, 2009.
윤정훈, 「스토리텔링을 위한 스토리 자원 아카이브즈 구축 방안 연구」, 명지대학교 석사학
  위논문, 2012.

제3강 : 문어자료 아카이빙 방법론2 – '일상텍스트' 아카이빙 기획

1. 강의 개요

일상텍스트란 우리 주변 곳곳에 스며들어 있는 모든 텍스트 중 창작텍스트가 아닌 비문, 서간, 신문, 잡지 등의 텍스트를 일컫는다. 일상텍스트는 창작텍스트와 달리 혼재되어 있어 그 범위를 구체화하기가 쉽지 않다. 이 강의에서는 이러한 일상텍스트의 개념을 구체화하고 그 안에서 일상텍스트의 가치와 일상텍스트를 아카이빙하는 방법을 학습하고자 한다.

2. 강의 목표(학습 목표)

가. 일상 텍스트 아카이빙의 가치와 필요성을 인식한다.
나. 일상 텍스트의 개념을 이해한다.
다. 일상 텍스트의 하위 범주를 파악한다.
라. 일상 텍스트의 하위 범주에 따른 아카이빙 방법을 터득한다.
마. 일상 텍스트의 아카이빙을 통한 문화가치 창출 가능성을 인식한다.

3. 아카이빙 대상 범주

일상텍스트란 여러 텍스트 중 창작텍스트가 아닌 비문, 서간, 신문, 잡지 등의 텍스트를 일컫는다. 이러한 일상텍스트는 고전문학자료와 현대문학자료로 범주화할 수 있다. 고전문학자료에는 비문, 서간, 문집, 고서, 고문서, 고지도, 회화 등이 포함되며, 현대문학자료에는 신문, 잡지, 서간, 동인지 등이 포함된다.

4. 참고문헌

권오룡 외, 『문학과지성사 30년 1975~2005』, 문학과지성사, 2005.
김성수, 『한국 근대 서간 문화사 연구』, 성균관대학교출판부, 2014.
동국대학교 한국문학연구소, 『한국 근대문학과 신문』, 동국대학교출판부, 2012.
정약용(역 정해렴), 『다산서간정선』, 현대실학사, 2002.
한국기록관리학회, 『기록관리론』, 아세아문화사, 2013.
한국문화원연합회, 『비문』, 민속원, 2009.

제4강 : 공간자료 아카이빙 방법론

1. 강의 개요

문화아카이빙의 하위 유형으로서 공간 자료는 고전에서 현대까지를 아우르는 범위에서 문화가 생산되고 향유되는 장소적 범주를 모두 포괄하는 넓은 개념이다. 이는 생가, 누정, 누각, 마을, 전통건축 등과 함께 당대 삶의 양식에서 의미를 가졌던 지물, 도시 등 공간 어휘를 포함한다. 공간자료 아카이빙은 구체적인 특정적 장소와 언어문화 자료들의 교차성으로부터 형성된다는 특징이 있다. 이 강의에서는 특히 오늘날 문화 공간 스토리텔링이 전면적 확산을 염두에 두고, 공간자료 아카이빙의 필요성과 풍부힌 활용 사례들을 탐색하여, 공간의 문화자원화 설계에 대한 빙향성과 공간자료의 수집 방법 및 아카이빙 방법을 탐색한다.

2. 강의 목표(학습 목표)

가. 공간자료의 개념을 이해한다.
나. 공간자료 아카이빙의 가치와 필요성을 인식한다.
다. 공간자료의 하위 범주를 파악한다.
라. 공간자료의 하위 범주에 따른 아카이빙 방법을 터득한다.
마. 공간자료의 아카이빙이 활용되는 사례들을 탐색하여 공간의 문화자원화 과정 설계에 대해 비판적으로 인식한다.
사. 공간자료의 아카이빙을 통한 문화가치 창출 가능성을 인식한다.

3. 아카이빙 대상 범주

문화아카이빙의 범주에서, 공간자료는 언어문화의 큰 맥락 중 '유형'의 자료에 속하며 그 중에서도 문자화되어 남아있는 문어 자료가 아니라 실제하는 현실의 장소 속에서 위치를 특정지을 수 있는 공간을 지칭한다. 공간자료의 세부 하위 영역에는 생가, 누정, 누각, 마을, (전통)건축 등 고전적 문어 자료와 교차할 수 있는 범주들이 있고, 또한 이러한 세부 하위 범주들을 근대적, 당대적 문어 자료들과 교차할 수 있는 범주들, 당대 삶의 양식에서 의미를 가졌던 지물, 도시 등 공간 어휘와 영역적 개념이 포함된다. 본 차시에서는 이러한 공간자료의 세부 하위 영역에 대한 아카이빙에 접근할 때의 유의점과 방법론, 사례, 유용성을 중심으로 강의를 진행한다.

4. 참고문헌

고석규, 『근대도시 목포의 역사 공간 문화』, 서울대학교출판부, 2004.
김춘식, 『문화도시, 인문예술과 공간을 만나다!』, 느티숲, 2016.
최재남, 『한국의 문화공간과 예술』, 보고사, 2016.
이종묵, 『조선의 문화공간』(1~4), 휴머니스트, 2006.
김수복, 『한국문학 공간과 문화콘텐츠』, 청동거울, 2005.
김선기, 『시문학 공간과 문화콘텐츠』, 전남대학교출판부, 2013.
이무용, 『공간의 문화정치학』, 논형, 2005.
김영순 외, 『문화기호학과 공간 스토리텔링』, 북코리아, 2015.
우정권, 『공간 스토리텔링』, 청동거울, 2011.

제5강 : 구어자료 아카이빙 방법론1 – '구술자료' 아카이빙 기획

1. 강의 개요

구술 자료는 문자로 남기지 못한 기억을 기록하며 당시의 사회상과 문화, 다른 역사에서 언급할 수 없었던 여러 사실 등을 설명해 주는 중요한 자료이다. 이러한 구술 자료를 체계적으로 수집·보존하는 방법을 학습하고 수집한 문화자원을 문화기획에 활용할 수 있는 언어 자료 형태로 가공하는 방법론을 터득한다.

2. 강의 목표(학습 목표)

가. 구술 자료 아카이빙의 가치와 필요성을 인식한다.
나. 구술 자료의 개념을 이해한다.
다. 구술 자료의 하위 범주를 파악한다.
라. 구술 자료의 하위 범주에 따른 아카이빙 방법을 터득한다.
마. 구술 자료의 아카이빙을 통한 문화가치 창출 가능성을 인식한다.

3. 아카이빙 대상 범주

구어 자료의 하위 영역인 구술 자료는 크게 고전문학자료와 현대문학자료로 나눌 수 있다. 고전문학자료에는 민담, 서사 무가 등의 전통 문화 관련 구술 자료, 현대문학자료에는 사회문화적 사건 등을 채록한 당대 문화 관련 구술 자료 등이 포함된다.

4. 참고문헌

김명훈, 「디지털 구술 아카이빙에 관한 연구」, 『구술사연구』 4호, 한국구술사학회, 2013.
수류산방 편집부, 『박완서: 못 가 본 길이 더 아름답다(1931-2011년)』(예술사 구술 총서 제5권), 수류산방중심, 2012.
이정연, 「구술사 기록물 아카이브 구축을 위한 메타데이터 모델링 및 표준 요소 개발에 관한 연구」, 『정보관리학회지』 26호, 한국정보관리학회, 2009.
조용성, 「구술기록의 수집과 아카이브 정책에 관한 연구」, 『기록학연구』 25호, 한국기록학회, 2010.
한국구술사연구회, 『구술사 아카이브 구축 길라잡이 1 기획과 수집』, 도서출판선인, 2014.
한국구술사연구회, 『구술사』, 도서출판선인, 2005.
한동연, 「인문학적 상상력과 서사전략; 향토 구술 자료의 자원화 방안 – 상세목록을 중심으로」, 『한국문예비평연구』 36호, 한국현대문예비평학회, 2011.

제6강 : 구어자료 아카이빙 방법론2 - '방언자료' 아카이빙 기획

1. 강의 개요

 방언은 문화가 중시되는 현대사회에서 문화의 단면을 엿볼 수 있는 아주 중요한 자료이다. 지역방언은 지리적으로 거리가 떨어져 있음으로써 생기는 방언을 말하며, 사회방언은 동일한 지역 안에서 사회적인 요인에 의하여 분화된 방언을 일컫는다. 이러한 방언자료의 개념을 각각 이해하고 아카이빙 능력을 학습한다. 아울러 방언자료의 문화자원화의 과정을 이해하고 학술적 목적을 위한 방언자료가 아닌, 문화자원화를 위한 방언자료의 중요성을 인식한다.

2. 강의 목표(학습 목표)

가. 방언 자료 아카이빙의 가치와 필요성을 인식한다.
나. 방언 자료의 개념을 이해한다.
다. 방언 자료의 하위 범주를 파악한다.
라. 방언 자료의 하위 범주에 따른 아카이빙 방법을 터득한다.
마. 방언 자료의 아카이빙을 통한 문화가치 창출 가능성을 인식한다.

3. 아카이빙 대상 범주

 방언자료는 지역방언자료와 사회방언자료로 범주화할 수 있다. 하나의 언어가 지역적으로 달리 변화하여 어느 정도의 상이한 체계를 이룰 때에 각각의 지역에 분포된 언어체계를 그 개별언어에 대하여 지역방언이라 하고, 사회계층 혹은 계급에 따라 상이한 체계를 이룰 때에 각 계층에서 사용하는 언어체계를 사회방언이라 한다. 방법에는 방언 지리학 조사와 방언 사회언어학 조사가 있다. 방언 지리학 조사는 한 언어의 지리적 분화체인 지역 방언을 연구하기 위하여 그와 관련되는 자료를 수집하는 언어 조사의 하나로, 흔히 지역적 변종에 대한 체계적 관찰을 통해 연구 자료를 수집하는 현지 조사를 일컫는다. 방언 사회언어학 조사는 사회 언어학적 관점에서 사회적 요인에 의해 분화된 방언을 연구하기 위하여 자료를 수집하는 과정이나 절차 등을 말한다.

4. 참고문헌

강현석 외, 『사회언어학 : 언어와 사회, 그리고 문화』, 글로벌콘텐츠, 2014.
박경래, 「충주방언의 음운에 대한 사회언어학적 연구」, 서울대학교 박사학위논문, 1993.
방언연구회, 『방언학사전』, 태학사, 2001.
이미재, 「언어 변화에 관한 사회언어학적 연구 - 경기도 화성 방언을 중심으로」, 서울대학교 박사학위논문, 1988.
이익섭, 『사회언어학』, 민음사, 1994.
이익섭, 『방언학』, 민음사, 1984.
한국정신문화연구원, 『한국방언자료집』, 한국정신문화연구원, 1987~1995.

제7강 : 민속자료 아카이빙 방법론

1. 강의 개요

한국전통문화는 우리나라 역사와 함께 전해 내려오는 고유의 문화다. 전통문화는 오늘 날까지도 계속해서 이어지고 있고 여러 형태로 전해져오고 있다. 이러한 전통문화는 각 지역의 지역문화에 대한 반영이므로 전통문화의 문화자원화는 지역학과 지역문화에 대한 문화자원화로 이해할 수 있다. 그러므로 전통문화의 문화아카이빙인 민속자료 아카이빙 은 문화아카이빙 분야에서 큰 비중을 차지한다고 볼 수 있다. 본 강의에서는 이러한 민속 아카이빙의 이해 및 활용을 목표로 한다.

2. 강의 목표(학습 목표)

가. 민속자료의 개념을 이해한다.
나. 민속자료 아카이빙의 가치와 필요성을 인식한다.
다. 민속자료의 하위범주를 파악한다.
라. 민속자료의 하위범주에 따른 아카이빙 방법을 터득한다.
마. 민속자료의 아카이빙을 통한 문화가치 창출 가능성을 인식한다.

3. 아카이빙 대상 범주

민속자료 아카이빙 분야에서 다루는 것은 한국전통문화의 전반적인 것들을 모두 포함한 영역이다. 의식주 생활에서부터 시작하여 민속놀이와 놀이문화, 굿문화와 점복문화, 풍물 놀이와 사물놀이, 판소리와 창극, 언어민속과 언어생활, 세시풍속 등이 모두 민속자료 아카 이빙 분야에 해당한다. 민속자료 아카이빙 방법론에서는 이러한 전통·민속문화를 중심으 로 아카이빙 방법에 대하여 이해하고 이를 토대로 문화아카이빙의 자원화를 수행한다.

4. 참고문헌

민속학회, 『한국민속학의 이해』, 문학아카데미, 1994.
이두현 외, 『한국민속학개설』, 보성문화사, 1982.
장주근, 『한국의 세시풍속』, 형설출판사, 1989.
지춘상, 『남도민속학개설』, 태학사, 1998.
표인주 외, 『한국민속학새로읽기』, 민속원, 2001.
표인주, 『남도 민속학』 전남대학교출판부, 2014.

스토리마스터 강의 계획서

주별 강의 계획

주	강의주제 및 내용	수업활동	학습자료 및 과제물
1	스토리마스터(1): 인간과 인문학	대학원 강의	강의 참고교재 및 도서
2		실습 및 발표/토론	실습자료 및 과제물
3	스토리마스터(2): 시간과 장소	대학원 강의	강의 참고교재 및 도서
4		실습 및 발표/토론	실습자료 및 과제물
5	스토리마스터(3): 지역사회와 문화	대학원 강의	강의 참고교재 및 도서
6		실습 및 발표/토론	실습자료 및 과제물
7	스토리마스터(4): 언어와 역사	대학원 강의	강의 참고교재 및 도서
8		실습 및 발표/토론	실습자료 및 과제물
9	스토리마스터(5): 스토리마스터의 역할	대학원 강의	강의 참고교재 및 도서
10		실습 및 발표/토론	실습자료 및 과제물

교과목명	스토리마스터(1) -인간과 인문학	학점(시수)	3	담당교수	
담당학과	국어국문학과	연 구 실		전　화	
				E-mail	

1. 수업유형	강의/발표·토론
2. 강의목표	동일 문화권 내의 구성원으로서 인간은 개개인의 사유를 상호 공유하여 하나의 문화를 형성해낸다. 그러나 정작 공동의 문화를 향유하면서도 에에 바탕을 둔 전문가 '스토리마스터'가 되는 과정은 그리 쉽지 않다. 인간과 문화에 대한 이해에서 한발 더 나아가 이를 현실적 측면에서 활용할 수 있는 능력까지를 갖추어야 하기 때문이다. 따라서 본 강의에서는 '스토리마스터'에 대한 개념 확인은 물론이거니와, '스토리마스터'로서 갖추어야 할 기본 지식 및 이론을 습득하는 것을 목표로 한다. 이를 위해 1차시 강의에서는 인간이 빚어낸 문화에 대한 이해 및 스토리 관련 담론을 현실사회에서 적용 가능한 인문학으로 발전시킬 가능성 까지를 함께 논하고자 한다. 인간과 문화에 대한 근원적 이해 및 현실적 적실성을 갖춘 인문학에의 적용이야말로 인간의 존재 가치에 대한 해답을 구하는 것이며, 이것이 선행되어야만 인간의 스토리를 바탕으로 한 콘텐츠의 개발 및 활용 능력을 갖추는 것으로 귀결되기 때문이다.
3. 강의내용	본 강의에서 중시하는 학습내용은 아래의 세 가지 항목이다. 이를 위해 로컬리티 이론을 주된 방법론으로 삼아 지역 및 공동체에 기반을 둔 인간의 문화에 대한 이해를 심화시키고자 한다. 1. 인간이 이룩한 공동체의 문화, 구체적으로는 로컬과 로컬리티에 대한 사유를 하는 것으로 나아간다. 2. 인문학의 현실적 적실성을 증명하며, 인간이 안고 있는 근원적 문제를 해소하려 시도해 본다. 3. 인간의 스토리를 바탕으로 한 문화콘텐츠 발굴 및 활용 방안에 대한 방법을 모색한다.
4. 강의방법	교수의 강의, 세미나 발표 및 토론, 연구과제 작성
5. 교재 및 참고도서	김의숙 외 편, 『문화콘텐츠와 스토리텔링』, 역락, 2005. 류수열 외, 『스토리텔링의 이해』, 글누림, 2007. 부산대학교 한국민족문화연구소 편, 『로컬리티, 인문학의 새로운 지평』, 혜안, 2009. 손영삼, 「인문학과 로컬」, 『대동철학』 69호, 대동철학회, 2014. 최연구, 『문화콘텐츠란 무엇인가』, 살림, 2006. 최혜실, 『문화콘텐츠, 스토리텔링을 만나다』, 삼성경제연구소, 2007. 최혜실, 『문화산업과 스토리텔링』, 다할미디어, 2007. 최혜실, 『문화원형을 중심으로 한 스토리텔링 마스터플랜』, 한국문화콘텐츠진흥원, 2007.
6. 과제	로컬사회 및 스토리에 대한 전반적인 이해 및 탐색

교과목명	스토리마스터(2) -시간과 장소	학점(시수)	3	담당교수	
담당학과	국어국문학과	연 구 실		전　　화	
				E-mail	

1. 수업유형	강의/발표·토론
2. 강의목표	이번 강의의 목표는 구체적인 시간·장소(지역)에 대한 사유를 통해 인문학적 사고를 견지하는 것이다. 시간과 장소에 대한 고심은 '어떻게 조합할 것인가', '어떠한 친연성이 있는가' 그리고 '인간의 체험이나 사유에 어떠한 영향을 끼치는가' 등의 문제 상정으로 나아간다. 본 강의에서는 이러한 문제를 논하기 위해 지역의 구체적인 사례에 접근해 나갈 것이며, 추후 학습자는 개인이 관심을 두는 장소 및 지역을 설정하여 개별 조사하는 시간을 가질 것이다.
3. 강의내용	하나의 주제를 기획하는데 있어 장소는 다양한 의미들이 조직화된 곳이다. 이러한 의미는 시간과의 연결 관계 속에서 구체화 되는데, 이 푸 투안은 시간과 장소와의 관계를 ① 움직임이나 흐름으로서의 시간과 시간적 흐름 속에서 정지로서의 장소, ② 시간이 지남에 따라 가지게 되는 장소에 대한 애착, ③ 가시화된 시간으로서의 장소, 즉 지나간 시간의 기념물로서의 장소라는 총 세 가지 방식으로 접근한다. 한 장소에 대한 사유는 시간의 운동을 통해 한 방향으로 나아가고 있다고 볼 수 있다. 다시 말하면 한 장소에서 켜켜이 쌓인 인간의 경험이나 사유는 한 방향으로 수렴되고 있다고 가정해 볼 수 있을 것이다. 따라서 본 강의에서는 아래의 세 가지 항목으로 중심으로 시간과 장소의 관계를 파악하게 될 것이다. 1. 인간이 시간과 장소를 사유해 온 방식을 논하며, 이를 스토리에 접목시킬 수 있을지 가능성을 탐구해 본다. 2. 구체적 장소의 역사를 살펴보고, 사유의 방향성 및 그것의 의미를 찾아본다. 3. 장소 및 시간의 스토리가 녹아든 문화콘텐츠 발굴 및 활용 방안에 대한 방법을 모색한다.
4. 강의방법	교수의 강의, 세미나 발표 및 토론, 연구과제 작성
5. 교재 및 　참고도서	류의근, 『메를로-퐁티의 『지각현상학』 읽기』, 세창미디어, 2016. 박규상, 『광주연극사』, 문학들, 2009. 위경혜, 『광주의 극장 문화사』, 다지리, 2005. 한옥근, 『광주·전남 연극사』, 금호문화, 1994. 모리스 메를로-퐁티, 유의근 옮김, 『지각의 현상학』, 문학과지성사, 2002. 이-푸 투안, 구동회·심승희 옮김, 『공간과 장소』, 대윤, 2007.
6. 과제	문화콘텐츠 및 스토리텔링 이론의 새로운 연구 방법론 및 적용에 관한 소논문 작성

교과목명	스토리마스터(3) -지역사회와 문화	학점(시수)	3	담당교수	
담당학과	국어국문학과	연 구 실		전　　화	
				E-mail	

1. 수업유형	강의/발표·토론
2. 강의목표	이번 강의는 지난 강의의 연속선상에 놓인 것으로써, 탐구하고자 하는 지역을 설정한 이후 원천 자료를 바탕으로 한 콘텐츠 개발을 목표로 한다. 이때 발굴된 스토리 및 콘텐츠는 지역이나 세대를 불문한 다수의 공감을 이끌어 낼 수 있어야 할 것이다. 이를 위해 학습자는 스토리 문화콘텐츠 기획 및 구성과 관련한 적절한 방법론을 구상하며, 더 나아가서는 파편화된 현대사회에서 스토리를 중심으로 한 공동체를 묶어낼 요소가 있는지 까지를 고심하여야 할 것이다.
3. 강의내용	※ 이론적 토대 1. 과거부터 현재까지를 관통하는 하나의 테마 혹은 사건을 통해 설명할 수 있는 지역의 정체성을 설정한다. 2. 이야기를 기반으로 하여 지역의 정체성을 대중들에게 친숙하게 만들 수 있는 전략이 무엇인지 고찰해 본다. 3. 장소 혹은 인물에 대한 원천 자료를 이야기로 제공하며 어떻게 한 집단을 공동체로 묶어 낼 수 있는지 방안에 대해 살펴본다. ※ 실질적 기획전략 스토리 발굴 - 스토리텔링을 위해서는 줄거리가 있는 이야기(최소 스토리, 플롯이 개입된 텍스트), 인물(대중의 관심을 끌만한 입체적 성격을 지닌 인물), 장소(환상과 현실이 적절하게 구비된)를 발굴하여야 한다. 목표 설정 - 관광객이 갖는 문화콘텐츠에 대한 막연한 기대와 설렘이 현지 체험과 짜임새 있는 스토리텔링으로까지 이어질 수 있도록 한다. 이는 단순한 방문이 아닌 관광의 가치와 의미를 발견하는 계기로 작용해 마케팅 창출의 효과도 크게 만들 것이다. 테마 지향적 요소 정리 - 문학적 요소(설화, 신화, 민담)를 부가해 이야기를 풀어나가거나 감상 포인트(자연물, 뷰포인트, 사진명소)를 도입한다. 흥미적 요소 차용 - 관광객의 다양한 성향과 관심의 차이를 극복하기 위해 각종 지표나 역사적 사실을 포함시켜 교육 효과를 높여야 한다. 이를 바탕으로 해당 명소에 대한 정확한 정보 및 내용 전달을 가능케 한다. 전문가 집단이나 오피니어 리더, 언론의 호평도 활용할 수 있고 유머나 화젯거리, 에피소드를 도입할 수도 있다. 서비스적 요소 부가 - 해당 관광지와 관련 있는 여행 길잡이의 용어나 인근의 연계될 만한 관광지, 교통·숙식·별미 맛집 등의 서비스적 요소를 부가한다.
4. 강의방법	교수의 강의, 세미나 발표 및 토론, 연구과제 작성

5. 교재 및 참고도서	최혜실, 『디지털 시대의 문화 읽기』, 소명출판사, 2001. 한강희, 『스토리, 스토리텔링, 스토리디자인』, 푸른사상사, 2010. 스티븐 데닝, 안진환 옮김, 『스토리텔링으로 성공하라』, 을유문화사, 2006. 피에르 노라, 김인중·유희수 외 옮김, 『기억의 장소』, 나남, 2010.
6. 과제	화지역사회를 중심으로 한 사례 조사 및 실질적 기획서 작성

교과목명	스토리마스터(3) -지역사회와 문화	학점(시수)	3	담당교수	
담당학과	국어국문학과	연 구 실		전 화	
				E-mail	

1. 수업유형	강의/발표·토론
2. 강의목표	이번 강의는 지난 강의의 연속선상에 놓인 것으로써, 탐구하고자 하는 지역을 설정한 이후 원천 자료를 바탕으로 한 콘텐츠 개발을 목표로 한다. 이때 발굴된 스토리 및 콘텐츠는 지역이나 세대를 불문한 다수의 공감을 이끌어 낼 수 있어야 할 것이다. 이를 위해 학습자는 스토리 문화콘텐츠 기획 및 구성과 관련한 적절한 방법론을 구상하며, 더 나아가서는 파편화된 현대사회에서 스토리를 중심으로 한 공동체를 묶어낼 요소가 있는지 까지를 고심하여야 할 것이다.
3. 강의내용	※ 이론적 토대 1. 과거부터 현재까지를 관통하는 하나의 테마 혹은 사건을 통해 설명할 수 있는 지역의 정체성을 설정한다. 2. 이야기를 기반으로 하여 지역의 정체성을 대중들에게 친숙하게 만들 수 있는 전략이 무엇인지 고찰해 본다. 3. 장소 혹은 인물에 대한 원천 자료를 이야기로 제공하며 어떻게 한 집단을 공동체로 묶어 낼 수 있는지 방안에 대해 살펴본다. ※ 실질적 기획전략 스토리 발굴 – 스토리텔링을 위해서는 줄거리가 있는 이야기(최소 스토리, 플롯이 개입된 텍스트), 인물(대중의 관심을 끌만한 입체적 성격을 지닌 인물), 장소(환상과 현실이 적절하게 구비된)를 발굴하여야 한다. 목표 설정 – 관광객이 갖는 문화콘텐츠에 대한 막연한 기대와 설렘이 현지 체험과 짜임새 있는 스토리텔링으로까지 이어질 수 있도록 한다. 이는 단순한 방문이 아닌 관광의 가치와 의미를 발견하는 계기로 작용해 마케팅 창출의 효과도 크게 만들 것이다. 테마 지향적 요소 정리 – 문학적 요소(설화, 신화, 민담)를 부가해 이야기를 풀어나가거나 감상 포인트(자연물, 뷰포인트, 사진명소)를 도입한다. 흥미적 요소 차용 – 관광객의 다양한 성향과 관심의 차이를 극복하기 위해 각종 지표나 역사적 사실을 포함시켜 교육 효과를 높여야 한다. 이를 바탕으로 해당 명소에 대한 정확한 정보 및 내용 전달을 가능케 한다. 전문가 집단이나 오피니언 리더, 언론의 호평도 활용할 수 있고 유머나 화젯거리, 에피소드를 도입할 수도 있다. 서비스적 요소 부가 – 해당 관광지와 관련 있는 여행 길잡이의 용어나 인근의 연계될 만한 관광지, 교통·숙식·별미 맛집 등의 서비스적 요소를 부가한다.
4. 강의방법	교수의 강의, 세미나 발표 및 토론, 연구과제 작성

교과목명	스토리마스터(4) -언어와 역사	학점(시수)	3	담당교수	
담당학과	국어국문학과	연 구 실		전　　화	
				E-mail	

1. 수업유형	강의/발표·토론
2. 강의목표	이번 강의를 통해 '스토리마스터' 양성과정에서 학습 가능한 여러 요소들을 학술적 성격을 지닌 자료로 전환시킬 방안을 논하고자 한다. 이 과정은 스토리마스터로 하여금 콘텐츠 개발능력 뿐만 아니라 연구자로서의 자질 또한 갖추게 할 것이다. 이를 위해 본 강의에서는 스토리텔링과 관련한 서적·논문을 독해함으로써 적절한 방법론 및 사례를 찾아보고, 추후 학습자가 관심 있는 스토리를 적용시켜 직접 소논문 쓰기를 해보는 과정을 거칠 것이다.
3. 강의내용	스토리마스터 양성과정에서 가능한 학술적 글쓰기의 방향은 크게 네 가지로 구분이 가능하다. 1. 꼼꼼한 자료 수집을 통한 문화적 글쓰기 　스토리마스터는 지역의 역사·문화와 관련된 파편적 자료를 수집해 하나의 공동체를 위한 인적·물적 자원을 구성하는 역할을 한다. 따라서 지역에 내재된 지방사, 생활사, 풍속사, 일상사, 구술사 등 다양한 문화의 충위들을 조사하고 촘촘히 파헤칠 필요가 있다. 조사한 자료를 바탕으로 지역의 역사·문화적 맥락에 대한 연구사 검토가 가능해진다면 이 자체로 하나의 논문을 구성할 수 있고, 추후 또 다른 문화콘텐츠 제작을 위한 기초자료로 활용하거나, 스토리마스터의 향후 활동과 관련한 제언을 할 수도 있을 것이다. 2. 사회적 가치 창출을 위한 콘텐츠적 글쓰기 　스토리마스터의 활동이 원천 자료 수집 및 스토리텔링 활동을 통한 콘텐츠 제작의 단계로까지 나아갔다면, 이는 곧 스토리가 사회적 가치 창출을 위한 자원의 지위를 갖게 된 것으로 보아도 무방하다. 때문에 이 단계에서는 이미 마련된 콘텐츠를 어떻게 활용할 것인지, 어떻게 현실적 적실성의 성격을 부여하여 지역에 내재된 고민과 문제 해결의 수단으로 활용할 수 있을 것인지 등을 고민해야 한다. 가령 이 단계에서 가능한 글쓰기는 스토리 기반의 콘텐츠가 교육자료나 지역의 홍보자료 등으로 쓰일 수 있을 것인지를 논하는 실질적인 활용방안에 대한 검토로 나아갈 것이다. 3. 소통과 감응을 지향하는 대안적 글쓰기 　이 단계에서는 스토리마스터가 지닌 소통과 공감의 면모가 글쓰기의 성격으로 부각될 수 있음을 증명하고자 한다. 이러한 글쓰기는 통상적인 학술논문에서 비롯된 관습성과 전형성에서 탈피하여 보다 참신한 아이디어를 구상하고 공동체의 공감과 궁금증을 유발시킬 수 있는 대화지향적 글쓰기를 지향할 것이다. 소통과 감응을 지향하는 대안적 글쓰기는 실제 지역사회에서 사유와 지식의 실천을 위한 촉매제로 기능하며,

	보다 탄력적이고 진전된 사고를 가능케 할 것이다. 가령 연구자는 자신의 목소리와 체험이 스며든 자전적 요소들을 포함하는 스토리텔링 기법을 글쓰기에 적용시키거나 과감하게 일인칭 필자를 지칭하는 논문쓰기를 행하며, 이로 인한 효과가 무엇인지에 대해서도 고심할 필요가 있다. 4. 실제사례를 바탕으로 한 경험적 글쓰기 　앞서 3주차 강의 및 실습을 통해 특정 지역 및 사례를 중심으로 한 스토리텔링에 성공하였다면, 이러한 과정을 순차적으로 논증하는 논문쓰기 역시 가능해질 것이다. 이는 곧 스토리마스터의 활동내역을 점검하고 그의 능력 및 역할을 제시하는 시도와 도 같다. 이 단계에서는 학습자가 선택한 지역에 대한 예비적 성격의 자료조사, 콘텐츠 기획과 관련한 아이디어 전략, 향후 발전적 사항에 대한 제언적 성격의 글 등을 구상할 수 있을 것이다.
4. 강의방법	교수의 강의, 세미나 발표 및 토론, 연구과제 작성
5. 교재 및 참고도서	고경민, 「스토리텔링을 활용한 한국 문화 교육 – '연오랑과 세오녀' 문화콘텐츠를 중심으로」, 『스토리&이미지텔링』 1호, 건국대학교 스토리앤이미지텔링연구소, 2011. 고경민, 「스토리텔링을 활용한 한국어 말하기 교육 방안」, 『스토리&이미지텔링』 5호, 건국대학교 스토리앤이미지텔링연구소, 2013. 백두현, 『한글문헌학』, 태학사, 2015. 박승희, 「인문학적(人文學的) 글쓰기와 스토리텔링, 그 가능성을 위한 초고(初考)」, 『한국사상과 문화』 51호, 한국사상과문화학회, 2010. 송희영, 「지역의 역사문화자원을 활용한 문화콘텐츠 기획연구 – 프랑스의 '퓌뒤푸' 사례를 중심으로」, 『예술경영연구』 24호, 한국예술경영학회, 2012. 이종수, 「한강 문화자산 스토리텔링 힐링」, 『스토리&이미지텔링』 5호, 건국대학교 스토리앤이미지텔링연구소, 2013. 최명환, 「해양 인물 이야기의 대중적 확산을 위한 스토리텔링 방안: 장보고와 이사부를 중심으로」, 『이사부와 동해』 3호, 한국이사부학회, 2011. 홍성화, 「충주 지역 중원역사문화 스토리텔링의 기초자료」, 『스토리&이미지텔링』 11호, 건국대학교 스토리앤이미지텔링연구소, 2016.
6. 과제	문화콘텐츠 및 스토리텔링 이론의 새로운 연구 방법론 및 적용에 관한 소논문 작성

교과목명	스토리마스터(5) - 스토리마스터의 역할	학점(시수)	3	담당교수	
담당학과	국어국문학과	연 구 실		전 화	
				E-mail	

1. 수업유형	강의/발표·토론
2. 강의목표	이번 강의는 한 학기 수입 선반을 마무리 하는 성격을 지니며, 스토리 및 스토리마스터의 의의와 현황을 확인하는 형태로 진행하고자 한다. 이를 통해 스토리마스터 양성 과정에 대한 점검은 물론이거니와 앞으로의 발전가능성 까지를 함께 논할 수 있을 것으로 사료된다. 강의는 강의자의 강연과 학습자의 한 학기 학습결과보고 형식으로 구성되며, 발표내용을 바탕으로 한 활발한 토의 시간을 가질 것이다.
3. 강의내용	스토리 및 스토리마스터의 역할과 필요성에 관한 논의는 강의자와 학습자의 발표·토의 내용에 따라 얼마든지 달라질 가능성이 있다. 다만 토의 이전에 논의할 수 있는 사항을 언급하자면 다음과 같은 내용을 들 수 있다. ※ 스토리의 의의 ① 스토리는 화자와 청자 사이를 잇는 커뮤니케이션 수단으로, 인간과 세상을 이해하는 매개이자 정보를 보존하고 전달하는 역할을 수행한다. ② 스토리는 시작·중간·끝의 과정, 즉 완결된 플롯의 형태를 지녀야 함을 원칙으로 한다. 잘 짜여진 스토리는 그 자체로 진정성과 완결성을 확보하게 되며, 디테일과 섬세한 표현이 더해질 경우 스토리를 듣는 청자의 마음을 효율적으로 움직일 수 있다. ③ 스토리는 기억 재구성의 촉매이다. 과거의 경험을 기억하는 것은 분리되어 있던 정보와 이미지를 통합적인 스토리로 재구축함을 의미한다. 스토리텔링은 재구축된 기억을 문자나 말의 형태로 표출하는 것을 의미한다. ④ 스토리텔링은 개인적 차원에서 자아 정체성의 표출이다. 인간의 스토리에는 말하는 자의 사고·신념·의지·체험·가치관·감정 등이 총망라되어있기 때문이다. 이를 집단의 차원으로 확장시켰을 때에도 마찬가지이다. 집단의 정체성 역시 한 집단이 겪어 온 세월과 역사, 문화, 사상 등이 녹아들어 있다. 즉 한 집단이 공유하고 전달하는 스토리텔링에는 집단의 개성이 담겨 있으며, 집단의 스토리를 통해 타 집단과 구분이 가능한 정체성 및 공동체성을 구축할 수 있다. ※ 스토리마스터의 역할 스토리마스터는 스토리를 기반으로 타인의 공감을 이끌어내고 공동체를 구축하는 역할을 한다. 이를 위해 스토리마스터는 설득의 기술로써 스토리텔링을 적극 활용할 수 있어야 한다. 이후 스토리마스터는 콘텐츠 개발이나 학술적 분야의 전문가로도 활동할 수 있으며, 어느 한 분야에 매몰되지 않는 허브형 인간을 표방한다.

	※ 스토리마스터의 가능성 　국어국문학과에서 스토리 및 스토리텔링에 관심을 갖는 이유는 순수학문으로서 국어국문학이 지닌 태생적 한계의 직면을 목격하였기 때문이다. 즉 국어국문학은 학문적 영역에서 폐쇄적 성격을 강하게 지니는데, 인문학의 위기가 도래한 현 시대에서 국어국문학이 살아남으려면 학문의 본령을 훼손하지 않으면서도 시대가 요구하는 실용적 지식과 정보를 생산해 낼 수 있어야 한다. 　이때 스토리와 스토리텔링은 국어국문학의 본질을 해치지 않으면서도 연구자로 하여금 학계를 넘나드는 다양한 활동을 가능하게끔 한다. 국어국문학의 근간이 되는 읽기, 쓰기, 말하기, 듣기 등은 스토리텔링의 근간이며, 서정과 서사는 스토리텔링의 기둥이며, 현실과 상상, 논픽션과 픽션등은 스토리텔링은 스토리텔링의 두 얼굴이기 때문이다. 한마디로 국어국문학의 본질은 스토리텔링에 있다. 때문에 스토리를 적극적으로 활용하여 스토리텔링에 능한 스토리마스터를 양성해내는 본 과정은 현재뿐만 아니라 앞으로 다가올 미래에 더욱 가치 있는 활동으로 인정받을 수 있을 것이다.
4. 강의방법	교수의 강의, 세미나 발표 및 토론, 연구과제 작성
5. 교재 및 참고도서	고경민, 「스토리텔링을 활용한 한국 문화 교육 – ‘연오랑과 세오녀’ 문화콘텐츠를 중심으로」, 『스토리&이미지텔링』 1호, 건국대학교 스토리앤이미지텔링연구소, 2011. 고경민, 「스토리텔링을 활용한 한국어 말하기 교육 방안」, 『스토리&이미지텔링』 5호, 건국대학교 스토리앤이미지텔링연구소, 2013. 백두현, 『한글문헌학』, 태학사, 2015. 박승희, 「인문학적(人文學的) 글쓰기와 스토리텔링, 그 가능성을 위한 초고(初考)」, 『한국사상과 문화』 51호, 한국사상과문화학회, 2010. 송희영, 「지역의 역사문화자원을 활용한 문화콘텐츠 기획연구 – 프랑스의 ‘퓌뒤푸’ 사례를 중심으로」, 『예술경영연구』 24호, 한국예술경영학회, 2012. 이용욱, 「국어국문학(과)의 위기와 스토리텔링」, 『국어문학』 54호, 국어문학회, 2013. 이종수, 「한강 문화자산 스토리텔링 힐링」, 『스토리&이미지텔링』 5호, 건국대학교 스토리앤이미지텔링연구소, 2013. 최명환, 「해양 인물 이야기의 대중적 확산을 위한 스토리텔링 방안 : 장보고와 이사부를 중심으로」, 『이사부와 동해』 3호, 한국이사부학회, 2011. 홍성화, 「충주 지역 중원역사문화 스토리텔링의 기초자료」, 『스토리&이미지텔링』 11호, 건국대학교 스토리앤이미지텔링연구소, 2016.
6. 과제	문화콘텐츠 및 스토리텔링 이론의 새로운 연구 방법론 및 적용에 관한 소논문 작성

필진 소개(가나다순)

강성주

전남대학교 대학원 국어국문학과 석사과정(고전문학 고전시가 전공), BK 참여대학원생, 문화기획에서 지역문화 아카이빙 자료의 대중화와 활용방안에 대해 관심을 갖고 있다.

김민지

전남대학교 대학원 국어국문학과 박사수료(현대문학 현대시 전공), BK 참여대학원생, 지역문화자원을 활용한 스토리텔링 기획에 관심을 갖고 있다.

김한나

전남대학교 대학원 국어국문학과 석사과정(국어학 의미통사 전공), BK 참여대학원생, 문화아카이빙 부문에서 지역 기반 음식문화 아카이빙과 그 중에서 특히 홍어를 둘러싼 음식문화의 원천 자료 아카이빙에 관심을 갖고 있다.

노상인

전남대학교 대학원 국어국문학과 석사과정(현대문학 문학비평 전공), BK 참여대학원생, 지역문학자원의 다양한 가치를 발견하고 발전시켜 문화콘텐츠로 활용하는 데에 관심이 있다.

문은혜

전남대학교 대학원 국어국문학과 석사과정(고전문학 구비문학 전공), BK 참여대학원생, 문학의 역사적 의미를 이해하고 문화와 예술의 다양성을 추구한 스토리콘텐츠 기획에 관심이 있다.

박은빈

전남대학교 대학원 국어국문학과 박사수료(고전문학 고전시가 전공), BK 참여대학원생, 한국의 고전문학과 지역문학을 많은 이들에게 알리고 아카이빙화하는 것에 관심을 갖고 있다.

서보영

전남대학교 대학원 국어국문학과 석사과정(현대문학 현대소설론 전공), BK 참여대학원생, 지역어문학 원천 자료에서 문화원형을 추출하고 이를 활용한 아카이빙과 스토리텔링 기획에 관심이 있다.

송기현

전남대학교 대학원 국어국문학과 박사과정(고전문학 구비문학 전공), BK 참여대학원생, 지역 문화자원과 관련된 설화 및 기억 아카이빙에 관심이 있다.

심미소

전남대학교 대학원 국어국문학과 석사과정(현대문학 현대시 전공), BK 참여대학원생, 지역문화자원을 활용한 다양한 프로그램 기획에 관심을 갖고 있다.

염승연

전남대학교 대학원 국어국문학과 석사과정(고전문학 구비문학 전공), BK 참여대학원생, 문화기획에서 설화와 옛 생활상을 스토리텔링 소재로 발굴하고 콘텐츠로 발전시키는 데 관심이 있다.

염승한

전남대학교 대학원 국어국문학과 박사수료(현대문학 현대희곡 전공), BK 참여대학원생, 지역 문화자원과 문학 작품을 발굴하고 연구하는 것에 관심이 있다.

이지성

전남대학교 국어국문학과 박사과정(국어학 한국어교육 전공), BK 참여대학원생, 지역어의 보존과 연구의 필요성을 느끼고 지역어 기반 문화콘텐츠를 통한 지역어 교육 기획과 활성화에 관심을 갖고 있다.

정다미

전남대학교 대학원 국어국문학과 석사수료(국어학 중세국어 전공), BK 참여대학원생, 문화기획에서 문화아카이빙 관련 지역어의 데이터베이스화와 디지털 활용화에 관심을 갖고 있다.

최란

전남대학교 대학원 국어국문학과 박사수료(국어학 의미론 전공), BK 참여대학원생, 지역문화 자원을 활용한 스토리텔링 및 프로젝트 기획에 관심을 갖고 있다.

최옥정

전남대학교 대학원 국어국문학과 박사수료(국어학 의미론 전공), BK 참여대학원생, 문화기획에서 지역어를 활용하는 프로그램 기획 및 제작에 관심을 가지고 있다.

최하영

전남대학교 대학원 국어국문학과 석사수료(국어학 중세국어 전공), BK 참여대학원생, 문화기획에서 지역어 및 지역문화 아카이빙과 그 활용에 관심을 갖고 있다.

지역어와 문화가치 학술총서 ⑨

지역어문학 원천 자료 기반 문화기획의 도전과 성과

2020년 2월 14일 초판 1쇄 펴냄

지은이 전남대학교 대학원 국어국문학과 BK21플러스
　　　　지역어 기반 문화가치 창출 인재 양성 사업단
펴낸이 김흥국
펴낸곳 도서출판 보고사

책임편집 이순민
표지디자인 손정자

등록 1990년 12월 13일 제6-0429호
주소 경기도 파주시 회동길 337-15 보고사 2층
전화 031-955-9797(대표), 02-922-5120~1(편집), 02-922-2246(영업)
팩스 02-922-6990
메일 kanapub3@naver.com / bogosabooks@naver.com
http://www.bogosabooks.co.kr

ISBN 979-11-5516-972-8 93300
ⓒ 전남대학교 대학원 국어국문학과 BK21플러스
　 지역어 기반 문화가치 창출 인재 양성 사업단, 2020

정가 23,000원

이 책은 2013년 교육부 및 한국연구재단 BK21 플러스 사업
(미래기반창의인재양성형)의 지원을 받아 발간되었음